열린 중국학 강의

이종화 · 장윤미 지음

신아사

들어가는 말

한국의 중국연구는 1990년대 이후에야 본격적으로 시작되었지만, 짧은 기간에도 불구하고 여타 다른 지역연구에 비해 성과가 많은 편이라 할 수 있다. 그 이유는 1992년 한중수교와 더불어 중국어 학습에 대한 관심이 폭발적으로 늘어났고, 이에 따라 각 대학에 중국문학, 중국어학 이외에도 중국학과, 중국통상학과, 중국문화학과 등 중국 관련 학과들이 개설되어 중국연구를 위한 학문적 기초를 마련했기 때문이다. 특히 한국을 비롯해 중국, 미국 등 각지에서 중국관련 학위수여자가 본격적으로 배출된 2천 년대 들어서는 한국의 중국연구가 양적으로나 질적으로나 비약적인 발전을 거두었다. 연구 대상과 연구 방법도 다양화되고 풍부해졌으며, 연구 주제도 개론적 수준에서 다양한 각론으로 세분화되어 왔다.

그러나 중국에 대한 연구가 풍부해지고 한중 간의 교류가 확대된 만큼 우리는 중국을 잘 알고 있을까? 한중 양국 간의 관계는 서로를 더 잘 이해하고 더 긴밀한 협력과 신뢰 관계로 발전해 왔는가? 한국경제의 중국 의존도가 증가되어온 만큼 한국인은 중국을 신뢰하는 파트너로 인식하는가? 중국은 늘 반복해서 말해 왔던 것처럼 한국을 진정한 운명공동체로 생각하는가?

논란이 되어 왔던 사드(THAAD 고고도미사일방어체계) 장비 일부의 한국내 배치 이후 한중관계는 급속도로 악화되어 그동안 매우 좋은 것처럼 보였던 한중관계가 허상이었음이 드러났다. 국가 간의 관계도 사람과 사람 간의 교류로 이루어진다. 듣기 좋은 말만 건넨다고 관계가 좋아지는 것이 아니며, 사람과 사람간의 신뢰를 쌓아야만 교류의 질적 발전이 이루어질 수 있다. 한국과 중국은 수교 초기 서로에 대한 기대를 바탕으로 급속한 교류를 이루었으나, 아직까지 서로를 진정으로 이해하는 질적 발전의 단계로까지는 나아가지 못하고 있다. 한중 양국 간의 정서적이고 감정적인 갈등은 일차적으로 상대국 체제에 대한 이해 부족에서 오겠지만, 보다 근본적으로는 자신이 속한 사회를 절대적인 기준으로 하여 타국을 이해하기 때문에 오는 것이라 할 수 있다. 자국의 체제를 이상화하여 타국의 정치 현실을 비판하는 준거로 삼는 일은 양국 모두에서 동일하게 나타나는 현상이다.

오랫동안 중국연구를 해 왔던 연구자로서 이러한 현실에 개입할 수 있는 학문적, 실천적 과제가 무엇일까 고민해 보면서, 이제는 중국을 이해하는 질적인 변화가 필요하다는 것을 절감했다. 장기적인 역사적 안목의 차원에서나 한반도 통일 등의 미래 과제를 생각해 보았을 때 양국 간의 관계는 중요할 수밖에 없기 때문이다. 기존의 중국연구 입문서와는 달리, 고정된 시각이 아니라 열린 관점에서 중국을 이해하는 새로운 지침서가 필요하다고 생각한다. 물론 중국을 이해하는데 도움이 되는 책들은 이미 많이 출판되어 있다. 그러나 대부분은 중국에 관한 각 분야별 지식 정리 수준에 머물러 있다. 이 책은 다음과 같은 측면에서 기존의 중국 입문서와 차별성을 갖고자 한다.

첫째, 중국에 대한 단순한 지식 제공이 아니라 우리 사회의 문제에 대해 생각해 볼 수 있는 하나의 참조점을 제공해줌으로써, 중국을 통해 우리의 문제를 진지하게 고민해 볼 수 있는 계기를 마련하고자 한다. 남을 이해한다는 것은 자기를 돌아보기 위한 것이라 할 수 있다. 타자의 존재는 자아를 형성하는 중요한 지표이며, 타자라는 거울을 통해 자기를 객관화하면서 끊임없이 스스로의 정체성을 형성해 나간다. 중국문명이 동아시아에서 중심적 역할을 했지만, 그 속에서 우리는 한반도의 고유한 독자성을 만들고 유지해 왔다. 한국이 주체로 서는 정체성, 이는 앞으로도 끊임없이 만들어가야 하는 것이며, 그런 의미에서 중국은 하나의 거울이자 참조점이 될 수 있다. 다른 지역에 대한 관심은 단순히 해당 지역에 관한 지식을 축적하는 것이 아니라, 타자를 통해 우리 주변을 돌아보고 관찰하는 능력, 역사적 흐름 속에서 너와 나의 관계, 시대의 아픔을 공감하는 능력 등과 관련된다. 중국을 통해, 즉 중국을 하나의 '매개'이자 '방법'으로 우리 자신을 분명하게 인식하고 한반도의 문제를 돌아보며, 이러한 과정에서 한국 사회를 어떻게 더 좋은 사회로 나아가게 할 것인지를 고민할 수 있는 기회를 제공해 주고자 한다.

둘째, 중국 지역에 대한 이해를 바탕으로 현재 급변하고 있는 세계의 문제에 대한 이해의 폭을 넓히고자 한다. 우리는 지금 불확실성의 시대를 살고 있다. 2008년 세계금융위기 이후 서구식 자본주의에 대해, 근대와 발전에 대해 성찰하면서 학계의 많은 학자들이 다시 동아시아를 돌아보고 있다. 서구중심주의에서 벗어나는 하나의 일환으로 동아시아의 지속성과 그 역사와 문화를 살펴보고 있다. 21세기 상당 기간 동안 세계질서는 점점 더 다원화되는 추세가 지속될 것이다. 예전과 지금의 발전의 방향, 변화의 흐름, 시대적인 정신과 목표는 다를 것이며, 이에 따라 우리를 포함한 동아시아문명권, 그리고 그 중심에 있었던 중국에 대한 이해의 폭을 넓힘으로써, 지금 우리가 살아가고 있는 시대의 좌표와 미래 방향에 대한 갈피를 잡아나갈 수 있을 것이다. 즉 중국에 대한 이해는 중국을 하나의 대상으로만 놓고 이해하는 것이 아니라, 우리가 살고 있는 시대성과 세계성의 특징과 변화를 감지하면서 중국을 상대화하여 바라볼 줄 알아야 한다. 이러한 문제의식을 갖고 중국을 제대로 이해할 수 있는 '중국입문서'를 제공하고자 한다.

셋째, 이 책의 내용에서는 많은 질문을 던지고 있다. 어떤 주제에 대해서는 다양한 시각과 관점을 소개하고 있지만, 또 어떤 주제에 대해서는 문제를 제기할 뿐 확실한 답을 제시하지 않은 경우도 있다. 이는 이 책을 읽는 독자들에게 주어진 질문을 생각해 볼 수 있는 기회를 제공하고, 또한 자신의 깊은 생각을 통해 다시 질문하는 힘을 이끌어내기 위함이다. 융·복합 중심의 4차 산업혁명 시대로의 진입을 앞둔 오늘날, 기존 지식이나 정보에 대한 단순한 이해나 암기만으로는 미래 사회를 열어나갈 수 없다. 사회과학이란 끝없는 질문을 통해 사회에 대한 이해의 폭을 넓히고, 우리의 행위를 제약하고 또한 가능하게 만드는 사회구조를 밝히는 작업이다. 앞으로의 시대를 이끌어가는 힘은 익숙한 것을 새롭게 볼 수 있도록 만드는 '질문의 힘'과 '생각하는 힘'에 있으며, 이 책은 근본적인 질문을 통해 중국을 이해하고 이를 토대로 더 좋은 미래를 모색하기 위한 열린 사고를 지향하고자 한다.

최근 수십 년 간 중국은 경제성장에 따라 부상했지만, 오늘날 우리는 중국 부상이 의미하는 바를 정확히 이해해야 한다. 과거 30여 년 간 중국 관련 화두는 경제 성장이었고, 성장에 관한 정치경제학적 특징을 규명하는 것과 중국의 부상으로 인한 국제질서의 변화가 사회과학 분야의 주요 관심사였다. 그러나 지금까지의 중국연구는 그 지역에 사는 사람에 대한 이해를 소홀히 다뤄왔다. 정치체제개혁이나 경제발전을 추구하며 그 사회에 적합한 시스템을 만들어가는 사람들의 고민이 무엇인지에 대한 이해가 부족하였고, 중국인들이 직면한 문제들을 그들의 관념이나 역사관, 가치체계 등과 분리해서 바라보았다.

또한 기존 중국연구의 암묵적 전제는 중국이 현재는 과도기이지만, 언젠가는 서구와 같은 자유민주주의 체제의 특성을 지닐 것이라는 전망 내지 희망이 깔려 있었다. 그러나 근대역사 과정 속에서 형성되어 온 중국인들의 국가관과 내부적으로 중시되는 정책적 과제의 현안과 의제는 외부의 예측이나 전망과는 다르다. 이러한 중국연구의 제한적 이해의 폭을 극복하기 위해서는 기존 사회과학적 기준에 의해 분류된 '정치체제'의 유형에서 출발하는 것이 아니라, 중국 체제라는 토대 위에서 역사적으로 형성된 국가관과 정치적 메커니즘 및 실제 작동과정을 이해해야 할 것이다. 또한 중국이라는 기존의 거대한 지층 위에 근대적인 것, 서구적인 것을 수용하면서 기존의 관념과 구조가 어떠한 변화를 일으키며 근대역사를 가로질러 왔는지도 함께 이해해야 한다.

지역학으로서의 '중국학'은 기존의 분과학문 체계를 기반으로 해서 파악할 수 없는 중국이란 실체에 보다 더 근접하기 위해 만들어진 학문이다. 그동안 우리가 연구해온 중국학이 그러한 기대에 부합하며 적절한 의제를 제기하고 그 지역 사람들에 기반을 둔 논의를 전개해 왔는지는 의문이다. 학문으로서의 중국학에 충실하기 위해서는 기존 사회과학의 이론적 틀에 더해 역사적, 인문학적, 통합적 시각을 결합해야 한다. 이 책은 이러한 문제의식에서 중국 이해를 위한 맵핑(mapping)과 우리 사회를 돌아보는 성찰(thinking)의 역할을 할 수 있는 학술 입문서의 성격을 지닌다. 이를 통해 한중 양국이 서로에 대한 이해를 바탕으로 질적인 관계로 도약할 수 있는 안내서 역할을 하고자 한다.

이 책은 중국 지역을 전공하고자 하는 대학생을 위한 기초적인 입문서 성격을 띨 뿐 아니라 중국체제에 대한 이해의 폭을 넓히거나 어느 정도 중국을 아는 상황에서 중국을 체계적으로 정리해 보고자 하는 독자들을 위한 교양서로 활용될 수 있다. 독자들의 쉬운 이해를 돕고자 강의식으로 서술했고, 설명이 필요한 개념이나 사건의 경우 별도의 지면을 두어 정리하였다.

2017년 다시 열린 봄

이종화·장윤미

열린 중국학 강의

차례

열린 중국학 강의

1강. 중국을 왜 이해해야 하는가?

이 강의는 중국학 전공의 입문 단계 또는 대학 교양 수준에서 중국에 대한 개괄적인 이해를 하는데 그 목표를 두고자 합니다. 아울러 이 강의는 급속히 변화하고 있는 중국 사회를 좀 더 열린 시각에서 바라보기 위한 하나의 지침서로 활용하고자 합니다. 본격적으로 내용을 살펴보기 전에 우선적으로, 우리는 왜 중국을 알아야 할까요? 또한 중국을 어떻게 이해해야 할까요?

중국에 관심을 갖는 사람들이 많아졌습니다. 중국에 관심을 갖게 된 계기와 목적은 각자 다릅니다. 우리나라와 다른 '중국'이라는 국가에 대한 관심은 나 아닌 다른 사람에 대한 이해의 시작과 별반 다르지 않다고 생각합니다. 그렇지만 "왜 중국을 알아야 하는가?"라는 질문에 대해 각자의 개인적인 관심이나 흥미와는 별도로 학문적 차원의 의미와 필요성에 대해 정리해 봐야 한다고 생각합니다.

우리가 살아가면서 만나지 않아도 되는 사람이라면 구태여 관심을 갖거나 이해할 필요가 없습니다. 냉전시기 우리는 공산주의 국가 중국에 대해 굳이 알 필요가 없었습니다. 자유주의 진영 내에서도 충분히 생존이 가능했기 때문이죠. 그러나 탈냉전이후 세계화가 진행되고 1992년 한중수교와 함께 교역과 교류가 확대되면서 중국에 대해 이해할 필요성이 늘어나게 됩니다. 중국이라는 거대한 규모를 가진 국가가 우리 바로 옆에 있습니다. 지정학적 위치를 선택할 수도 없고 또한 이동시킬 수도 없는 상황에서 불가피하게 중국과 이웃으로 살아갈 수밖에 없는 우리로서는 생존과 발전을 위해 중국을 이해하는 것이 무엇보다도 중요합니다. 사실 좀 더 긴 역사적 관점에서 보면, 우리는 수천 년 동안 중국의 문명권 안에서 살아왔습니다. 중국과의 교류와 관계가 단절된 것은 20세기 40~50년 정도의 짧은 시간에 불과합니다. 유구한 한중 간 교류의 역사를 놓고 볼 때 이러한 관계 단절은 매우 이례적 현상이었습니다.

그렇다면 '왜(why)' 중국을 이해해야 할까요? 첫 번째 이유는 '공존'하기 위해서입니다. 어떤 사람이 싫어도 불가피하게 서로 부딪치고 접촉해야 하는 상황이라면 상대방을 어느 정도 이해할 필요가 있습니다. 평생 보지 않을 사이가 아니라면 우선 나랑 무엇이 다른지 알아야 합니다. 내가 속한 사회의 법칙과 규율, 문화와 규범과는 다른 환경 속에서 살아가는 사람들, 그들과 우리의 차이점은 무엇이고, 그럼에도 불구하고 동시대를 살아가면서 공통적으로 직면하는 문제와 공유할 수 있는 것은 무엇인가. 이런 것을 발견하고 이해하려는 목적은 서로의 차이점을 알고, 이를 인정하고 존중하며 평화롭게 공존하기 위해서입니다. 서로 공존하기 위해서는 상대방의 역사와 문화를, 그리고 그 사회에서 살아가는 사람들에 대한 이해가 중요합니다.

두 번째는 우리는 지금 불확실성의 시대를 살아가고 있기 때문입니다. 예전에 냉전 시대를 살아왔던 세대들에게는 한국사회가 나아가야 하는 방향이 무엇인가에 대한 일정한 기준이 있었습니다. 발전이 무엇일까? 우리 사회가 더 잘 살고 더 행복해질 수 있는 길은, 그 방식은 무엇일까? 1980, 90년대까지만 해도 이 길은 분명해 보였습니다. 정치적 민주화, 사회 내의 민주적 소통 확대, 산업화와 경제발전 등 이러한 길을 먼저 개척해 나간 서구 자본주의 국가들이 있었기 때문입니다. 당시 우리가 생각하던 '발전'이란 '산업화'와 '근대화'였고, 이는 곧 '서구화'를 의미했습니다. 앞선 국가들이 만들어놓은 방식과 길, 그 방식대로만 하면 현재의 서구가 우리의 미래 모습이요, 우리가 그 길을 따라가기만 하면 우리도 그들처럼 잘 살 수 있다는 믿음이 있었습니다. 특히 1980년대 말 사회주의권 국가들이 해체되고 "역사의 종언"[1]과 함께 탈냉전의 시대가 열리면서, 서구 자본주의라는 오로지 하나의 방식만이 남게 되었습니다. 서구식 근대화에 대한 우리의 믿음은 더욱 강건해졌고, 이후 2천 년대 들어 민주화와 산업화를 어떻게 실현하는가에 대한 분명한 목표와 성장의 역사가 이어졌습니다.

그러나 2008년 세계금융위기를 맞이하면서 기존의 발전에 대한 신화가 깨지게 됩니다. 서구식 자본주의 방식의 한계가 드러났고, 발전에 대한 확고한 믿음이 무너지게 됩니다. 왜 이러한 위기를 맞게 되었고, 그렇다면 그 다음의 길은 무엇인가? 위기를 극복하기 위해 어떻게 해야 하는지에 관한 여러 가지 진단과 해법이 있었지만, 지금까지도 이에 대한 합의는 없고 여전히 불확실성의 시대에 놓여 있습니다. 세계 인류는 어떠한 방향으로 가야 할지 아직 모색 중입니다.

금융위기를 계기로 서구 자본주의 발전모델의 한계가 분명해졌고 동시에 중국의 성장이 주목을 받았습니다. 중국은 1949년 건국 이후

1) 프란시스 후쿠야마(Francis Fukuyama)는 구소련이 붕괴된 이듬해인 1992년『역사의 종언(The End of History)』이란 저서를 출간한다. 그는 이 책에서 20세기를 지배해온 자유민주주의와 공산주의의 이데올로기 대결에서 자유민주주의가 승리했고, 자유민주주의와 시장자본주의가 인류의 진화와 정부의 최종 형태이며 역사의 종착점이라고 주장한다.

사회주의 실험을 지속해오다가 서구와의 개방을 확대하고 개혁을 진행하면서 1980년대 이후 30년 동안 거의 두 자리 수의 경제성장을 달성합니다. 중국이 고속성장을 할 수 있었던 이유를 설명하는 여러 가지 학설들이 존재합니다. 흥미로운 것은 최근에는 발전의 배경으로 '중국 문명'에 대한 관심도 함께 증가하고 있다는 것입니다. 지금까지 서구 중심의 근대 역사가 진행되어 왔던 기간은 150년에서 200년 정도입니다. 서구 우위의 근대적 질서가 지금까지 이어져 왔지만, 발전의 위기에 직면하면서 사람들은 다시 성찰하게 됩니다. 과연 '발전'이란 무엇인가? '근대'란 무엇인가? 이러한 근본적인 물음에 대해 돌아볼 수 있는 계기를 마련해 준 것 중 하나가 바로 중국입니다.

서구식 자본주의에 대해, 그리고 근대와 발전에 대해 성찰하면서 많은 학자들이 다시 동아시아를 돌아보고 있습니다. 서구 중심주의에 대한 비판적 시각을 확보하기 위한 하나의 학문적 자원이자 방법으로 동아시아의 역사와 문화, 정치제도와 사회경제적 특징 등을 연구하고 있습니다. 중국은 과거 동아시아의 문명 중심국이었고 제국이었습니다. 제국은 포용성과 다원성을 특징으로 하는데, 중화문명권 속에서 동아시아는 어떻게 발전해 왔는가? 지금의 우리는 근대화가 곧 서구식 발전이라고 생각하지만, 과거 동아시아 문명권의 지속적인 존속을 가능하게 했던 사회경제적 토대는 무엇인가? 동아시아 안에서 자생적으로 진화되어온 근대적 특징은 없었는가? 근대의 특징 중 하나가 신분제를 타파하고 능력에 따른 지위 상승이 가능한 사회라는 점인데, 중국은 이미 587년 수(隋) 문제(文帝) 때부터 능력에 따라 관료를 선발하는 '과거제도'가 있었습니다. 그렇다면 '근대'란, '근대성'이란 무엇이고, '발전'이란 무엇인가?

21세기 상당 기간 동안 세계질서는 다원화되는 추세가 지속될 것입니다. 예전과 지금의 발전의 방향, 변화의 흐름, 시대적인 정신과 목표는 다를 것이며, 이에 따라 우리를 포함한 동아시아문명권, 그리고 그 중심에 있었던 중국에 대한 이해의 폭을 넓힘으로써, 지금 우리가 살아가고 있는 시대의 좌표와 미래 방향에 대한 갈피를 잡아나갈 수 있습니다. 다시 말해 중국에 대한 이해는 중국을 하나의 대상으로만 놓고 이해하는 것이 아니라, 우리가 살고 있는 시대성과 세계성을 함께 알아야 하는 것입니다.

셋째, 타자에 대한 이해는 필연적으로 자기 변화를 수반합니다. 남을 이해한다는 것은 자기를 돌아보기 위한 것입니다. 타자의 존재는 자아를 형성하는 중요한 지표입니다. 타자라는 거울을 통해 자기를 객관화하면서 끊임없이 스스로의 정체성을 형성해 나갑니다. 중국문명이 동아시아에서 중심적 역할을 했지만, 그 속에서 우리는 한반도의 고유한 독자성을 만들고 유지해 왔습니다. 나를 중심에 두는 자아인식, 한국이 주체로 서는 정체성, 이는 앞으로도 끊임없이 만들어가야 하는 것이며, 그런 의미에서 중국은 하나의 거울이자 참조점이 될 수 있습니다. 다른 지역에 대한 관심은 그저 해당 지역에 관한 지식을 축적하는 것이 아니라, 타자를 통해 우리 주변을 돌아보고 관찰하는 능력, 역사적 흐름 속에서 너와 나의 관계, 시대의 아픔을 공감하는 능력 등과 관련됩니다. 중국을 통해, 즉 중국을 하나의 '매개'이자 '방법'으로 우리 스스로와 한반도의 문제를 돌아보고, 이러한 과정에서 한국 사회를 어떻게 더 좋은 사회로 나아가게 할 것인지를 늘 자신에게 되물어야 할 것입니다.

그렇다면 이 강의에서는 '무엇을(what)' 공부할까요? 우선 시기적으로 우리의 관심은 현재의 중국입니다. 지금 우리가 살고 있는 이 시대의 중국을 이해하려는 것이지요. 이를 '현대'라고 하고 중국에서는 '당대'라고 부릅니다.[2] 이 강의에서는 1949년 이후의 중국을 이해하는 것을 목표로 하되, 오늘날 중국의 특징을 형성하게 된 기원도 함께 살펴보기로 하겠습니다. 즉 "우리가 언제부터 이렇게 생각하고 이러한 방식으로 살았는지에 대한 기원"까지도 포괄하고자 하며, 따라서 경우에 따라서는 근현대 전환 시기까지 혹은 더 이전으로 거슬러 올라갈 수 있습니다. 중국은 문명국가로 3천 년 전 문자인 '한자(漢字)'를 지금의 중국인들도 이해하며 아직도 쓰고 있습니다. '중국'은 국가명일 뿐만 아니라, 그 자체가 문화적 개념입니다. 우리의 관심이 현재의 중국에 있지만, 여기서 살아가고 있는 사람들의 사고방식에 영향을 미친 사상이나 전통 등도 함께 알아보고자 합니다. 한 사회를 잘 이해하기 위해서는 그 사회의 역사와 문화에 대한 이해가 바탕이 되어야 하기 때문입니다.

공간적으로 우리의 관심은 당연히 중국 대륙이겠지요. 그러나 중국은 농경민족과 유목민족 간에 끊임없는 대립과 융합이 반복되며 형성되어온 국가입니다. 밖에서 보면 중국은 하나의 큰 덩어리처럼 보이지만, 안에서 보면 남방 사람들은 북방 사람들을 다른 세계의 사람들로 인식합니다. 우리의 도(道)에 해당하는 성(省) 지방 정부가 한반도 크

2) 시대구분은 학자마다 그 기준과 견해가 다르지만, 중국에서는 일반적으로 아편전쟁에서 신해혁명까지를 근대(1840~1911) 시기로, 신해혁명에서 중화인민공화국 수립까지를 현대(1911~1949) 시기로, 그리고 그 이후를 당대(當代) 시기로 구분한다. 공산당이 수립한 현재 신중국의 역사를 당대라고 한 것은 과거와는 전혀 다른 새로운 시대라는 것을 강조하기 위한 정치적 의도가 포함되어 있다.

기보다 훨씬 크며 인구 역시 1억이 넘는 경우도 있습니다. 대한민국을 느끼는 공간적 감도로 중국의 규모를 이해하기란 쉽지 않습니다. 중국 대륙 안에는 소수민족이 거주하는 티베트(西藏)나 신장(新疆) 지역도 있고, 150여 년 간의 영국 식민 지배를 받았던 홍콩도 있습니다. 홍콩이 중국일까요? 홍콩인들은 스스로 중국인이라고 생각할까요? 또한 대만은 중국일까요? 중국 밖의 지역으로 진출해서 전 세계 곳곳에서 살아가고 있는 6~7천만 명 규모의 화교는 중국인일까요? 동남아시아 자본의 상당 부분이 화교 자본이며, 반중국적 정서가 강한 필리핀 주류 사회를 장악하고 있는 것도 중국계입니다. 어디까지가 중국일까요?

마지막으로 강의에 앞서 당부하고 싶은 말이 있습니다. 이것은 중국을 '어떻게(how)' 이해할 것인가의 문제와 관련이 있습니다. 어느 지역을 여행하고 온 사람들의 얘기를 들어보면 저마다의 감흥과 평가가 모두 다릅니다. 그것은 가치관의 차이나 저마다 살아왔던 방식에 따라 평가 기준이 다른 탓에, 다른 사회에 대한 평가도 다르기 때문이겠지요. 그러나 이러한 가치관의 차이 말고 다른 사회를 이해할 때 쉽게 범하게 되는 오류는 리영희 선생의 지적대로 자기가 속한 사회의 관점에 따라 다른 사회를 보기 때문입니다. 이러한 시각에는 자기가 속한 사회가 옳고 절대적 기준이라는 무의식적인 전제가 깔려 있습니다. 물론 사람은 누구나 자기중심적으로 생각하기 나름인 것처럼 사회 역시 마찬가지라고 할 수 있습니다. 그러나 자신이 속한 사회를 절대적인 기준으로 삼게 되면 다른 사회를 있는 그대로 이해할 수 없게 되며, 도저히 이해할 수 없는 이상한 사람들이 사는 나라로 결론내거나 혹은 수준이 안 된다고 무시하게 됩니다. 우리가 그들과 함께 공존하고 평화롭게 살고자 한다면, 더구나 그 국가가 세계에 미치는 영향력이 갈수록 커진다고 한다면 우리의 생존을 위해서라도 그 사회에 대한 이해는 필수적이라 할 수 있습니다. 그렇다면 '어떻게' 잘 이해할 수 있을까요?

일찍이 공산주의 사회에 대한 이해는 외부적 시각이 아니라 그 사회의 자체 맥락에서 파악해야 한다는 '내재적 시각'이 제기되어 왔습니다. 이러한 시각은 자칫 그 체제를 지지하고 옹호하는 논리로 사용될 수 있다는 비판을 받았습니다. 그러나 이 강의에서 강조하고 싶은 '내재적 시각'이란 외부 관찰자인 내가 속해 있는 사회가 정상적이라거나 절대 옳다는 생각으로 다른 사회를 평가하지 말라는 것과 중국 스스로가 자신의 문제를 어떻게 인식하는지를 파악해야 한다는 이중적인 의미가 담겨 있습니다.

'내가 속해 있는 사회를 기준으로 다른 사회를 평가하지 말라'는 말의 의미는 그 사회의 어떤 현상을 단편적으로 이해하는 것이 아니라 좀 더 근본적이고 역사적인 연원을 캐묻고 따져보는 작업이 필요하다는 것을 말합니다. 왜 그 나라 사람들은 그러한 방식으로 살아가고 있는가? 어떠한 문제에 직면했을 때 왜 그러한 태도와 반응을 보이며 그러한 선택을 할 수 밖에 없는 것인가? 이러한 의문을 갖는 태도 자체가 그 사회를 좀 더 내재적으로 이해하려는 방법의 시작일 것입니다. 그 사회가 안고 있는 문제의 구조적인 원인을 분석하며 갈등의 지점을 파악하는 것과 그 나라의 체제를 옹호한다는 것은 완전히 별개의 문제입니다. 중국 스스로가 자신의 문제를 어떻게 인식하는지를 이해한다는 것은 향후 중국의 역사적 흐름의 방향을 전망하는 토대가 될 것입니다.

이 강의는 중국 지역에 대한 종합적이고 학제(學際)적인 이해를 목표로 합니다. 중국의 문화와 역사에 대한 강의를 시작으로 하여, 정치체제의 특징과 당면하고 있는 사회 문제, 중국 경제발전의 경로와 특징, 그리고 국가적 한계를 극복하려는 대외전략, 마지막으로 한중관계와 관련된 이슈까지 이어집니다. 인터넷으로 검색해 보면 중국과 관련된 지식은 이미 잘 정리되어 있으며, 매일 쏟아지는 정보로 차고 넘쳐납니다. 이 강의는 우리가 기존에 알고 있는 중국에 대해, 그리고 당연하다고 받아들여지는 사실에 대해 '과연 그런가?'라는 의문을 가지고 열린 사고를 통해 새로운 질문을 던져보는 기회로 활용했으면 합니다. 때로는 다른 위치와 관점에 서서 스스로에게 다른 질문도 던져보고, 다른 지역과의 비교를 통해 중국이라는 대상을 객관화하며, 거꾸로 우리가 사는 사회의 더 나은 미래를 위한 자산으로 삼았으면 합니다.

■ 더 읽어봐야 할 책

리영희, 『전환시대의 논리』 창작과 비평사, 2006

마크 레너드 저, 장영희 역, 『중국은 무엇을 생각하는가: 중국 최고지도부를 움직이는 지식엘리트들』 돌베개, 2011

미조구치 유조 저, 서광덕 외 역, 『방법으로서의 중국 : 중국을 방법으로, 세계를 목적으로』 산지니, 2016

백영서, 『핵심현장에서 동아시아를 다시 묻다』 창비, 2015

2강. 중국의 전통과 문화 I : 중국은 문명국가인가?

이제 본격적으로 중국의 전통과 문화에 대해 얘기해 보고자 합니다. 전통과 문화라고 한다면 무엇을 얘기해야 하나요? 너무 방대합니다. 문화에는 유형의 문화도 있고 사상, 가치, 관념체계 같은 정신문화, 무형의 문화도 있습니다.[1] 여기서는 최근에 주요 쟁점으로 떠오른 몇 가지 이슈에 대해 이야기해 보겠습니다.

최근 중국은 완전히 달라졌습니다. 아니 완전히 다른 국면으로 접어들었다고 할 수 있지요. 초기 개혁과는 다른 '제2기' 개혁개방 시대로 접어든 것입니다. 2008년 세계금융위기 이전까지는 중국의 부상에 관해 '중국이 왜, 어떻게 발전했을까', '중국 발전의 정치경제학적 특징은 무엇인가' 등이 주요 관심사였습니다. 많은 사람들이 중국 역시 서구가 구축해 놓은 자본주의 문명에 동화, 수렴되는 방향으로 갈 것이라고 예측했지만, 세계금융위기 이후에는 그렇지 않다고 보는 사람들이 점점 많아졌습니다. 발전에 영향을 미치는 다양한 문명적

1) 문화는 일종의 방대한 체계로 그 범위가 매우 넓다. 문화는 통상적으로 인간의 심리, 신념, 사상, 철학 도덕, 종교 등의 정신문화 또는 관념문화라고 부르기도 하는 '의식문화', 사회 형태와 사회 성질을 반영하는 '제도문화', 그리고 의식문화의 중요한 담지체로서 '물질문화', 세 가지 차원으로 분류할 수 있다.

배경과 그들이 걸어온 독자적 길을 인정해야 한다는 점을 강조하는 것이지요.

이에 따라 '중국은 과연 어떤 국가인가'가 화두로 떠올랐습니다. 즉 현대시기로 접어들며 지금 우리가 아는 형태의 국가가 등장했지만, 사실 '민족국가(nation state)'라는 근대국가가 출현하기 오래 전부터 이미 중국을 비롯한 아시아에는 국가가 존재해 왔습니다. 서구 근대체제 형성에 따라 만들어진 민족국가라는 서구적 개념이 동아시아로 들어오면서 '국가(國家)'라고 번역되었습니다. 전혀 없던 개념이 새로 생겨난 것이 아니라 원래부터 동아시아에 존재하고 있었던 국가라는 개념에 서구적 의미가 결합되면서 새로운 개념을 획득하게 된 것입니다. 이에 따라 예전에는 전통적인 황제, 군주전제체제에서 근대적인 국가로 전환될 것이라는 시각에서 중국을 바라보았지만, 최근에는 오랜 역사를 가진 중국 국가의 형태를 인정하고 중국 사회 안에서 변화되어온 국가를 바라봐야 한다는 주장이 설득력을 얻고 있습니다.

이미 3, 4천 년 전부터 존재해 왔던 중국의 고대국가를 어떤 개념으로 설명할 수 있는가? '민족국가'라는 개념으로 설명하기 어렵다면, '문명국가' 개념으로 설명이 가능한가? 이것이 최근 중국학계와 대중들의 관심 중 하나입니다. 최근 번역되어 출간된 책들을 보면 중국 문명, 역사, 문화와 관련된 것들이 많습니다. 문명국가와 관련해서 제국 담론도 새로운 관심거리입니다. '제국'과 '제국주의'는 엄격히 구분되어야 하는 개념입니다. 중국의 역사는 통일과 분열이 반복되는 역사였지만 통일 왕조는 거의 대부분 제국체제를 유지했습니다. 진, 한, 당, 명, 원, 청 등은 오랫동안 제국으로 불렸던 문명을 가지고 있었고 제국의 통치시스템을 구축해 왔습니다. 이에 따라 학계에서는 현재 중국을 "국민국가의 옷을 걸친 제국"이라고도 하고 "제국성 국민국가" 혹은 "국가 안에 제국이 있고, 제국 안에 국가가 있는" 문명권으로 보기도 합니다. 이와 관련해서 주권국가 간의 관계를 규정하는 지금의 국제질서와는 다른 질서, 즉 '조공체제(朝貢體制)'라는 질서를 어떻게 유지해 왔는지, 나아가 서구 제국주의와 고대 중화제국의 시스템이 어떻게 다른지 등에 대한 관심도 증폭되었습니다. 이는 과거 우리가 살아왔고 경험했던 역사이기 때문에 잘 이해할 필요가 있습니다.

중국의 국가관과 법의식

중국은 문명국가인가? 문명국가라면 문명국가로서의 특징은 무엇인가? 요즘 한국의 대학 캠퍼스에서는 중국학생들을 어렵지 않게 볼 수 있습니다. 비즈니스나 사회, 문화 교류의 현장에서도 중국인과 접촉할 일이 많아졌습니다. 이러한 다양한 민간 교류 속에서 한국인이 주로 느끼는 것은 중국인들은 국가에 대한 신뢰가 높다는 것입니다. "왜 중국인은 국가에 대해 신뢰하고 비교적 강한 국가주의적 성향을 보이는가?"에 대한 일반적인 설명은 공산당의 애국주의 선전활동, 어렸을 적부터 받은 집단주의적인 교육, 그리고 조직이나 집단 공동체 안에서 명령에 순응해야 한다는 사회적 규범 등이 발현된 것으로 해석합니다. 물론 이런 측면도 있겠지만 문명적으로 중국인이 갖고 있는 사상, 관념 속에서 그 원인을 생각해 볼 필요가 있습니다. 오랫동안 동아시아 문명권에서 살아왔고, 조선의 가치체계와 성리학적 원리에 따른 통치시스템 역시 중화문명에서 나왔기 때문에 우리도 중국과 비슷합니다. 근대로 들어서면서 우리의 거시 정치체제는 완전히 바뀌었지만, 민간 사회에서의 사고방식이나 풍속, 관습 등에서는 동아시아 문명의 공통된 유산이 남아 있습니다. 중국과 우리나라 뿐 아니라, 일본, 베트남 등 한자 유교문명권이 그렇습니다.

또한 중국인과의 교류가 늘면서 종종 받는 질문 중의 하나가 "왜 중국인은 질서를 안 지켜요?" 입니다. 중국에 가보면 금방 알 수 있듯이, 신호등의 신호를 기다렸다 건너는 사람이 별로 없습니다. 차가 있으나 없으나 신호를 기다리지 않고 그냥 건넙니다. 최근에는 홍콩, 유럽 등의 주요 관광지에서 중국인의 실종된 공중도덕의식이나 위법 행위가 국제적인 지탄의 대상이 되기도 했습니다. 왜 그럴까요?

쉽게 설명하면 시민의식이 없다는 것이지요. 이러한 설명도 맞는 측면이 있는 것이 중국에는 '시민'으로서의 관념이 별로 없습니다. 중국에서 시민이란 그저 '도시에 거주하는 주민'이지, 권리와 의무를 갖는 근대적 의미의 시민은 아닙니다. 다시 말해 근대적 시민이란 프랑스혁명 당시 절대 권력을 전복시키며 획득한 정치적 권리와 의무를 내포한 개념입니다. 시민으로서의 권리와 의무를 자각하고 이를 실천한다는 의식은 중국의 사상이나 가치체계 안에 있는 개념이 아닙니다. 따라서 중국의 사상과 가치체계 안에서 왜 중국인에게 법이나 질서는 그다지 중요하지 않은지를 생각해 볼 필요가 있습니다. 두 번에 걸친 중국 전통과 문화와 관련된 강의에서는 이 두 가지 질문, 다시 말해 중국인은 왜 국가에 대한 신뢰가 높은지, 그리고 법이나 질서에 대한 의식이 왜 부족한지를 둘러싸고 중국의 역사와 문화에 대해 얘기해 보려고 합니다.

길지만 '짧은' 역사, 넓지만 '좁은' 땅

우선 중국의 역사적 과정에서 형성되어온 특징을 이해할 필요가 있습니다. 중국의 역대 왕조와 이들이 존속했던 기간을 봅시다. 오랫동안 분열의 시기도 있었고, 통일 왕조를 유지했던 시기도 있습니다. 이처럼 중국은 통일과 분열을 지속적으로 반복하는 역사적 특징을 보인다는 것을 알 수 있습니다. 세계적으로 통용되는 중국의 영문명인 '차이나(China)'의 기원이 되는 왕조가 바로 최초로 천하통일을 이룬 진(秦)입니다. 중앙집권적인 통일왕조였으며, 그 이전에는 500여 년 간 분열기인 춘추전국시대가 있었고, 더 이전에는 하, 은(상), 주라는 고대 왕조가 있었습니다. 진시황이 지배했던 최초의 통일제국 진 왕조의 존속기간은 15년에 불과합니다. 그 뒤에 세워진 한(漢) 왕조 역시 전한과 후한으로 나눠지고 중간에 신(新)이라는 짧은 왕조가 있었습니다.

중국 역사상 300년 이상 지속된 통일왕조는 없었고, 통일 기간이 가장 길었던 왕조는 당 왕조로 289년간 유지되었습니다. 중국 역대 왕조들의 역사적 특징을 놓고 볼 때, 지금의 중국 역시 장기적이고 오래 지속될 것이라는 보장은 없다는 것을 알 수 있습니다. 항상 분열하려는 원심력이 있고, 반대로 중앙에서 끌어당기는 구심력이 있어 왔습니다. 이처럼 수천 년 이어온 중국의 역사는 원심력(분열)과 구심력(통일)이 지속적이고 순환적으로 반복되는 패턴을 보이고 있기 때문에, 1949년 이후 성립된 공산당 체제 하의 신중국 역시 이러한 역사적인 패턴에서 예외일 수 없다는 합리적 추론이 가능합니다.

이에 반해 한반도의 통일 왕조는 상대적으로 오랜 기간 지속되었습니다. 조선은 5백년 역사를 자랑하며, 고려 역시 474년 간 지속된 왕조입니다. 중국은 통일과 분열이 반복해서 일어났던 역사로 우리가 일반적으로 알고 있는 것과 달리 통일 기간이 분열 기간보다 짧습니다. 중국 역사학자 거젠숭(葛劍雄)의 역사 구분에 따르면, 중국 역사상의 가장 넓은 영토를 기준(제1표준 통일 기간)으로 하면 통일의 기간은 단지 81년이었고, 기본적으로 전대(前代)의 영토를 회복하고 중원지역의 평화와 안정을 유지하는 것을 기준(제2표준 통일 기간)으로 한다면 통일의 기간은 950년에 불과합니다. 만약 진이 통일한 기원전 221년에서 청 왕조가 멸망한 1911년까지를 놓고 본다면, 제1표준 통일 기간은 이 기간의 4%이며, 제2표준 통일 기간은 이 기간의 45%를 차지합니다. 만약 역사적으로 공인된 서주 시기(기원전 841년)부터 계산을 한다면, 제1표준 통일 기간은 3%, 제2표준 통일 기간은 35%로 축소됩니다. 가장 넓은 영토를 차지하고 강성한 제국을 구축한 원과 청은 한족이 아닌 몽골족과 만주족 등 이민족이 세운 왕조라는 점 역시 중국 역사의 특징 중의 하나입니다.

지도를 봅시다. 중국의 지도는 평면도 말고, 해발 고도를 표시한 입체 지형도를 봐야 합니다. 이것을 봐야 중국의 지형적 특징과 함께 유목민의 침략선, 농사가 가능한 경계선 등을 알 수 있습니다. 중국의 영토는 세계 3~4위에 해당될 정도로 매우 넓지만 인구밀도도 높습니다.[2] 같은 대륙인 미국은 사람이 살기 좋은 자연조건을 보유한 반면,

2) 중국의 육지 면적은 약 960만㎢(9,632,922㎢)로 대략 한반도의 44배, 대한민국의 100배에 해당하는 크기이다. 중국 사람들이 한평생 못해 보는 세 가지가 있는데 중국 글자(한자)를 다 못 배우고, 중국요리를 다 먹어보지 못하며, 중국을

중국은 넓긴 넓지만 산악지대와 사막 그리고 불모지가 많습니다. 중국 영토를 동북쪽 끝에 위치한 헤이허(黑河)에서 남서쪽 끝에 위치한 텅충(騰衝)이란 지역을 이어 사선으로 나눠보면 오른쪽에 위치한 지역이 전체 영토의 43%에 불과하지만 94%의 인구가 거주합니다. 왼쪽 지역은 영토의 나머지 57%를 차지하지만 인구는 전체의 6%에 불과합니다. 대부분 사막, 초원, 산악지대이기 때문입니다. 해발 고도 역시 2천 미터 이상이고, 티베트 지역의 성도(省都)인 라싸는 4천 미터 이상의 높이에 위치합니다. 지리적인 조건을 생각하면 중국은 넓지만 사람이 살 수 있는 조건을 갖춘 지역은 의외로 적습니다. 농사를 지을 수 있는 땅이 넓지 않으며, 인구밀도가 높습니다.

한 조사에 의하면, 활용이 가능한 지역은 전체 중국 국토면적의 1/3에도 미치지 못한다고 합니다. 산지 및 고원, 언덕이 국토의 69%를 차지하며 전 국토의 약 58%가 해발 1000m 이상에 위치하고 있습니다. 따라서 전 국토의 10%를 조금 상회하는 정도에서만 농사가 가능합니다. 그 결과 중국에서는 기본적인 식생활의 해결이 무엇보다 중요한 문제였기에 의식주(衣食住)가 아닌 식의주(食衣主) 문화가 나타났으며, 전통적으로 농업에 의존해 왔기 때문에 동부를 중심으로 하는 평원 지역에 인구가 밀집되었습니다. 넓지만 '좁은' 땅에 밀집되어 있는 다수의 조밀한 인구를 양육해야 하는 것은 가장 어려운 국가적 과제였습니다.

다 돌아보지 못한다는 것이다. 중국이 얼마나 다양하고 거대한 국토를 가지고 있는지를 알 수 있는 대목이다.

한족과 이민족의 상호 융합의 문화

역대 왕조가 자리 잡았던 지역을 봅시다. 최초 통일왕조인 진의 영토를 보면, 황하(黃河) 중·하류의 중원지역을 중심으로 하여 현재 중국 영토에 비해 훨씬 적은 땅을 차지하고 있습니다. 서북쪽은 유목민이 지배했던 땅입니다. 황하문명의 기원이 된 중원에서 발원된 중화민족을 중심으로 보면 그렇게 넓은 지역이 아니라는 것을 알 수 있습니다.

반면 예전 장족(藏族)들의 지역이었던 대서장구(大西藏區)는 현재 티베트 자치구 지역보다 훨씬 넓어 지금의 쓰촨(四川), 윈난(雲南), 칭하이(靑海) 일부까지 포함한 지역을 말합니다. 지리적으로 높은 산맥이 있기 때문에, 대서장구는 한족이 접근할 수 없는 곳이었습니다. 또한 이 지역에는 강력한 토번(吐蕃)[3] 왕조가 있었습니다. 대당제국은 중원과 서역을 하나로 통합했던 다민족 제국으로, 제국의 특성인 다양성과 포용성을 갖춘 왕조였습니다. 당 왕조는 티베트 지역에 위치한 토번 왕조와의 화친을 위해 문성공주를 토번 왕에게 시집보냅니다. 이때 불교가 티베트 지역으로 전해집니다. 북위(北魏)시대 불교가 꽃피었고 당을 거쳐 티베트로 들어간 불교는 티베트 토착종교(ben)와 융합되어 티베트 불교(Lamaism)가 탄생합니다. 당이 토번에 공주를 보냈다는 것은 토번이 만만한 국가가 아니었고, 유목민을 견제하고 회유하기 위해 혼인이라는 수단을 사용했음을 알 수 있습니다. 송은 당에 비해 영

3) 7세기 초에서 9세기 중엽까지 활동한 티베트 왕국 및 티베트인(人)에 대한 당(唐)·송(宋)나라 때의 호칭이다.

토가 작았고, 이후 여진족에 밀려 북송 시대를 마감하고 강남으로 수도를 옮겨 남송 시대를 엽니다.

중국의 영역이 극적으로 확장된 것은 유목민족인 몽골족이 중원을 차지하면서 세운 원 제국 시대였고, 폴란드와 헝가리 등 유럽까지 세력권이 미치게 됩니다. 14세기 유럽인구 1/3의 목숨을 앗아간 흑사병이 바로 몽골제국의 영토 확장으로 인해 들어온 병균 때문이라고 하지요. 그만큼 당시까지만 해도 유럽이 상대적으로 외부와의 접촉이 없었다는 증거이기도 합니다. 몽골족이 지배한 중국 대륙은 유목민족 자신들이 살아왔던 방식과는 다른 농경지대로, 피지배자의 대다수는 농경민족이었습니다. 몽골족은 자신들의 터전인 초원 지대에서는 유목민족 방식의 삶을 유지하고, 중원에서는 다수 피지배자의 생활풍속을 그대로 보존합니다. 중앙아시아를 차지한 몽골족은 이후 러시아 차르 체제의 등장에도 큰 영향을 미칩니다.

중국사를 한족 중심의 역사로 서술해 왔던 기존의 시각에서는 외부 유목민족이 중원지역을 차지했다 하더라도 이들이 한족에 동화되었다고 보았습니다. 그러나 일방적인 '동화'가 아니라 '상호영향'으로 보아야 합니다. 현재 중국의 수도인 베이징(北京)이 처음으로 수도로 정해진 것은 원 제국 시기입니다. 그 이전에는 더 북쪽으로 수도가 올라간 적이 없었습니다. 베이징 외곽의 만리장성을 넘으면 바로 대초원 지역이기 때문입니다.

베이징의 위치는 유목민족의 터전과 가깝고, 농경민과 유목민의 경계에 위치해 있습니다. 이민족이 중원을 차지했던 원과 청 제국 모두 수도가 두 개인 양경제(兩京制) 혹은 세 개인 삼경제(三京制)를 채택했습니다. 날씨가 추워지면 남쪽으로 내려오고, 날씨가 더워지면 다시 초원지역으로 올라가 사냥을 하며 지냈습니다. 농경지역의 경제력을 장악하면서 자신들의 뿌리인 유목민족의 정체성도 동시에 유지하려는 것이었죠. 18세기 조선의 선비 박지원이 쓴 『열하일기(熱河日記)』를 보면 잘 알 수 있습니다. 건륭 황제의 칠순 잔치를 축하하기 위해 공식 사절단의 일행을 따라 중국에 갔던 박지원은 정작 수도인 베이징이 아니라 지금의 청더(承德)인 열하의 피서산장에서 황제를 알현하게 됩니다. 청 만주족 역시 여름에는 더위를 피해 열하 지역으로 옮겨갔던 것이지요.

어쨌든 이민족이 대륙을 차지했을 때는 자신의 종족 정체성도 보존하고 동시에 피지배자를 지배하기 위한 다양한 통치술을 고안해 냅니다. 사실 대륙 지역이 너무 커서 중앙에서는 일일이 지역에 간섭할 수 없었고, 지방 지배자를 견제하고 포섭하는 것이 중앙의 주요한 정치적 행위였죠. 현재의 중국 영토는 이민족이 지배했던 청 제국이 물려준 유산입니다. 현재 신강위구르자치구 지역은 대청제국 때 정복한 땅입니다. '신강(新疆)'이라는 말 자체가 '새로 얻은 땅'이라는 뜻이지요. 티베트는 원 나라 때 중화문명권으로 포섭됩니다. 이러한 사실을 놓고 보면 중국은 한족의 나라이기보다는 중화사상을 가진 한족과 유목민족인 이민족이 끊임없는 갈등과 대립, 그리고 융합을 통해 만들어진 문명권이라는 것을 알 수 있습니다.

현재 베이징이라는 도시의 전통 양식과 문화들이 대개 이민족의 문화에서 기원한 것이 많습니다. 사면이 건물로 막힌 형태인 베이징의 '사합원(四合院)'이라는 전통 민가 거주양식도 원대에서 비롯된 것이고, 양꼬치나 전통 요구르트인 라오쑤안나이(老酸奶)도 유목민족의 음식 문화입니다. 세계무대에서 중국 전통복장의 상징처럼 등장하는 '치파오(旗袍)' 역시 청 만주족의 의복입니다. 중국어에서 '그저 그렇다'는 뜻을 지닌 '마마후후(馬馬虎虎)'는 원래 만주어에서 기원한 것입니다. '문화'라는 것은 어느 한쪽 방향으로 흐르는 일방적인 것이 아니라 상호적인 것이라는 점에서, 중국 문명 자체가 한족에서 기원했다거나, 혹은 한족 문화에 '동화'되었다기 보다는 농경문화를 바탕으로 하는 한족과 초원에서 생활하는 이민족이 서로 교류하면서 만든 것이라 할 수 있습니다. 우리도 북방 고구려의 후손으로 유목민족적 특징이 남아 있는 것이지요.

결론적으로 말해 중국의 역사와 문명을 한족이라는 불변적이고 고정적인 정체성과 문화가 있고 이를 오랫동안 유지해 왔으며 이민족이 한족 문화에 동화되었던 과정이 아니라, 한족과 이민족이 끊임없이 교류하고 서로 영향을 주고받았던 상호작용의 과정으로 이해해야 할 것입니다.

화이(華夷)사상과 소수민족

'중화민족'이라는 관념이 만들어진 것도 이민족의 끊임없는 침략이 있었기 때문에 가능했다고 볼 수 있습니다. 스스로 천하의 중심에 있다는 생각과 자기 문명에 대한 우월적 정체성은 이민족의 침략을 받았기 때문에 형성된 것입니다. 개인의 정체성이 언제, 어떻게 형성되는가를 한번 생각해 보면 이해할 수 있을 것입니다. 정체성이란 혼자 고립되어 있다면 형성되지 않습니다. 성장하는 과정에서 관계 속에서 형성되는 것이지요. 부모와 친구, 다양한 사회적 관계 속에서 여러 과정을 거쳐 형성되는 것입니다. 마찬가지로 중화민족 역시 원래 있었던 고유의 정체성이나 문명이 아니라, 이민족의 침략을 받으면서 자신과의 차이점을 발견하고 자신들의 문화에 대한 해석을 만들어가면서 형성한 것입니다. 여기에서 중화민족과 이민족을 구분하는 '화이(華夷)' 사상이 나온 것이지요. '화'는 문명의 발원지, 즉 문명국을 의미하고, 나머지 주변은 야만국이라는 것입니다. 이것이 바로 '화이지변(華夷之辨)'입니다.

이것은 우리 현대인이 생각하는 인종적인 차별과는 다릅니다. 화이 사상은 문명적인 것으로, 한족이면 '화(華)'고, 이민족이면 무조건 '이(夷)'라는 폐쇄적이고 고정적인 것이 아닙니다. 만약 이민족이 중화문명을 받아들여 문명을 실천하고 유지하고 이를 잘 전승한다면 이들은 문명국이라 할 수 있습니다. 이런 역사가 원과 청 제국이지요. 원과 청은 중국의 역사이며, 이 시대를 이민족의 지배를 받았던 식민시기라 부르지 않습니다. 중원을 차지하고 있었던 중화민족이 이민족에게 영토를 빼앗겼어도 이민족이 중화문명을 잘 간직하고 전승한다면 이를 인정한다는 것으로, 이는 인종 구분이 아니라 문화적인 구분입니다. 청 제국 당시에 유교사당을 많이 짓습니다. 만주족에게 공자는 아무 의미가 없는 사상가인데 왜 그랬을까요? 이는 절대 다수인 피지배층을 통치하기 위한 하나의 이데올로기로 활용하려는 통치술의 하나였지만, 현실적으로도 당시 동아시아 문명의 표준을 존중하고 받아들일 수밖에 없었습니다. 중국 대륙에서 화려한 불교문화를 꽃피웠던 것도 이민족이었지만, 중화민족은 이를 자신의 역사로 쓰고 있습니다.

이러한 이민족을 지금의 현대적인 민족 개념으로 구분한 것이 바로 소수민족입니다. 중국에는 한족과 55개의 소수민족이 있고, 이들 소수민족이 전체 인구의 약 9% 정도를 차지합니다. 인구로 보면 1억 이상이지요. 중국의 한자를 보면 이민족을 각각 동이(東夷), 서융(西戎), 남만(南蠻), 북적(北狄)으로 표현합니다. 이 한자들에는 개(犬)나 벌레(虫)가 들어가 있고 '오랑캐'나 '미개'하다는 뜻을 갖고 있습니다. 몽골을 한자로 몽고(蒙古)라고 표기하는데, 글자 자체에 무지몽매하고 옛것을 고집한다는 비하의 의미가 들어가 있습니다.

어느 사회에서나 '소수자'로 산다는 것은 힘든 일이며, 다수의 주류 세력은 느끼지 못하는 소수자만이 감지하는 차별과 편견이 있게 마련입니다. 소수민족이란 용어 자체에 '소수'라는 차별적 의미를 담고 있기 때문에, 이를 '한족'과 '비(非)한족'으로 써야 한다는 주장도 있습니다. 소수자는 민족 뿐 아니라 국적, 종교, 장애, 성별 등에 모두 존재합니다. 여성 역시 인구의 절반을 차지하지만 남성 중심적인 주류 사회 구조에서는 소수자라 할 수 있습니다. 소수자는 해당 사회의 이데올로기와 담론, 조직방식과 운영원리에서 소외된 집단이나 개인을 지칭하는 것이지, 실제 숫자와는 상관없는 것이지요.

국민국가의 형태를 띤 문명국가

그럼 중국은 왜 문명국가일까요? 지금의 중국은 '국민국가의 형태를 띤 문명국가'라고 할 수 있습니다. 중국은 국가 간의 국제관계에 있어서는 기존의 근대 주권체제 질서에 맞춰 행동하지만, 자국 내에서 또는 현안에 따라 중국 고유의 독특성을 드러내기도 합니다. 그럼 어떤 측면에서 중국을 문명국가라고 말할 수 있을까요?

우선 문명의 '연속성'과 '복원력'의 측면에서 그렇습니다. 이렇게 말하면 너무 추상적이지요. 구체적으로 말한다면 자신의 행동과 생각을 과거 전통에 근거하여 비춰보는 역사적 사고를 한다는 의미입니다. 이는 동아시아 문명의 특성으로 우리도 공유하고 있는 특징입니다. 과거보다 현재나 미래에 더 많은 관심을 갖는 유럽인들에 비해 동아시아인들은 늘 역사가 거울이었습니다. 현실 정치를 돌아보고 자신의 행실을 비춰보는 하나의 거울을 말합니다. 흔히 역사의 '귀감(龜鑑)'이 된다고 하지 않습니까? 스스로를 비쳐보며 잘못된 것을 고쳐나가는 거울을 말합니다. 중국의 대표적인 역사서인 '자치통감(資治通鑑)'의 이름에도 '거울 감(鑑)' 자가 있습니다. 동아시아의 사고체계에서는 역사가 굉장히 중요하며, 역사란 정통성을 이어받는 중요한 근거이자 더 나은 미래로 나아가기 위한 하나의 지표이기도 됩니다. 특히 중국은 문명의 발원지라는 의식이 강하며, 역사 자체에서 정통성이나 합법성을 이어받습니다. 새로운 것을 만들 때도 과거의 무언가를 이어받아서 계승하고 발전시킨다는 정통성을 강조합니다.

중국의 철학자 진관타오(金觀濤)는 "중국의 존재 양식은 과거의 부활에 있다. 중국 문화는 전통이 주는 영감과 힘에 의지하지 않은 채 현재에 맞서는 메커니즘을 인정하지 않는다"고 말합니다. 대표적인 역사학자 거자오광(葛兆光) 역시 "역사에 대한 상상과 기억 및 소급은 고대 중국인에게 역사적 시간에 관한 지식을 확립하는데 도움을 주었다. 이들 지식은 중국의 사상세계에 먼 고대에서 비롯된 신성한 증거를 제공했으며, 사람들로 하여금 그 옛날부터 있었던 일만이 합리성과 합법성을 지닌다고 믿게 만들었다. 그래서 사상은 항시 역사적 증거를 찾는데 골몰했고, 이러한 역사는 고대 중국에서 단지 수식이나 기억의 차원이 아니라 극히 중요한 것으로 간주되었다"고 말합니다. "일을 부여하고 형을 집행할 때 반드시 옛사람이 남긴 가르침에 물어야 하고 옛 사실에서 자문을 구해야 한다"는 것이지요. 이렇듯 중국인은 옛 사람의 가르침을 늘 강조해 왔으며, 항상 과거에서 이상형을 모색해 왔습니다.

정치인들은 어떨까요? 2016년 사드 장비의 일부가 한국에 반입된 이후 한중관계가 급속도로 악화되었습니다. 중국의 왕이(王毅) 외교부장은 '항장무검, 의재패공(項莊舞劍, 意在沛公)'이라는 말을 인용하면서 사드는 결국 유방(중국)을 노린 항우(미국)의 칼춤이라고 비판했습니다. 항장무검의 고사는 초한지에 나오는 이야기로 지금으로부터 2천여 년 전인 기원전에 있었던 일입니다. 중국은 현재의 일을 논의하면서 과거의 고사성어나 교훈을 가져와 인용하길 좋아합니다. 문화대혁명이라는 비극적인 역사도 흔히 '해서파관(海瑞罷官)'이라는 문예 논쟁으로 시작되었다고 하는데, 해서는 명나라 가정제 때 파면된 신하로, 이는 16세기의 일입니다. 중국은 현실 정치나 외교에서 정적을 공격하거나 타국을 비판할 때 역사적 고사나 경전의 말을 끊임없이 불러냅니다. 현실의 문제를 역사적 사실을 가지고 비유하며 비판합니다.

1998년 빌 클린턴 미국 대통령이 방중 당시 간 곳은 중국의 고도(古都) 시안(西安)이었습니다. 그곳에서 진시황의 병마용을 보고 주대로부터 전해지는 삼족오 형상의 술잔에 의전을 받습니다. 중국은 이러한 상징물을 통해 자국의 오랜 역사와 미국의 짧은 역사를 우회적으로 비교하며 과시하고 문명에 대한 자부심을 표출한 것이지요. 중국에서 이상적 표준은 과거에 있습니다. 이는 중국의 정치인들 뿐 아니라 식자층에게도 흔히 나타나는 현상입니다. 우리는 타인과 논쟁하면서 역사적 고사를 자주 들먹이지는 않습니다. 가끔 그런 경우가 있지만, 그렇더라도 인용되는 것은 기껏해야 조선 시대 정도입니다. 한국은 동아시아 문명권으로 중국과 마찬가지로 역사적 사고를 하지만, 근대이후 중국과 분기(分岐)되며 거시 정치체제와 제도 면에서는 중국과 완전히 달라졌습니다.

우리가 조선시대 자랑스러운 인물로 꼽는 이순신 장군의 이름도 중국 문명의 표준에 따른 것입니다. 이순신(李舜臣) 이름 자체가 '순(舜) 임금의 충성스런 신하(臣)'라는 뜻이며, 형제들 이름은 이요신(李堯臣), 이우신(李禹臣), 이탕신(李湯臣)입니다. 중국 상고시대 태평성대를 이룬 성왕이라고 전해오는 '요순우탕(堯舜禹湯)'에서 따온 이름들이지요. 우리가 영웅으로 생각하는 이순신의 이름이 중국 제왕의 신하라는 뜻이라니, 지금의 관점에서 보면 자존심 상할 수 있지만 이는 근대적인 시각일 뿐입니다. 당시 조선은 성리학적 이념에 의해 건국되고 이에 따라 통치 질서가 만들어진 나라입니다. 당시 세계문명 표준에 따른 것이며, 조선 시대 연호도 중국의 것을 사용했습니다. 지금 우리가 예수의 탄생 연도에 맞춰 서기(西紀)를 쓰는 것처럼, 이는 한 시대의 문명적 표준이고, 당시 시대의 원리일 뿐입니다.

중국이 이러한 문명의 연속성을 간직할 수 있었던 중요한 원인 중 하나는 한자(漢字)라는 문자 덕분입니다. 한자가 중국어입니까? 중국어는 한자에서 왔지만, 한자 자체가 중국어는 아닙니다. 다시 말해 한자는 문자이지 언어가 아니며, 더욱이 현대적인 의미의 민족어도 아닙니다. 한자를 가지고 근대 백화문으로 만든 것이 오늘날의 중국어이고, 한자는 문명 문자입니다. 비유를 하자면 이미 사(死)문자가 된 유럽의 라틴어가 오늘날까지 살아남아 쓰이는 것과 마찬가지라 할 수 있죠. 한자는 중국 대륙 뿐 아니라 한반도, 일본, 베트남 지역에서 공유해서 썼던 문자로, 당시 동아시아 지식인들은 서로 언어가 통하지 않아도 필담(筆談)을 통해 소통할 수 있었습니다. 모두 한자라는 문자로 표기했기 때문이죠. 광대한 지역을 포괄하는 중국 대륙 내에서도 서로 말이 통하지 않습니다. 상하이인은 상하이 말을 쓰고 광둥어(廣東語)는 전혀 다른 외국어처럼 들립니다. 그러나 한자 문자를 보면 의사소통을 할 수 있고, 이를 통해 문명과 학술 교류가 이루어졌습니다. 일반적으로 한자는 표의(表意)문자이고, 한글은 대표적인 표음(表音)문자라고 합니다.

표의문자는 문자 자체에 여러 가지 의미가 담겨 있습니다. 예컨대 '믿을 신(信)'이라는 한자는 '사람 인(人)'과 '말씀 언(言)'으로 이루어졌는데, '사람이 말하는 것에는 신의가 있어야 한다'는 도덕적 가치가 내포되어 있습니다. 후진타오(胡錦濤) 집권 시기 대표적인 정치 슬로건이 '조화로운 사회(和諧社會)'였는데, '화해(和諧)'라는 말 자체가 '누구나(口) 먹을 수 있고(禾) 누구나(皆) 말할 수 있는(言) 상태'를 의미합니다. 이처럼 한자 자체에는 이미 고유의 의미나 가치가 담겨져 있습니다.

동아시아 각 지역은 서로 문화나 언어가 달랐지만, 한자를 통해 하나의 문명을 유지할 수 있었습니다. 서양을 비롯해 다른 지역의 고대 문자는 모두 사라지고 지금은 쓰이지 않지만, 동아시아 지역에는 지금까지도 한자가 남아 있습니다. 지금도 허난성(河南省) 안양시(安陽市) 근처에서 갑골문(甲骨文)이 계속해서 발견되고 있습니다. 갑골문자는 상형문자이고 한자의 초기 문자 형태에 해당합니다. 고대 그림문자 형태로 전해져 내려오는 것도 있는데, 바로 나시(納西)족의 동파(東巴) 문자입니다. 윈난성(雲南省) 리장(麗江) 지역에 가면 볼 수 있는데, 이는 중국 대륙의 상형과는 다른 문자로, 산맥이라는 지리적 이유로 고립되었기에 지금까지 전해져 올 수 있었습니다. 아무튼 한자라는 표의 문자는 중국 문명의 지속성을 가능하게 만들어준 하나의 중요한 요소입니다.

동아시아의 전통적 국가관

중국이라는 국명에도 문명성이 담겨 있습니다. 현재 중국의 공식 국명은 '중화인민공화국'입니다. '중화(中華)' 자체가 중화문명을 의미하며 문명의 발원지라는 자부심이 담겨 있습니다. '중국'이라는 정치적 국가명은 문화적 개념이기도 합니다. '중국'이라는 명칭은 서주(西周) 청동기 하존명문(何尊銘文)에서 발견된 것으로, 중국은 '하늘의 중앙'인 낙양(洛陽)을 가리킨다고 합니다. 그러니까 중국은 천자(天子), 즉 권력의 핵심이 거처하는 곳을 의미하며, 제후들의 지역까지 포함합니다. 나중에 중국은 중화문명이 영향을 미치는 모든 영역을 의미하는 것으로 확대되고, 문화적 개념으로 예교(禮敎)문화가 구현된 영역을 의미하기도 합니다.

이렇듯 중국이라는 의미 자체가 문화적 개념이며, 현대 국가명 자체에 정치적 의미와 문화적 의미를 혼용하고 있는 것이지요. 당시의 음양설이나 철학에 따라 왕조명이 계속 바뀌어 왔지만, 한 번도 '중국'

을 왕조 이름으로 채택한 적은 없습니다. 그런데 중국이라는 이 문화적 관념은 오히려 현대 시기에 와서 국명으로 채택된 것이지요. '민족'으로서의 중국이 부각되며 현대 국가명으로 불리게 된 것입니다.

『중국이 세계를 지배하면』이란 책을 쓴 마틴 자크(Martin Jacques)에 따르면 국가의 가장 중요한 임무는 바로 중국문명을 유지하는 것입니다. 중국의 문명관은 국가에 투영되어 있습니다. 중국에서 국가가 무엇일까요? 한자를 보면 알 수 있듯이 '가(家)'와 '국(國)'이 하나로 합쳐져서 '국가'가 되었습니다. 혈연 중심인 가족관계가 확장된 것이 바로 '국'으로, 가정과 국가의 통치 원리가 똑같습니다. 이를 '가국동형구조'라고 합니다. 이는 서구 현대국가의 기원이 된 '민족국가(nation-state)'의 원리와는 다릅니다. 가부장제 원리와 종법질서가 매우 중요하며, 해마다 종묘와 사직에 제사를 지내는 일은 국가의 대사였기 때문에 '종묘사직(宗廟社稷)'이 국가를 상징하는 말이 되었습니다.[4] 임진왜란 당시 선조가 수도 한양을 버리고 도주할 때도 종묘사직을 지키기 위해 선대들의 위패를 가지고 도망갑니다. 조선의 왕들은 종법질서의 연장이 곧 나라의 질서라고 생각했기 때문입니다. 가정에는 가정의 규약이, 사회 공동체에는 향약이, 국가에는 국법이 있었습니다. 동아시아의 국가관은 모두 가국동형구조였습니다.

이러한 국가의 가장 중요한 임무는 한 가정의 가장과 마찬가지로

4) 역대 왕과 왕비의 위패는 왕실의 사당인 종묘(宗廟)에 모시고 제사 지낸다. 당시 사람들의 관념 속에는 조상의 신령과 제사에 대한 열성 정도가 인간이 되기 위한 하나의 기준이며, 군주에게 있어서는 치국의 관건이라는 생각이 자리를 잡고 있었다. 또한 중국은 농업국가로서 농업 생산과 국가의 흥망은 매우 밀접한 관계가 있었다. 따라서 여러 귀신 가운데에서 토지의 신인 사(社)와 곡식의 신인 직(稷)을 통칭하는 사직신(社稷神)에 제사 지내는 것을 중요시하였다.

백성들의 먹고사는 문제를 해결하는 것이었습니다. 중국은 지도자가 민생에 대해 책임을 다해야 한다는 의식이 강하게 남아 있으며, 이것이 오늘날 중국 지도부의 중요한 임무라고 생각합니다. 근대 경제학이 들어오기 이전부터 이미 '경세제민(經世濟民)'이라는 사상이 있었습니다. 서구의 'economy'를 원래 있었던 경세제민을 줄여 '경제'로 번역한 것입니다. 동아시아에서 경제는 정치와 분리된 것이 아니라, 먹고사는 문제를 해결하는 것, 그 자체가 바로 정치입니다.

우리는 어떨까요? 근대로의 전환 시기, 서로 다른 길을 가면서 우리의 정치체제 원리는 중국과 완전히 달라졌지만, 오랫동안 같은 문명적 특징을 지닌 우리도 중국과 같은 '민생정치'라는 국가의 의무가 남아 있습니다. 이미 민주주의체제로 전환된 우리는 유교질서나 가부장적 체제 등을 권위주의적인 산물로 여기며, 현대 민주주의체제에 비해 낡고 뒤쳐진 것이라고 인식합니다. 그러나 이러한 평가는 현재 관점에서 본 것이며 유교적 질서가 유지될 수 있었던 가장 중요한 원리에 대한 평가가 빠져 있습니다. 왕의 권위가 유지될 수 있었던 이유는 바로 하늘로부터 부여받은 도덕적인 정당성과 함께 책임을 다한다는 책무가 있었기 때문입니다.

조선이 왜 5백년이라는 비교적 긴 시간동안 존속할 수 있었을까요? 나라가 위기에 처했을 때 양반을 비롯한 지역 유지(有志)들은 공동체를 보존하기 위한 책임을 다하려 했으며, 가뭄이 들었을 때는 곡식 창고를 열어 지역민이 굶어죽지 않도록 했습니다. 외세의 침략을 받았을 때 자발적으로 일어난 의병 중에 양반 출신이 많았습니다. 이는 이들이 남달리 착하거나 의롭거나 또는 애국심이 강했다기보다는 지역 공동체를 유지하기 위한 책임을 다하려 했기 때문입니다. 지금 우리의 정치는 민주주의체제로 전환되었지만, 민주제도가 잘 작동되지 않을 때는 우리 안에 남아 있는 봉건적인 습속의 탓으로 돌립니다. 유교는 권위주의적이며 전제정치를 유지하는 낡은 사상이라고 생각합니다. 그러나 이러한 평가에는 유교정치에서 강조하고 있는 공동체를 우선시하는 덕의 실천과 가장 중요한 '책임' 의식이 빠져 있습니다.

■ 더 읽어봐야 할 책

가오훙레이 저, 김선자 역, 『절반의 중국사: 한족과 소수민족, 그 얽힘의 역사』 메디치미디어, 2017.
거자오광 저, 이원석 역, 『이 중국에 거하라: '중국은 무엇인가'에 대한 새로운 탐구』 글항아리, 2012.
마틴 자크 저, 안세민 역, 『중국이 세계를 지배하면: 패권국가 중국은 천하를 어떻게 바꿀 것인가?』 부키, 2010.
미조구치 유조, 이케다 도모히사 외 저, 조영렬 역, 『중국 제국을 움직인 네 가지 힘』 글항아리, 2012.
쑤수양 저, 심규호 역, 『중국책: 12가지 테마로 읽는 5000년 문명 중국』 민음사, 2015.
오드 아르네 베스타 저, 문명기 역, 『잠 못 이루는 제국: 1750년 이후의 중국과 세계』 까치, 2014.
전인갑, 『현대중국의 제국몽: 중화의 재보편화 100년의 실험』 학고방, 2016.

중국사 연표

<table>
<tr><th colspan="3">왕 조</th><th>시 기</th><th>존속 기간</th></tr>
<tr><td colspan="5">삼황오제(三皇五帝)</td></tr>
<tr><td colspan="3">하(夏)</td><td>(約) BC 2146 ~ BC 1675년</td><td>471년</td></tr>
<tr><td colspan="3">상(商)</td><td>(約) BC 1675 ~ BC 1029년</td><td>646년</td></tr>
<tr><td rowspan="3">주(周)</td><td colspan="2">서주(西周)</td><td>(約) BC 1029 ~ BC 771년</td><td>258년</td></tr>
<tr><td rowspan="2">동주
(東周)</td><td>춘추(春秋)</td><td>BC 770 ~ BC 476년</td><td>294년</td></tr>
<tr><td>전국(戰國)</td><td>BC 475 ~ BC 221년</td><td>254년</td></tr>
<tr><td colspan="3">진(秦)</td><td>BC 221 ~ BC 207년</td><td>14년</td></tr>
<tr><td rowspan="3">한(漢)</td><td colspan="2">서한(西漢)</td><td>BC 206 ~ 8년</td><td>214년</td></tr>
<tr><td colspan="2">신(新)</td><td>9 ~ 23년</td><td>14년</td></tr>
<tr><td colspan="2">동한(東漢)</td><td>25 ~ 220년</td><td>195년</td></tr>
<tr><td rowspan="3">삼국(三國)</td><td colspan="2">위(魏)</td><td>220 ~ 265년</td><td>45년</td></tr>
<tr><td colspan="2">촉(蜀)</td><td>221 ~ 263년</td><td>42년</td></tr>
<tr><td colspan="2">오(吳)</td><td>222 ~ 280년</td><td>58년</td></tr>
<tr><td colspan="2" rowspan="2">진(晉)</td><td>서진(西晉)</td><td>265 ~ 316년</td><td>51년</td></tr>
<tr><td>동진(東晉)</td><td>317 ~ 420년</td><td>103년</td></tr>
<tr><td colspan="3">16국(十六國)</td><td>304 ~ 439년</td><td>135년</td></tr>
<tr><td colspan="3">남북조(南北朝)</td><td>420 ~ 589년</td><td>169년</td></tr>
<tr><td colspan="3">수(隋)</td><td>581 ~ 618년</td><td>37년</td></tr>
<tr><td colspan="3">당(唐)</td><td>618 ~ 907년</td><td>289년</td></tr>
<tr><td colspan="3">오대십국(五代十國)</td><td>907 ~ 979년</td><td>72년</td></tr>
<tr><td rowspan="2">송(宋)</td><td colspan="2">북송(北宋)</td><td>960 ~ 1127년</td><td>167년</td></tr>
<tr><td colspan="2">남송(南宋)</td><td>1127 ~ 1279년</td><td>152년</td></tr>
<tr><td colspan="3">요(遼)</td><td>907 ~ 1125년</td><td>218년</td></tr>
<tr><td colspan="3">대리(大理)</td><td>937 ~ 1254년</td><td>317년</td></tr>
<tr><td colspan="3">서하(西夏)</td><td>1032 ~ 1227년</td><td>195년</td></tr>
<tr><td colspan="3">금(金)</td><td>1115 ~ 1234년</td><td>119년</td></tr>
<tr><td colspan="3">원(元)</td><td>1206 ~ 1368년</td><td>162년</td></tr>
<tr><td colspan="3">명(明)</td><td>1368 ~ 1644년</td><td>276년</td></tr>
<tr><td colspan="3">청(淸)</td><td>1616 ~ 1911년</td><td>295년</td></tr>
<tr><td colspan="3">중화민국(中華民國)</td><td>1912 ~ 1949년</td><td>37년</td></tr>
<tr><td colspan="3">중화인민공화국(中華人民共和國)</td><td>1949. 10. 1 ~ 현재</td><td></td></tr>
</table>

중원 왕조와 한족 중심의 반쪽짜리 중국사

수천 년을 이어오면서 다양한 소수민족들이 이룩한 결과물을 배제하고 오늘날의 중국을 논할 수는 없다. 그러나 의도적이든 그렇지 않든 간에 많은 사람들은 중원 왕조와 한족이 중국 대륙의 모든 역사와 문명의 주인공이고, 다른 민족들은 주변민족으로 존재하다가 한족에 동화되었거나 융화되어 소멸한 것으로 인식하고 있다. 이러한 왜곡된 역사관은 하나의 왕조가 멸망하면 그 왕조 중심의 역사를 쓰는 것을 하나의 전통으로 삼은 중국 역사학의 흐름에서 기인한다. 이른바 정사(正史)라고 불리는 〈25史〉는 대부분이 이러한 단대사(斷代史)로 이루어졌는데, 아무리 객관적 입장에서 서술한다 해도 왕조를 중심으로 서술하게 되면 그 왕조에 편향된 서술을 하게 된다. 이로 인해 중국사는 중국을 통일한 한 왕조에서 또 다른 왕조로 이어지는 것을 정통으로 이해했다. 그리고 하나의 왕조에서 다른 왕조로 바뀌는 과정에서 약간의 혼란, 혹은 반란이 있었을 뿐 새로운 세력이 등장하여 천하일통을 해 왔다는 것이다(권중달, 『중국분열』 삼화, 2014). 그 과정에서 역사의 주체로 존재하고 있는 중국 내 소수민족들의 삶과 문명 그리고 민족정체성은 심각하게 왜곡하거나 부정되는 결과를 초래한다. 오늘날 중국은 흉노, 선비, 돌궐, 거란, 말갈, 토번, 저, 월 등 수많은 소수민족들과의 공동의 합작품이다(가오홍레이, 『절반의 중국사』 메디치미디어, 2017). 이들 소수민족들의 역사가 무시되는 한족 중심의 역사 서술은 반쪽의 중국사에 불과할 뿐이다.

제국(帝國)과 제국주의(帝國主義) 그리고 중국 '제국론'의 등장

제국은 팽창(억압)과 포용(관용)이라는 서로 다른 두 가지 측면의 중요한 원리로 구성된 복합적이고 다중적인 광역국가를 말한다. 제국을 구축하고 유지하는 과정에서 발생하는 팽창과 억압성은 제국을 도덕적으로 비판하는 중요한 근거가 되고 있다. 특히 근대 제국주의 세력의 발흥과 냉전 시기를 거치면서 제국은 부정적 질서의 상징적 개념으로 전락했다. 심지어 제국은 제국주의와 혼용되기도 한다. 제국주의는 대외로 팽창하는 하나의 침략적인 국민국가로 이해할 수 있다.

그 과정에서 다양성과 이질성은 용인되지 않고 자국 가치와 제도의 동일화가 진행된다.

그러나 제국주의와 구분되는 간과하지 말아야 할 제국의 또 다른 중요한 원리는 바로 관용과 포용이다. 광활한 영역을 지배하는 제국은 이질적인 언어, 종교, 문화, 경제, 사회 그리고 정치적 다원성에 직면하기 때문에 다양성과 자율성에 대한 존중은 제국체제를 유지하는 필수불가결한 요소이자 가장 중요한 상징이다. 조선과 타이완을 식민지로 만든 일본은 서구 근대의 지배형태인 제국주의를 수용한 세력이었고, 팽창의 속성을 보이지만 간접적인 지배를 통해서 광역국가 체제를 유지했던 전통시대의 중국은 하나의 제국이었다. 따라서 관용의 원리를 갖지 않은 제국은 패권주의적 제국주의이고, 서구 근대의 제국주의를 극복하기 위해 아시아적 제국의 가치를 회복해야 한다는 주장도 제기되고 있다(가라타니 고진 저, 조영일 역 『제국의 구조: 중심・주변・아주변』 도서출판b, 2016).

오늘날 패권을 장악하기 위해 끊임없이 갈등하는 근대 주권 국민국가의 한계가 명확히 드러나는 세계 속에서 관용과 다원성을 존중하는 제국성(帝國性)에 기반을 둔 새로운 국제질서의 형성 가능성에 대한 논의가 대두되고 있다. 그 논의의 중심에는 개혁개방 이후 새로운 강대국으로 재부상한 중국을 중심으로 하는 '제국론'이 있다. 이러한 제국론에는 중국 부상에 대한 엇갈린 시각이 공존한다. 중국이 과연 '관용'속에 내재된 제국의 억압성과 폭력성을 극복하여 패권적인 제국주의와는 다른 민주, 인권, 법치를 기반으로 하는 상생·공존의 열린 제국을 국내외적 차원에서 구현할 수 있을 것인가에 대한 의문과 희망이 바로 그것이다.

3강. 중국의 전통과 문화Ⅱ: 지역 다양성과 관념의 지속

중국인의 '자아주의(自我主義)'와 지역공동체

계속해서 중국의 문화적 특징에 대해 얘기하겠습니다. 강의에 앞서 우선 현대인들이 갖는 두 가지 편견에 대해 얘기해 보겠습니다. 하나는 오늘을 사는 우리 현대인들이 고대인들보다 훨씬 합리적이며 우월하다고 생각하는 것입니다. 그러나 스스로 생존할 수 있었던 고대인에 비해 현대인인 우리는 혼자 고립되면 먹는 문제조차 해결할 수 없습니다. 현대인들이 착각하는 또 다른 점은 지금 현재가 영원히 지속되리라는 믿음입니다. 지금이 성장하는 번영의 시기라 해도, 혹은 암울하고 희망이 없는 시기라 해도 현재의 상태가 영원히 지속될 것만 같다고 생각합니다. 그러나 끊임없는 통합과 분열을 반복하며 이어온 중국의 역사에서 알 수 있듯이, 역사는 끊임없이 변하는 것이고 영원한 것도 없으며 합리성이란 것도 그 시대 안에서 만들어진 합리성이라는 점을 알 수 있습니다. 따라서 과거에 대한 무조건적인 폄하나 혹은 그 반대로 전통을 이상화하고 신비화하는 태도 역시 동시에 경계해야 하며, 모든 현상을 당시의 역사 속에서 바라볼 수 있는 긴장된 역사적 시선을 갖아야 할 것입니다.

앞의 강의에서 언급한 바와 같이 중국은 문명국가입니다. 근대적인 국가 개념이 들어오기 오래 전부터 이미 중국에는 국가가 존재했고, '가정' 안에서의 혈연관계가 끝없이 밖으로 확장된 것이 국가입니다. 이러한 국가의 기초가 되는 사회구조를 밝힌 대표적인 학자가 페이샤오퉁(費孝通)입니다. 중국 현대 사회학의 아버지로, 그는 『향토중국(鄉土中國)』이라는 책에서 중국 촌락(村落)에 대한 연구를 통해 중국인의 인식 속에 있는 사회구조의 특징, 즉 '차서격국(差序格局, 차등서열질서)'이라는 개념을 제시합니다.

〈그림 3-1〉 페이샤오퉁의 '차서격국(差序格局)'

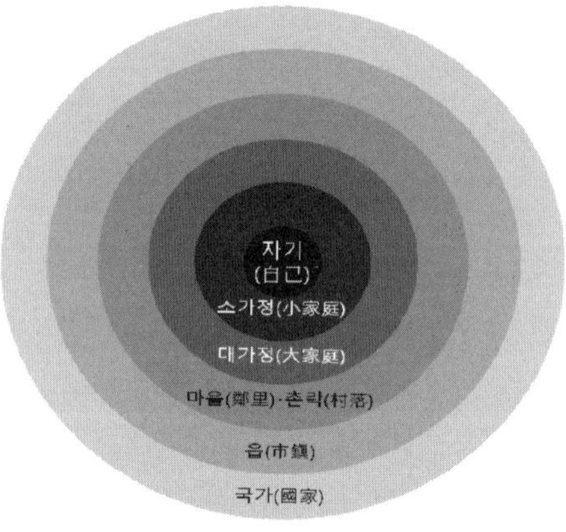

그림을 보면 원의 중심에 자기(自己)가 있고 하나씩 밖으로 원형을 확장해 보면 소가정과 친척을 포함한 대가정이 있습니다. 이를 밖으로 더 확장하면 이웃과 촌락, 다시 더 확장하면 더 높은 행정단위와 국가가 있습니다. 페이샤오퉁은 연못에 돌을 던졌을 때 마치 돌이 파문을 그리며 동심원의 구조를 만드는 것처럼, 중국 사회구조 역시 자기를 중심으로 끝없이 바깥으로 확장되어가는 구조라고 보았습니다. 자기 자신을 중심으로 자신의 생활권인 일정한 울타리 안에 있는 것은 안, 즉 일정한 '서클(圈子)'이 되고, 울타리 외부는 바깥이지요. 가정 중심에서 가정이 확장되었을 때는 지역, 지역이 확장되었을 때는 더 높은 행정단위, 다시 이것이 확장되었을 때는 국가가 됩니다. 전통사회에서는 자신이 태어나고 자란 지역을 평생 떠나지 않고 사는 경우가 대부분이었습니다. 자신의 삶과 활동에 직접적인 영향을 미치는 영향권의 범주는 모두 지역 사회 안에서 일어났기 때문에, 국가라는 의식은 관념 속에서만 존재했고, 실제 생활에서는 지역 공동체나 지역주의가 강하게 나타났습니다. 다른 지역으로 가면 언어도 통하지 않았지요.

이러한 지역사회 안에서는 일상생활에서 도움을 받을 수 있는 '꽌시(關係)'가 매우 중요하며, 이러한 꽌시가 가장 발달한 것이 바로 혈연관계도입니다. 흔히 '삼친육척(三親六戚)'의 범주 내에서 자신을 중심으로 친족관계가 형성됩니다. 관계 하나하나를 구분하는 명칭이 다 따로 있으며, 이러한 가족중심의 사회는 가족관계를 나타내는 호칭 언어가 매우 발달해 있습니다. 영어로는 'cousin'이나 'uncle'로 포괄하여 부르지만, 한자로는 종숙, 당숙, 시당숙, 재당숙이나 친사촌, 이종사촌, 고종사촌, 외종사촌 등으로 구분됩니다. 친가와 외가를 구분하고 안쪽과 바깥을 구분하며 친소(親疎)관계를 따집니다.

흔히 서구는 개인주의적이고 동양은 집단주의적이라는 통설이 있습니다. 그러나 서양인도 가정이라는 공동체를 매우 중시하며, 동양인 역시 매우 개인주의적인 행태를 보입니다. 페이샤오퉁에 따르면 중국 전통사회의 구조는 집단주의라기보다는 '자아주의(自我主義)'입니다. 자기를 중심으로 관계가 끝없이 밖으로 확장되어 가는 구조이고, 또한 자기 자신 역시 다른 사람과의 관계 속에서만 위치를 자리매김할 수 있습니다. 이렇게 형성된 집단의 범주는 고정된 것이 아니라 언제나 축소 혹은 확대될 수 있는 유동적인 것입니다. 자신의 생활권 안에 있고, 자기가 생각하는 범위 안에서의 관계만이 중요합니다. 자기의 울타리 안에 속해 있다고 생각하는 관계 속에서는 자신의 목숨까지 내놓을 정도로 타인에게 잘해줍니다. 자신의 생활권 안에서 이루어진 관계 속에서 일정한 공동체를 형성하며, 반면 이러한 범주 밖에 있다고 생각하면 자기와는 상관없는 전혀 다른 남으로 인식합니다.

중국 근대 문학의 아버지인 루쉰(魯迅)이 처음 일본으로 유학 갔을 때 전공으로 선택한 것은 문학이 아니라 의학이었습니다. 루쉰은 어느 날 영상을 보다가 한 중국인이 동족인 중국인의 죽어가는 모습을 보면서 웃고 있는 장면을 보고 충격을 받습니다. 왜 같은 중국인인데, 같은 중국인이 처참하게 죽어가는 것을 보고 웃고 있을까? 이 사건을 계기로 그는 문학으로 전공을 바꾸고, 이후 중국의 민족성을 풍자하고 민족의 위기를 자각하게 만드는 작품을 써서 위대한 문학가가 됩니다. 의술로는 몇몇 아픈 사람을 치료할 수 있지만, 정신적으로 아프고 자각하지 못하는 중국인의 의식은 고칠 수 없다고 생각한 것이지요.

그런데 왜 당시 중국인은 같은 민족인 중국인의 죽음을 보고 웃었을까요? 그것은 근대적인 의미의 민족의식이 없었기 때문입니다. 중국인들은 잦은 전쟁과 극심한 혼란의 역사 속에서 믿을 수 있는 사람은 오로지 지역, 동향 사람이라 생각합니다. 차이나타운이 왜 전

세계 곳곳에 세워지고 자신들의 삶의 방식을 지키며 살아갈 수 있었을까요? 중국인들의 해외 이주 형태를 보면 대개 특정 지역 사람들이 특정 지역으로 이주합니다. 동남아 화교는 대부분 푸젠(福建)이나 광둥(廣東) 지역 사람들입니다. 같은 언어를 쓰고 같은 문화를 공유하는 사람들이 이주 지역에 모여 차이나타운을 만듭니다. 공동 출자하고 공동으로 상권을 경영하며, 공동 사당이나 조상의 묘를 만들어 자신들의 정체성을 유지합니다. 명말청초 대만으로 이주한 대륙인은 푸젠 사람이 대부분이었고, 그래서 대만의 현지어인 민남어(閩南語)는 푸젠성(福建省)의 방언입니다. 우리나라 화교는 대부분 청말 인천항을 통해서 들어온 산둥성(山東省) 출신입니다. 중국인은 대개 다른 지역 사람은 믿지 않으며, 언어도 문화도 달라 유대감을 형성하기 어렵습니다.

오늘날의 '중국인'이나 '국가'라는 관념은 근현대 역사 이후 생긴 것입니다. 자신들의 정체성을 발견하고, 지역의 구성원을 하나로 뭉치게 해 주는 계기는 외부로부터의 위협과 공격이 있어야 합니다. 중국에서 대중적인 민족의식이 생긴 것은 바로 서구와 일본 제국주의 세력이라는 외부의 침략자와 대면하면서 형성된 것입니다. 이는 거시정치의 차원에서 만들어진 관념의 영역이며, 일상생활에서는 다른 지역을 상관하지 않습니다. 중국 어느 지역을 가더라도 다른 지역에 관해서는 별로 관심이 없습니다. 나의 일이 아니기 때문입니다.

대륙의 규모와 다양성, 그리고 중국 도시 이야기

중국이 문명국가인 또 다른 이유는 바로 대륙의 규모와 그 규모에서 비롯된 다양성에서 나옵니다. 이는 사실 실감하기 어렵습니다. 거대한 규모에서 오는 다양성을 어떻게 이해할 수 있을까요? 여기서는 중국의 대표적인 세 도시의 역사를 간단히 살펴보면서 감을 잡아보기로 하겠습니다. 상하이, 하얼빈, 시안, 이들 도시는 한국의 근대사와도 긴밀한 관련이 있는 지역들입니다.

우선 작은 어촌이었던 상하이가 국제적이고 역사적으로 중요한 장소가 된 것은 아편전쟁 이후입니다. 상하이는 1842년 영국과 청나라 간의 남경조약(南京條約)으로 개항된 5개 항구 중의 하나였고, 이에 따라 백년간 일부 지역이 조계지로 지정되고 서구 열강이 몰려들면서 서양식 건물이 들어섭니다. 지금도 이러한 풍경을 볼 수 있는 곳이 바로 상하이의 와이탄(外灘)이지요. 이곳은 서구 각 국가의 건축 양식이 모두 섞여있어 근대 이후 만들어진 국제도시다운 풍모를 느낄 수 있는 곳입니다. 또한 상하이는 중국공산당 역사에서도 중요한 곳으로, 1921년 중국공산당 제1차 전국대표대회가 열렸던 장소이기도 합니다. 중국공산당은 이제 곧 창당 백주년을 맞게 될 것이며 세계에서 가장 오래된 정당을 갖게 된다는 자부심이 대단합니다. 상하이는 또한 대한민국의 뿌리를 둔 임시정부청사가 있던 곳으로, 한국의 독립운동과 현대사에서 매우 중요한 의미를 갖는 도시입니다. 1932년 윤봉길 의사의 폭탄 투척사건이 바로 상하이 홍구(虹口)공원, 지금의 루쉰공원에서 일어났고, 이곳에는 윤봉길 의거 기념비가 있습니다.

다음으로는 하얼빈입니다. 중국 동북쪽 끝에 위치한 헤이룽장성(黑龍江省)의 성도인 하얼빈은 한자로 음차하여 '합이빈(哈爾濱)'이라고 표기하지만, 원래 만주어로는 '그물 말리는 곳'이란 뜻입니다. 사실 오랫동안 유목민족의 무대였던 중국 북쪽 초원지대 대부분의 지명은 유목민의 언어로 불려왔습니다. 헤이룽장성 서쪽에 위치한 치치하르(齊齊哈爾)도 몽골부족인 다우르족의 언어로 '변경' 혹은 '천연목장'이란 뜻이며, 석유도시로 유명한 다칭(大慶) 역시 원래 몽고어로 '달 뜨는 곳'이란 뜻입니다. 하얼빈은 겨울에 영하 40도까지 내려가고 쑹화강((松花江) 얼음으로 각종 조각 작품을 만들어 축제를 벌이는 빙등제(氷燈祭)로 유명한 곳입니다. 헤이룽장은 삼림이 우거진 검은 땅으로 무엇이든 심으면 엄청나게 잘 자랍니다. 여기에서 '흑토지(黑土地)' 문화가 나오게 되는 것이죠. 헤이룽장을 포함한 동북 3성은 청조 시대 통치층인 만주족이 자신들의 발원지를 신성시하면서 약 2백여 년간 한족은 들어가지 못하게 했습니다. 중원의 역사에서 보면 그다지 중요하지 않은 변방이라 할 수 있죠. 근대 시기 쑨원(孫文)조차 일본의 도움을 구하면서 동북지역을 일본에게 양보할 구상도 했습니다. 한족에게는 중요하지 않은 땅이죠. 그런데 19세기 들어 극심한 자연재해로 인해 중국 산둥, 랴오닝(遼寧) 등지에서 사람들이 살길을 찾아 동북지역으로 이주하기 시작합니다. 조선에서도 만주로 들어가 땅을 개간하여 새로운 터전을 개척합니다. 만주 지역에 농사짓는 법을 알려준 민족이 바로 조선민족이지요.

20세기 초 러시아 혁명 이후에는 러시아 귀족들과 유태인들이 공산정권을 피해 하얼빈으로 이주합니다. 이들의 자본으로 지어진 이국적인 건축물들이 지금까지도 하얼빈의 대표적인 상징이 되고 있죠.

1903년 러시아 동시베리아 제4보병단이 하얼빈에 들어오면서, 종군 성당으로 이용하기 위해 건축한 러시아정교회의 성 소피아 성당은 하얼빈의 대표적인 상징물이기도 합니다. 1930년대 들어 하얼빈은 일본이 청의 마지막 황제 푸이(溥儀)를 내세워 세운 만주국에 속하게 됩니다. 우리나라도 만주국과 무관하지 않습니다. 해방이후 군대 내 주요 계파 중 하나가 만주군관 출신들이고, 대표적인 인물이 일본 천황에게 충성을 맹세하는 혈서를 쓰고 만주군관학교에 입학한 박정희가 있습니다. 간도특설대(間島特設隊)란 독립군을 토벌하던 군대를 말하는데, 같은 민족끼리 싸우던 불행한 역사였죠. 그 배후에는 제국주의 일본이 세운 만주국이 있었습니다.

또한 하얼빈은 1909년 안중근 의사가 이토 히로부미를 저격한 곳이기도 합니다. 하얼빈 기차역에 가보면 안중근 의사의 저격 장소가 기차 플랫폼에 표시되어 있고 기차역 한쪽에 안중근기념관도 만들어 놓았습니다. 중국은 급변하는 동북아시아 정세 속에서 일본과의 충돌에 대비해 한국을 끌어안고자 하는 전략적 계산에서 '항일'이라는 한중 공동의 역사를 복원하는 일을 지원하게 됩니다. 그중의 하나가 2014년 개관한 안중근 기념관이고 이곳은 중국 국내에서 항일애국운동의 장소로 활용되기도 합니다.

중국에서 또 알아야 할 주요 지역으로 시안(西安)이 있습니다. 시안은 중원의 땅으로 근대이후 국제도시로 부상하게 된 상하이나 하얼빈과는 달리 3천년의 역사를 지닌 고도(古都)입니다. 고대에 장안(長安)으로 불렸고 '서쪽의 수도'라는 뜻으로 서경(西京)으로도 불렸는데, 베이징(北京)은 북쪽의 수도를 의미하고, 일본의 도쿄(東京), 베트남의 통킹(東京, 지금의 하노이)은 모두 '동쪽의 수도'를 의미합니다. 시안에는 세계적으로 유명한 진시황의 무덤과 병마용이 있습니다. 복원해 놓은 성곽도 볼 수 있습니다. 성곽 위로 마차가 다닐 수 있을 정도의 넓고 규모가 큰 인공적인 성곽입니다. 시안은 동아시아 지역에서 하나의 도시 규범이 되는데, 일본의 교토(京都)는 바로 시안을 그대로 본 떠 만든 도시입니다. 당시 도시 설계의 표준이었던 모델이었다고 볼 수 있습니다.

현대사에서는 시안사건이 유명합니다. 시안사건이 일어난 곳은 원래 당 현종이 그의 애첩 양귀비에서 지어준 '해당탕(海棠湯)'이 있는 온천으로 유명한 곳인데, 국공내전 시기 동북 군벌인 장쉐량(張學良)이 장제스(蔣介石)를 체포하여 감금한 곳으로 다시 유명해졌습니다. 당시 장제스는 일본에 대항해서 싸우기보다는 공산당 토벌에 주력한다는 '안내양외(安內攘外: 국내를 먼저 평정한 다음 외세에 대항한다)' 정책 방침을 정했습니다. 아버지 장쭤린(張作霖)이 일본군에 의해 살해당했고, 자신이 통치하던 만주지역을 제대로 싸워보지도 못하고 일본군에 넘겨주어야 했던 장쉐량으로서는 일본과 싸우지 않는 장제스에게 불만이었겠죠. 이처럼 시안이라는 도시는 그 자체로 유서 깊은 역사를 자랑하며, 중화문명을 꽃피웠던 중원의 땅이라는 자부심이 강한 곳입니다.

세 개 도시의 역사를 간단하게 살펴보았듯이 중국 각 지역의 풍토와 문화는 다양하고 걸어온 삶과 경험에서 차이가 있으며, 역사에 대해 공유하는 기억도 다릅니다. 예컨대 우리나라 사람들은 모두 일제강점기 역사를 치욕스런 역사로 기억하고 있습니다. 한민족을 하나로 묶어주는 중요한 자원이 바로 역사에 대한 공통된 기억이죠. 치욕스런 역사임에도 불구하고 식민지 역사는 분명 우리의 역사입니다. 비슷한 시기 중국은 반(半)식민지 분열의 시기로, 남쪽에는 국민당 정부가,

공산당 홍군(紅軍)이 점령한 지역에는 소비에트 정권이 자리 잡았고, 다른 지역은 군벌이 점령하고 이후 동북지역에는 일본의 괴뢰정부인 만주국이 세워졌습니다. 서로 다른 통치권 안에 살았던 중국인들이 이러한 역사에 대해 동일한 기억을 갖고 있을까요? 예컨대 만주국 수도에 살았던 장춘(長春) 사람들과 국민당 치하의 상하이인, 혹은 공산당 옌안(延安)정권이 있었던 산시성(陝西省) 사람들은 당시 어떠한 경험을 했고, 이러한 역사를 어떻게 기억하고 있을까요?

근대 시기 각 지역마다 중국인들의 역사기억은 다릅니다. 중국의 각 지역은 언어나 습관, 음식과 문화가 다를 뿐 아니라 근대 역사에 대한 공통된 기억도 없습니다. 중국인이라는 자각과 정체성은 국가에 의해 만들어진 것입니다. 각 지역의 역사는 각자 다릅니다. 중국은 전국적인 이슈가 거의 없습니다. 공동의 역사 기억을 갖고 있는 한국의 눈으로 보면 이해할 수 없는 점이 많습니다. 소수민족지역의 자치제도를 실시하며, 경제권 같은 경우 지방정부가 상당한 권한을 행사합니다. 중앙에서는 커다란 방향을 제시할 뿐 세세한 정책을 결정하지는 않습니다. 정치적으로는 중앙집권적으로 통합되어 있지만, 경제적으로는 각 지역의 상황에 따라 자율적으로 정하는 준(準)연방제적 성격을 가집니다.

“위에는 정책이 있고, 아래에는 대책이 있다”

이처럼 중국은 매우 넓고 크며, 그래서 다양합니다. 모두들 그렇게 얘기하지만 이러한 사실이 직접 피부에 와 닿지는 않습니다. 직접 다녀보고 부딪쳐봐야 비로소 조금 실감이 납니다. 중국의 성은 하나의 국가 크기라고 보면 됩니다. 광둥성(廣東省)은 인구가 1억이 넘고, 충칭시(重慶市)는 3천만 명 이상의 인구를 가진 세계 최대의 도시입니다. 지방마다 경제 격차가 심하고 문화 차이도 큽니다. 중국에서 중앙 정부는 지방에 일일이 개입하지 않습니다. 중앙정부는 정책의 방향이나 계획을 세우고 발표할 뿐이며, 정책의 구체적인 제정이나 집행은 지방정부, 대개 성 정부에서 이루어집니다. 중국에는 "위에는 정책이 있고, 아래에는 대책이 있다(上有政策, 下有對策)"는 말이 있습니다. 중앙정부는 일정한 국정 목표를 가지고 이에 맞는 거시 정책을 제시하지만, 정작 집행자인 지방정부에서는 각자의 상황에 따라 나름대로의 대책을 마련한다는 뜻입니다. 이를 중국어로 '인띠즈이(因地制宜)'라 표현합니다. 성 정부는 상급 정부인 중앙정부의 정책 지침을 잘 실행해야하는 대리인이자 집행인이지만 동시에 지방 이익을 반영하는 대변인이기도 합니다. 이러한 이중적 지위로 인해 지방의 이익에 부합하면 중앙의 정책을 잘 따르고 집행하지만, 만약 지방의 상황에 맞지 않으면 중앙의 정책을 회피, 지연, 혹은 왜곡시키기도 합니다.

어느 나라나 중앙정부와 지방정부 간의 갈등이 있게 마련이지만, 중국의 경우 경제영역에서 지방정부에게 맡겨지는 책임과 권한은 상당히 크다고 볼 수 있습니다. 이에 따라 중앙정부의 고민은 어떻게 하면 지방을 활성화시켜 경제정책을 적극적으로 집행하게 할 것인가와 동시에 어떻게 하면 지역의 이익만을 챙기고 독립적, 이기적으로 행동하려 하는 지방의 행위를 통제할 것인가의 문제도 함께 안고 있습니다. "지방 활성화냐 혹은 지방 통제냐?" 이러한 딜레마에서 오는 악순환을 표현한 말이 있습니다. 바로 "권한의 이양(放)과 회수(收)의 순환

(一放就亂, 一亂就收, 一收就死, 一死就放)"입니다. 경제 활성화를 위해 지방에 권한을 이양하면 통제가 어려워 혼란스러워지고, 다시 상황을 정리하기 위해 권한을 회수하면 경제가 활력을 잃게 되어 다시 권한을 이양할 수밖에 없는 악순환적 상황을 말합니다. 전통적으로 대부분의 중국 왕조는 농민과 지방엘리트의 협력에 의한 반란에 의해 무너졌습니다.

중앙정부로서는 인사권과 재정권을 가지고 지방 엘리트를 잘 견제하고 통제하는 것이 중요하지만, 지방의 권한을 지나치게 축소하고 통제하면 모두가 복지부동하고 경기가 살아나지 않게 됩니다. 시진핑 집권 이후 강력한 반부패운동이 지속되고 중앙집권적 조치가 강화되면서 지방 관료들의 복지부동현상도 만연되고 있습니다. 1990년대와 2천 년대 금융위기가 발생하기 전까지는 경제성장을 위해 지방정부에 경제 재량권을 많이 부여했습니다. 중앙정부의 입장에서는 별 탈 없이 지속적으로 성장한다면 지방에서 발생하는 웬만한 사건은 그냥 묵인해 왔고, 지방에서는 자기 지역에 부합하는 정책을 적극 집행하면서 다른 지방과의 경쟁 속에서 경제성장에 매진해 왔습니다. 어찌 보면 중국 중앙정치의 묘(妙)는 지방에 대한 통제와 권한 부여 간의 균형을 어떻게 적절하게 유지하느냐에 있다고 볼 수 있습니다.

중국인의 관념: 천하위공(天下爲公), 리(理)와 법(法)

지금까지 우리는 중국의 문명국가적 특징을 연속성과 다양성의 측면에서 애기해 보았습니다. 이제는 이러한 문명국가적 특징에서 나온 세계관과 정치체제의 특징에 대해 얘기해 보려 합니다. 앞에서 얘기했던 페이샤오퉁의 '자기'를 중심으로 한 동심원 구조를 계속 확장하다 보면 가장 바깥에는 천하가 나옵니다. 유교의 궁극적인 이상이라 할 수 있는 '천하위공'이라는 말이 있습니다. 천하는 만인의 천하이지 결코 군주 일인의 천하가 될 수 없다는 사상입니다. 만인의 천하는 공정하고 공평해야 합니다. 따라서 천하의 대리인인 황제나 왕은 하늘의 명을 받아서 공정함과 공평함을 실행해야 합니다. 만약 왕이 사사로움에 빠졌을 때는 하늘로부터 부여받은 정당성이 없어지게 되고, 그렇게 되면 지위의 정당성도 잃게 됩니다. 왕은 하늘의 대리인 역할을 하지만, '천명(天命)'에 따르지 않는다면 왕조가 뒤바뀔 수 있다는 것입니다. 이것이 맹자가 말한 '역성(易姓)혁명'입니다. 여기서 하늘은 왕의 권력을 정당화해 주는 중요한 근거이지만, 동시에 하늘의 뜻인 민심에 따르지 않았을 경우에는 정당성을 잃을 수도 있는 이중적인 의미를 갖고 있습니다.

이처럼 동아시아 사상에서는 하늘을 정치와 연결시키는 관념이 있습니다. 또한 하늘의 이치는 개인의 도덕적 행위의 기준이 되기도 합니다. 우리말에도 "천하의 몹쓸 놈", "하늘이 두렵지 않느냐"라는 말이 있습니다. 송대 이후 유교가 세속화되면서 하늘의 이치를 실현하는 일이 개개인의 차원까지 내려오게 됩니다. 나는 도덕을 실천하는 주체이며, 이를 실천하지 못하면 하늘로부터 벌을 받는다는 것이지요.

하늘의 이치가 형성된 것이 리(理)입니다. 중국에는 '법(法)'과 '리'가 있지만, 리가 법보다 상위 개념입니다. 질서를 잡는 것은 법이지만, 법을 바로잡는 것은 리입니다. 사회적 진보를 도모하는 것은 리이며, 리의 힘으로 법의 효력을 드러내야 질서가 잡힌다고 봅니다. 중국인은 일상에서 사리분별을 따질 때 법을 들먹이지 않고 '도리(道理)'를 따집니다. 상대방의 행동이나 말에 '도리'가 있느냐는 것이지요. 여기서 '도리'는 하늘의 본성, 공정함, 공평함, 이치를 말하며, 법과는 다릅니다. 하늘의, 자연의 가치를 중시합니다. 하늘의 원리가 자연의 원리이고 그것을 그대로 따르는 것이 바로 도덕의 원리, 정치의 원리가 되는 것입니다. 천리(天理)는 공리(公理)이며, 이는 인간의 정리(情理)와 도리로 이어집니다. 시진핑 집권 들어 강조하고 있는 '치리(治理)' 역시 우리는 영어의 '거버넌스(governance)'라고 번역하지만, 사실 통치의 행위 자체에 일정한 하늘의 이치가 담겨져 있다는 말입니다.

2016년 국제 인권단체 엠네스티(Amnesty International)에서는 세계 27개국 2만 7000명을 대상으로 난민유입 우호도를 조사한 적이 있습니다. 자신의 집, 이웃, 도시, 마을에 난민을 받아들일지 여부를 물었습니다. 난민 입국 거부 응답을 '0'으로, 자신의 집에 받아들이겠다는 응답을 '100'점으로 평가했는데, 난민 유입에 가장 우호적인 1위는 85점을 받은 중국이었습니다. 이러한 결과를 두고 어떻게 해석할지는 관점에 따라 다르겠지만, 중국에는 아직 어려움에 처한 사람에 대한 정의감 혹은 인간으로서의 도리를 다해야 한다는 생각이 많이 남아 있다는 증거겠죠. 한국은 59점으로 조사대상국 가운데 11위를 차지했습니다. 중국의 철학자 쑨거(孫歌) 역시 법보다 가치를 중시하는 중국인의 특성을 지적합니다.

서구에 비해 중국에서 과학기술이 발전하지 못한 이유를 하늘과 정치, 자연을 연결하는 관념으로 인해 과학이 분리되지 않았기 때문이라고 설명합니다. 물론 눈에 보이고 생활에 필요한 실용적인 과학은 발달했습니다. 실생활에 필요한 종이, 나침반, 화약, 인쇄, 이른바 4대

발명품은 모두 중국에서 발명되었습니다. 물리학 같이 눈에 보이지 않는 추상적인 과학이 발달하지 않았다는 것이죠.

인민주권과 국가주권, 계몽과 구망(救亡)

전통적인 천하위공 사상은 근대 시기 사회주의 사상으로 이어집니다. 중국 체제의 정당성은 어디에서 오는 것일까요? 왜 중국인들은 공산당의 독점적인 지배를 받아들이는 걸까요? 어떠한 체제이든 권력의 형성은 국민들이 합당하다고 받아들여지는 일정한 합의가 있어야 합니다. 이것을 권력의 '정당성' 또는 '합법성'이라고 합니다. 한국 체제의 정당성은 어디서 오나요? 법에서 옵니다. 헌법 정신에 따라 모든 권력은 국가의 주인인 국민으로부터 나오고, 선거를 통해 선출된 권력이 일정 기간 동안 대행하게 됩니다. 물론 절차적으로 공정한 선거가 이루어져야 이를 통해 선출된 권력이 일정한 정당성을 확보하게 됩니다. 그렇다면 국민의 선거로 최고 권력을 선출하지 않는 사회주의 체제 중국의 정당성은 어디서 오는 것일까요?

중국의 권력은 선거에 의해 선출되지 않습니다. 하늘의 공정함을 대리하게 된 것이 전통 시기 황제에서 오늘날의 공산당으로 바뀌었지만, 이는 선거가 아닌, 혁명에 성공하고 국가를 통일했다는 역사적 사실로부터 정당성을 부여받은 것입니다. 이러한 정당성은 당이 인민을 근본으로 삼아 인민과 함께 하고 인민을 위한 정치를 편다는 전제 위에서만이 지속될 수 있습니다. 뒤집어 말해, 공(公)의 사상을 실천하지 못하고 인민을 위한 정치를 하지 않는다면, 공산당 권력은 언제든지 그 정당성을 상실할 수 있다는 의미입니다. 이러한 전통적인 민본(民本) 사상은 근대정치의 중요한 특징 중 하나인 '인민주권(人民主權)' 사상으로 이어졌고, 중국의 헌법 2조에도 모든 권력이 인민에게 속한다고 규정하고 있습니다.

이렇듯 중국에서 '인민'의 탄생은 근대로의 전환 시기 절대왕조체제를 무너뜨린 혁명에 의해 가능했는데, 이 시기는 동시에 서구열강의 침략을 받던 때였습니다. 인민주권의 사상과 함께 국가주권도 동시에 강조됩니다. 이를 반영하고 있는 것이 중국의 국가(國歌)입니다. 항일정신을 고무시키고자 1935년 만들어진 영화 〈풍운아녀(風雲兒女)〉 주제곡으로 사용되었고, 그 후에 중국의 공식 국가가 된 〈의용군행진곡〉의 첫 가사는 "일어나라, 노예가 되길 원치 않는 자여"로 시작됩니다. 노예의 상태에서 벗어나 주인으로서 거듭나겠다는 선언은 낡은 지배세력을 뒤집어엎겠다는 주인의 권리 뿐 아니라 외부 제국주의 세력을 타도하면서 주인으로서의 권리를 지키겠다는 선언입니다.

근대국가로 전환되는 시기에 중국은 안으로는 혁명을 통해 부패한 구세력을 몰아내는 동시에 외부로부터 밀려오는 서구 열강의 침략을 막아내야 하는 위기의 상황이었습니다. 이렇게 안팎으로 놓인 위기 상황에서 중국은 '주권이 인권보다 높다(主權高於人權)'고 말합니다. 즉 '주인으로서의 인민의 권리'라는 것도 나라가 없으면 의미가 없기 때문에 우선 국가를 구하고 외부로부터의 자주독립을 유지하는 것이 중요하다는 것입니다. 이를 두고 중국의 사상가 리저허우(李澤厚)는 '계몽과 구망의 이중변주'라고 표현했습니다. 근대로 전환되는 시기 중국에서는 '계몽' 차원에서의 자유와 민주, 인권의 실현이 번번이 국가를 멸망의 위기로부터 구한다는 '구망'이라는 과제 앞에서 좌절되었다는 것이지요. 이처럼 '인민주권'이라는 관념이 전통적인 '천(天)' 관념을 이어가지만, 근대전환시기 제국주의 열강의 침략을 받으면서 국가주권을 지키는 내용도 동시에 내포하게 됩니다.

중국적 세계질서: 중화, 사대, 조공, 책봉

중국의 천하 관념이 바깥으로 투사되었을 때는 어떻게 나타날까요? 이것이 이른바 서구학자들이 말하는 '중국적 세계질서'이고, 구체적인 형태로는 '조공(朝貢)체제'라고 합니다. '조공'이란 종속국이 종주국에 때를 맞추어 예물을 바치던 일로, 현대인의 기준에서 보면 자존심 상하는 일입니다. 조공질서라 하면 명청과 조선의 관계가 우리에게 전형적인 이미지로 남아 있습니다. 그러나 조공질서 역시 오늘날의 관점에서가 아니라, 당시 국가와 국가 간의 관계를 유지하기 위해 찾은 합리적 질서이며, 일방이 아닌 서로의 요구에 의해 만들어진 관계라는 측면을 간과해서는 안될 것 같습니다.

오늘날 국가 간의 관계는 '조약체제'입니다. 서구에서는 주권 국가들의 공동체인 근대 유럽의 정치구조가 나타나는 계기가 된 1648년의 베스트팔렌 조약을 기원으로 삼습니다. 모든 국가는 형식적으로 동등하다는 가정 위에서 협상을 통해 평화를 유지하는 체제이지요. 그렇다면 서구에서 국가 간 관계를 규정하는 이러한 질서가 만들어지기 오래전부터 동아시아에서 이미 존재했던 국제질서는 어떠한 형태였을까요? 이것이 최근 국제정치학자들이 관심을 갖는 분야 중 하나입니다.

우선 중화와 사대(事大), 조공의 개념은 각기 다릅니다. '중화'는 문화이념적인 개념으로, 한족이라는 종족 중심의 개념이 아니라 문화적 개념입니다. 그렇기 때문에 중화는 중국에만 있는 것이 아니라 조선에도 있었습니다. 명이 망하고 청이 등장한 이후 조선에서는 명의 정통성을 이어받아 실천해야 한다는 '소중화(小中華)' 사상이 나타나게 되지요. '사대'는 큰 나라를 섬기는 것을 말합니다. 양국 간의 정치 군사적인 비대칭 상황에서 나온 말입니다. 힘이 비슷해야 싸우지, 격차가 크면 큰 나라를 인정해 줄 수밖에 없습니다. 물론 맹자가 말하는 사대는 '사소(事小)'를 함께 강조합니다. 작은 나라는 큰 나라를 섬기지만, 큰 나라 역시 작은 나라의 자율성을 존중해 주어야 합니다. '조공'은 경제적인 개념입니다.

최근에는 다양한 관점에서 조공에 대한 연구가 이루어지고 있는데, 대표적으로 하마시따 타께시(浜下武志)는 '조공무역체제론'을 주장합니다. 조공권이란 물류와 교역이라는 경제적 행위가 이루어지는 하나의 네트워크로, 주변국이 조공권에 참가하는 유인은 '강력한 중국'이 아니라 '부유한 중국'이 있었기 때문이라는 것이죠. 즉 조공의 핵심이 '정치적 종속'이 아닌 '경제적 유인'에 있었다는 것입니다. 서구 학자인 워맥(B. Womack)은 헤게모니(hegemony) 비용 측면에서 "조공체제는 중국의 우월적 지위에 기반을 둔 지역적 제도 구성물로서, 적은 비용으로 장기적인 평화를 지속시킬 수 있는 합리적 선택과 전략적 상호작용의 결과"라고 말합니다.

많은 학자들의 주장처럼 조공체제는 각국의 경제적 목적에서 유지될 수 있었으며, 적은 비용으로 평화를 유지할 수 있었던 합리적 선택이라 할 수 있습니다. 그러나 조공의 형식과 주체는 시대마다 달랐습니다. 힘의 관계가 변화됨에 따라 때로는 송나라와 같은 대륙세력이 유목민족에게 조공을 바치기도 했고, 다층적인 조공-책봉의 관계도 이루어졌습니다. 일본의 경우는 주로 경제적 목적이 컸다고 볼 수 있지만, 조선의 경우 조공-책봉관계는 국내의 정치적 정당성을 확보하는 중요한 형식이었습니다. '조선'이라는 국호 자체가 명의 주원장이 낙점해 준 것인데, 기존의 고려라는 왕조를 뒤엎고 새로운 왕조를 건설한 세력으로서는 명의 승인을 통해 집권을 정당화할 필요가 절실했기 때문이지요. 지금처럼 법에 의해 정당성을 확보하는 것이 아니기 때문에, 조선의 합법성을 갖추기 위한 승인의 절차로 생각하면 됩니다. 천자로부터 도덕적인 승인을 받는 것이지요.

이렇게 위계에 의해 질서를 유지하는 조공체제가 지금 우리의 시각에서 보면 매우 종속적으로 보이기도 합니다. 그렇다면 지금 현재의 국제질서와 비교해 보면 어떨까요? 현재 국제질서와 과거 동아시아 질서의 차이는 무엇일까요? 현재 한미 관계와 과거 명청-조선의 관계를 비교해 보면 어떤 유사점과 차이점이 있을까요? 어디가 더 예속적일까요?

지금의 국제관계는 주권 개념에 따라 모든 국가가 독립적이고 형식적으로 평등합니다. 공식적으로 평등한 관계이지만, 비공식적으로는 여전히 힘에 의한 위계질서가 존재하지요. 한국은 미국의 패권체제 아래에 있습니다. 미국과 형식적으로는 평등한 관계이지만, 한국에는 전시작전권이 없고 외교도 미국의 눈치를 봐야 할 때가 많습니다. 경제제도 역시 국제 표준이라는 미국의 제도에 맞게 설계되어 있습니다. 전통 시기 동아시아에서의 국가 간 관계는 공식적으로 위계적입니다.

유교의 관념에 따라 큰 나라인 중국을 형님의 나라로 인정했지만, 중국은 조선의 내치에 관여하지 않았습니다. 중화질서가 공식적으로는 위계적이지만, 실질적으로는 상당한 자율권을 인정해 주었습니다. 정치적 예속관계 뿐 아니라 경제적, 군사적 측면도 종합적으로 평가해 보아야 할 것입니다.

현실주의자들은 '세력균형(balance of power)' 이론으로 국제질서를 설명합니다. 힘의 균형을 맞춰야 안정을 유지할 수 있고, 힘의 균형이 깨지면 갈등과 대립이 나타난다는 것입니다. 그러나 동아시아에서 조공질서가 만들어진 것은 중국이라는 거대한 대륙세력이 있었기 때문입니다. 중국은 '힘의 절대적 우위'를 차지하고 있었고, 이는 나머지 작은 나라들이 모두 힘을 합쳐도 대항하기 힘든 크기였습니다. 현실적으로 힘의 균형을 이루기 어려운 상황이었기에 자신들의 생존과 평화를 위해 큰 나라를 상국으로 인정하고 나름대로 자주권을 확보하는 것이 합리적인 선택이었을 것입니다. 그런 점에서 서구의 세력균형이론으로 동아시아의 조공체제를 설명하기는 어렵습니다.

물론 조선 5백년간 명청과의 관계가 똑같았던 것은 아니며 시기마다 달랐습니다. 건국 초기 조선은 비교적 자주적이었습니다. 유목민족의 침입에 시달렸던 명은 여러 차례 조선에게 파병을 요청합니다. 조선 초기에는 실리를 따져 파병을 거부하기도 하고, 지연시키기도 했습니다. 쿠데타로 정권을 잡은 중종(中宗)이 왕이 되면서 취약한 정당성을 강화하기 위해 더 적극적으로 중국의 승인을 받으려 했고, 이에 따라 조금 더 종속적인 관계로 변화됩니다. 임진왜란 이후에는 명이 조선을 도와주었다는 이유로 '재조지은(再造之恩)'이라는 관념이 등장하게 되었고, 명에 대한 의리 때문에 끝까지 청을 인정하지 않다가

병자호란을 맞게 됩니다. 이러한 역사가 주는 교훈은 뒤에 가서 다시 얘기하도록 하겠습니다.

■ 더 읽어봐야 할 책

미조구치 유조 저, 최진석 역, 『중국사상 명강의 : 개념과 시대로 읽는』 소나무, 2004
배항섭 외, 『동아시아는 몇 시인가: 동아시아사의 새로운 이해를 찾아서』 너머북스, 2015
쑨거 저, 김항 역, 『중국의 체온 : 중국 민중은 어떻게 살아가는가』 창비, 2016
이삼성, 『동아시아의 전쟁과 평화1 : 전통시대 동아시아 2천년과 한반도』 한길사, 2009
이삼성, 『동아시아의 전쟁과 평화2 : 근대 동아시아와 말기조선의 시대구분과 역사인식』 한길사, 2009
페이샤오퉁 저, 장영석 역, 『중국 사회문화의 원형』 비봉출판사, 2011
후자오량 저, 김태성 역, 『중국의 문화지리를 읽는다』 휴머니스트, 2005

대일통(大一統)과 통일·분열의 이중주

중국의 통합과 통일이라는 대일통 관념은 춘추전국시대를 거치면서 형성되었다. 춘추전국시기의 장기적이고 극심한 혼란과 분열은 일체화되고 통합된 강력한 중앙집권적 통일국가를 건립해야 한다는 대일통 사상이 탄생하는 시대적 배경이 되었다. 수천 년 이어온 중국문명사는 제국으로 전환되는 진한(秦漢) 시기 이후 체계화된 통일 관념과 제도에 의해 중화민족과 각 지역이 융합과 대일통을 유지하려 한 역사이다. 그러나 민족·지역·언어·문화적으로 상호 분리된 이질적인 단위로 오랜 세월 존재해 왔고, 그로 인한 정치적 공동체의 구성이나 정체성이 다른 다민족 대륙 국가에서의 대일통은 다원적인 사회를 강제로 한족(漢族)이라는 문화 속으로 재편하고, 사회의 다원성을 왜곡하는 과정이기도 했다. 정치적 통합의 역사에 강제적으로 편입된 지역과 민족은 그들의 집단적 정체성을 회복하기 위해 지속적으로 대일통이라는 통합 정체성과 충돌하였고, 그로 인해 중국 역사에서 통일과 분열이 지속적이고 반복적으로 순환되면서 나타나고 있다. 소설 『삼국지연의(三國志演義)』 서문에 등장하는 "천하대세란 오랫동안 나누어지면 반드시 합하게 되고, 오랫동안 합해 있으면 반드시 나뉘게 된다(天下大勢, 分久必合, 合久必分)"라는 문구에서도 확인할 수 있듯이, 중국의 통일과 분열의 순환은 어쩌면 구조적인, 나아가 숙명적인 문제인 것으로 보인다.

통일과 분열에 대한 중국의 주류적인 역사 해석은 통일은 역사발전 법칙에 부합되는 정상상태이고, 분열은 다시 통일로 돌아갈 비정상적인 과도기로 역사발전 법칙에 위배된다는 것이다. 이러한 시각은 중국의 통합과 분열의 역사적 의미를 편향적으로 해석하거나, 한 측면만을 강조한 것이다. 중국역사에서 실질적인 통일과 분열의 공과는 일반적인 인식과 다르다. 통일이 절대적으로 진보적이거나 긍정적인 것은 아니었으며, 분열이 모두 반동적이거나 부정적인 작용을 하는 것도 아니었다. 중국의 전체 역사에서 통일 왕조가 반드시 치세(治世)이고 분열된 시대가 난세(亂世)라 할 수도 없다. 또한 통일과 분열을 정상과 비정상으로 구분하는 것도 타당하지 않다. 분열 시기는 새로운 가치와 질서를 모색하는 처절한 과정이었으며, 한 단계 높은 차원으로 도약하는 변증법적 역사발전의 계기를 제공했다는 인식과 사고의 전환이 중국 역사에 대한 보다 균형 잡힌 열린 시각을 제공할 수 있을 것이다.

4강. 중국 현대사 I : 혁명과 건국

천안문(天安門) 광장: 권력과 혁명이 교차하는 곳

중국의 지난 20세기 백 년 동안의 시기는 가히 '혁명'의 역사라 할 수 있습니다. 20세기로 접어들자마자 신해혁명이 발발하여 2천여 년간 유지되어 왔던 왕조체제가 붕괴되고 중화민국(中華民國)이라는 아시아 최초의 공화국이 탄생합니다. 20세기 초반 드라마틱한 공산주의 혁명의 역사가 있었고, 중반 무렵 사회주의 체제에서의 또 다른 혁명, 즉 문화대혁명이 있었습니다. 20세기 후반에는 사회변혁을 위한 혁명, 1989년 천안문 민주운동이 있었습니다. 체제나 지역은 서로 달랐지만, 동시대적인 세계적 흐름이 있었습니다. 1960년대와 1980년대는 동서양을 막론하고 자신의 체제에 대한 자성과 성찰, 변혁에 대한 갈망이 터져 나온 시기로 볼 수 있습니다. 중국의 현대사와 관련해서는 20세기에 발생했던 급격한 사회변혁, 즉 기존 체제를 뒤집는 사회주의 혁명과 체제 안에서 발생한 혁명, 그리고 체제에 저항하는 혁명, 세 가지 혁명에 대해서 얘기하고자 합니다.

첫 번째 중국 건국의 토대를 만든 사회주의 혁명을 살펴보기로 합니다. 중국공산당은 1921년 창당이후 국민당과의 내전에서 승리함으로써 혁명을 완수합니다. 일반적으로 우리가 갖는 궁금한 점은 중국

공산당 혁명의 성공 이유는 무엇이고, 국민당은 왜 패배했냐는 것입니다. 또 다른 궁금증은 중국의 혁명은 과연 '사회주의 혁명'이었을까, 다시 말해 마르크스-레닌주의에서 얘기하는 자본주의 체제의 모순과 갈등이 극단으로 치달으면서 발생한 혁명인가라는 점입니다. 당시 중국 인구의 대부분은 농민이었고, 산업노동자의 비중이 건국 초기 3%에도 미치지 못하는 소농국가였지요. 서구 혁명이론에서 주역을 맡았던 노동자계급이 실제 중국에서는 제대로 형성되지 않았다는 것을 알 수 있습니다.

혁명의 과정에 대해 얘기하기 전에 우선 중국의 주요 정치적 사건이 일어났던 공간에 대해 얘기해 보고자 합니다. 바로 천안문 광장입니다. 고대 그리스 폴리스에 있던 광장을 의미하는 '아고라(agora)'는 도시국가에서 시민들이 자유롭게 토론을 벌이던 정치적 장소였습니다. 현대정치에서도 '광장'은 정치적 소통과 교류가 일어나는 매우 중요한 장소입니다. 우리도 대의민주주의가 한계에 봉착하면서 주권을 가진 국민들이 광화문 광장으로 쏟아져 나왔습니다. 이를 '광장의 정치', '운동의 정치'라고 하지요. 광장의 정치를 경험한 세대와 경험하지 못한 세대가 갖는 정치나 역사에 대한 경험과 기억은 매우 다릅니다. 사람이 모인다는 것, 저마다의 목소리를 갖고 광장에 모인다는 것 자체로도 광장은 하나의 해방공간이면서 사회적 열망을 분출하는 곳이라 하겠습니다.

마찬가지로 중국의 천안문 광장은 1919년 5·4운동 당시 부패한 왕조를 무너뜨리고 새로운 세상을 열었던 곳이고, 70년 뒤 베이징의 시민들이 민주를 요구했던 곳이기도 합니다. 그러나 천안문은 동시에 권력을 상징하는 공간이기도 합니다. 천안문 성루 한 가운데에는 중국 혁명과 건국의 아버지 마오쩌둥의 사진이 걸려 있습니다. 매년 5,6월 민감한 시기가 되면 천안문 광장에 대한 출입 제한과 감시는 더욱 심해집니다. 한마디로 천안문 광장은 정치권력과 사회적 변혁에 대한 요구가 교차하는 곳이라 할 수 있습니다.

천안문 광장의 주변에 대해 좀 더 얘기해 볼까요. 일단 천안문 성루 마오쩌둥 사진의 양쪽에는 두 개의 구호가 걸려 있습니다. 왼쪽에는 '중화인민공화국 만세(中華人民共和國萬歲)', 오른쪽에는 '세계인민대단결 만세(世界人民大團結萬歲)'라고 적혀 있습니다. 구호로만 보면 중국은 민족주의적 정서와 국제주의적 성격을 동시에 갖는 사회주의 국가라고 볼 수 있습니다. 천안문 성루 뒤쪽에는 원·명·청 왕조의 궁궐이었던 고궁(紫禁城)이 있습니다. 고궁 근처에는 북해(北海), 중해(中海), 남해(南海)라고 불리는 호수가 있고, 특히 고궁 서쪽에 인접하여 중남해(中南海)라고 불리는 곳이 있는데, 이곳은 1949년 이후 중화인민공화국 정부와 중국공산당 주요 지도자들의 관저로 사용되어 왔습니다. 적의 침입을 막기 위해 자금성 벽을 빙 둘러 파서 해자(垓字)를 만들었고 그곳에서 나온 흙을 가지고 고궁 뒤쪽에 인공산을 만든 것이 경산(景山)공원입니다. 해 질 무렵 경산공원 위에서 바라보는 자금성의 모습이 장관입니다. 황색 기와가 햇볕에 반사되어 반짝이는 모습이 마치 누렇게 빛나는 황하(黃河)의 물결과도 같습니다.

천안문 광장 한가운데는 인민영웅기념비가 있고, 서쪽에는 우리나라 국회의사당에 해당되는 인민대회당, 동쪽에는 국가박물관, 남쪽에는 마오쩌둥 기념관이 있습니다. 방부 처리하여 보존되어 있는 마오쩌둥의 시신을 보기 위해 전국 각지에서 몰려든 사람들로 줄이 항상 길게 늘어서 있지요. 사실 마오의 시신이 남게 된 것은 마오 자신의 뜻이 아닙니다. 마오 사후 정치적 세력 간의 갈등 조정과 봉합이 필요한 혼란스런 정국에서 단기간 동안 마오쩌둥이라는 권력자의 권위가 필요했던 것이죠. 그런데 이렇게 오늘날까지 영구 보존하게 되었습니다. 죽어도 죽지 못하는 마오와 여전히 마오의 시신이 필요한 현 중국의 상황이 교차하는 곳입니다.

고위급 정치 지도자들이 사는 중남해 남문에 해당되는 신화문(新華門) 안쪽에는 "인민을 위해 복무하라(爲人民服務)"라는 글귀가 쓰여 있습니다. 중국 체제를 정당화하는 중요한 근거는 바로 '인민'에서 나옵니다. 인민을 위한 당이 될 때 비로소 당의 지배가 정당화됩니다. 중국에서 군대 사열 열병식 때 최고지도자가 "동지들, 수고합니다!"라고 말하면, 인민해방군이 일제히 "인민을 위해 복무합니다!"라고 화답합니다. 우리가 보기에는 쇼 같기도 하지만, 중국에서는 체제유지를 위해 다짐하고 또 다짐해야 할 중요한 절대적 사명입니다.

1차 국공합작의 실패와 농촌혁명전략

1921년 중국공산당 창당 당시 당원은 57명으로 알려져 있습니다. 지금은 거의 9천만 명에 근접하고 있습니다. 2016년말 기준으로 당원이 8,944만4천 명이라고 공산당 중앙조직부가 발표했습니다. 우리나라 인구보다 훨씬 많은 인구가 공산당원이지요. 지금 중국은 '두 개의 백년(兩個百年)'을 목표로 '중국의 꿈(中國夢)'을 향해 달려가고 있습니다. 하나는 공산당 창당 백년이고, 다른 하나는 건국 백년입니다. 두 개의 백년이 완성되는 21세기 중반까지의 목표는 사회주의 중진국, 즉 사회주의 현대화 달성입니다.

역사가 백년에 달하는 거대한 공산당도 초기 창당 당시에는 코민테른[1]과 소련공산당의 지원을 받았습니다. 당시 중국에서는 5·4운동을 계기로 일본에 반대하며 새로운 가치에 대한 요구들이 터져 나왔고, 이러한 배경 속에서 공산당이 창당되었습니다. 전통문화에 대한 철저한 반성과 구국을 연결해 주는 근대적 의미의 민족주의가 제창되었고, 무정부주의자, 공산주의자, 자유주의 개혁가 등 다양한 세력에 의한 논쟁이 치열하게 진행되었습니다. 당시 세력과 이념적 기반이 취약했던 공산당은 코민테른의 지침에 따라 이미 현대 정당으로 개조된 국민당과의 합작을 통해 세력을 확대해 나갑니다. 이를 제1차 '국공합작(國共合作)'이라고 부르는데, 말이 합작이지 공산당원이 개인 자격으로 국민당에 입당하는 것입니다. 일방적인 흡수죠. 이러한 불평등한 연합전선은 반(反)군벌·반(反)제국주의라는 양당의 공동 목표가 일치했고 소련의 지원을 받는 쑨원이라는 지도자가 있었기에 가능했습니다. 1925년 쑨원이 사망하자 국공합작은 흔들리게 되고, 장제스를 중심으로 한 국민당의 신우파 그룹이 1927년 상하이에서 쿠데타를 일으키며 공산당원들에 대한 테러를 자행합니다. 이를 '4·12 상하이쿠데타'라고 부르며, 연속된 백색 테러로 공산당원과 관련자, 약 5천여 명의 희생자가 발생합니다.

1) 코민테른(Communist International)은 블라디미르 레닌의 발기에 의해 1919년 3월 창설되어 1943년 5월 15일 해체된 마르크스-레닌주의당의 국제적 조직체이다. 러시아에서 10월 혁명이 승리한 이후 세계 각국에서 창당된 공산당들이 아직 성장하는 혁명운동을 독자적으로 지도할 수 있을 만큼 충분히 준비되어 있지 못하였던 현실상황에서 이들을 통일적으로 지도할 수 있는 국제적인 조직체가 필요하였다. 코민테른은 이러한 시대적 요구를 반영하여 만들어졌다.

이렇게 1차 국공합작은 비극적으로 끝났고, 도시에서의 지하운동을 중심으로 한 공산당의 혁명 전략은 좌절을 겪게 됩니다. 물론 코민테른의 전략적 실수도 원인이겠지만, 실패의 근본 원인은 바로 혁명을 이끌어갈 수 있는 사회세력이 없었기 때문이라고 할 수 있습니다. 그렇기 때문에 1927년 8월 1일 난창(南昌)봉기를 비롯하여, 9월 추수폭동, 12월 광저우 봉기 등 이후에 전개되었던 일련의 봉기들도 모두 실패로 끝나게 됩니다. 이로써 도시를 중심으로 한 중국 공산주의 운동은 사실상 막을 내리게 됩니다. 혁명 전략의 수정이 불가피하게 된 것이죠. 반면 외국세력과 지방 유력자, 깡패 집단의 도움으로 권력을 장악한 장제스는 중국 근대화를 추진할 수 있는 기반을 마련했지만, 특정 기득권층의 이익을 도모하는 보수적 행보를 보이면서 국민혁명을 통한 통합과 현대국가 건설에는 실패하게 됩니다.

후난성(湖南省)에서 추수 봉기를 단행하다 실패한 공산당 잔류 당원들은 장시성(江西省)의 징강산(井岡山)으로 들어갑니다. 마오쩌둥은 1928년 12월 '징강산 토지법'을 제정하여 모든 토지를 몰수하고 촌락 단위의 평균분배를 실시하는데, 여기에서 바로 공산당의 농촌혁명 전략이 싹트기 시작합니다. 농촌근거지에서 소비에트(Soviet) 정권을 수립하고, 토지혁명을 실시함으로써 점차 홍색정권의 영향력을 확대하는 방식이죠. 이것이 바로 '농촌으로 도시를 포위하는 혁명전략'이라는 구상입니다. 농촌을 기반으로 하여 세력을 확대한 공산당은 1931년 11월 7일 장시성 루이진(瑞金)에서 중화소비에트공화국의 수립을 선포합니다. 이때부터 대장정을 떠나기 전까지를 '장시 소비에트시대(1931-1934)'라고도 명명하는데, 중국공산당이 농촌지역에서 홍군의 건설과 혁명근거지의 구축을 시도하며 주요 정치세력으로 성장한 시기

이면서도 다른 한편으로는 장제스의 끊임없는 군사 공격으로 그 생존이 위협 당하던 시련의 시기이기도 했습니다.

중국 혁명의 드라마, 대장정(大長征)

공산당은 몇 차례에 걸친 대대적인 포위공격을 버텨내다 1934년 10월 마침내 루이진을 포기하고 국민당군의 포위망을 뚫고 새로운 거점지역을 찾아 나서게 됩니다. 이것이 중국 역사에서 하나의 정치적 신화로 남게 된 그 유명한 '대장정'입니다. 대장정은 역사상 가장 위대한 인간의 승리를 보여주었다고 평가받는 사건입니다. 1년여의 기간 동안 10만 여명이 길을 나서 1만 2,500km의 대륙을 횡단합니다. 포화 속에서 끊어진 루딩차오(瀘定橋)를 건너고, 해발 4천 미터가 넘는 설산의 협로를 통과했으며, 칭하이(靑海)의 위험한 습지대를 통과하죠. 그러나 고생 끝에 산시성 옌안에 도착했을 때는 불과 8,9천여 명 만이 생존합니다. 대장정의 과정에서 국민당과 싸우면서 죽기도 했지만, 훨씬 많은 인원이 자연재해와 싸우다 죽습니다. 일정한 목적지 없이 국민당의 추격에 쫓기며 가던 노정 속에서 많은 사람들이 설산에서 얼어 죽고 대초원의 늪에 빠져죽고 굶어죽고 그러면서 천신만고 끝에 옌안에 도착한 것입니다.

따라서 대장정은 군사적으로는 완벽하게 실패한 전략이라 할 수 있습니다. 그러나 정치적으로는 성공한 전략으로 평가받습니다. 중국 대륙의 곳곳을 누비며 새로운 세상에 대한 희망과 혁명의 씨앗을 심어주며 가난한 농민들로부터 대중적인 지지를 확보했다는 것이죠.

물론 역사는 승리자의 기록이기 때문에, 공산당 자신이 쓴 혁명 역사에 대해 미화하는 측면도 있습니다. 그러나 공산당은 '폭민'이나 '오합지중(烏合之衆)'의 이미지에 머물러 있던 '군중'을 혁명과정을 통해 자각시키고 조직함으로써 '인민'이라는 역사와 운동의 주체로 변화시켰고, 이러한 인민대중을 당의 기반세력이자 동원 대상으로 삼는 데 성공했습니다. 또한 가난한 인민들을 착취하지 말아야 한다는 홍군의 규율은 매우 엄격했고, 그만큼 국민당이 부패한 것도 사실이었습니다.

대장정이라는 역사 과정에서 마오쩌둥이라는 절대적인 지도자가 대두되었다는 점도 중요합니다. 대장정 중인 1935년 1월 구이저우성(貴州省) 쭌이(遵義)에서 개최된 회의에서는 마오쩌둥의 군사노선을 새로운 당의 방침으로 채택했고, 이러한 혁명 전략의 변화를 통해 마오쩌둥의 권력기반이 강화됩니다. 마오쩌둥을 중심으로 하는 새로운 지도부의 등장은 중국공산당 역사에서 매우 중요한 의미를 갖습니다. 우선 천두슈(陳獨秀)로 대표되는 신문화운동 지식인이나 실무경험이 없는 소련유학파와 같은 이론가들이 퇴진하고 농촌혁명과정에서 성장한 홍군의 지도자들이 당 중앙을 장악했다는 점이 중요합니다. 중국의 상황과 실정을 잘 이해하는 현지파(本土派) 혹은 실용주의적인 지도부가 탄생한 것이죠.

또한 기존 도시 중심의 대중봉기전략이 본격적인 농촌혁명 전략으로 완전히 전환되었다는 것을 의미하며, '쭌이 회의'를 기점으로 중국공산당이 코민테른이나 소련공산당의 직접적인 지도에서 벗어나 상당한 자율성을 갖게 되는 계기를 마련했다는 점도 중요합니다. 중국혁명에 '중국적 특징'과 중국 상황의 '특수성'을 좀 더 강조할 수 있게 되었고, 이제 마오쩌둥은 자신의 경험을 이론화할 수 있게 된 것이죠. 이것이 바로 '마오쩌둥 사상'의 탄생으로 이어집니다. 이제 중국 혁명은 마오쩌둥의 비전에 따라 농민혁명의 길을 걷게 됩니다. 대장정의 험난한 여정 속에서 싹튼 자기희생적 행동양식과 규율은 검약, 평등, 희생과 같은 중국공산당의 윤리와 정신을 탄생시켰고, 이는 중국 공산주의 혁명을 성공으로 이끄는데 중요한 자원이 됩니다.

중일전쟁과 공산당 혁명의 성공

'일본의 침략'이라는 외부 조건에서도 공산당 혁명의 성공원인을 찾을 수 있습니다. 1930~31년 일본의 경제위기로 산업발전이 위축되고 실업자가 증가하자 광산물과 농산물이 풍부한 만주 지역을 식민지로 삼아야 한다는 생각이 일본에서 등장하게 됩니다. 이미 1905년 러일전쟁에서 승리한 일본은 남만주 지역에 대한 이권을 장악하고 있었고, 1931년 9월 18일 만주지역을 점령합니다. 이후 1932년 3월 1일 청나라의 마지막 황제 푸이를 앞세워 괴뢰 정권인 만주국을 세웁니다. 이러한 일본의 침략에 대해 중국 국민당은 전혀 대항하지 않았습니다. 공산당을 더 위협적인 세력으로 인식한 장제스는 "일본군은 두드러기처럼 가렵고 귀찮지만 때가 되면 없어지는 피부병이지만, 공산당은 처음에는 느끼지 못하나 나중에는 죽음에 이르게 하는 심장병처럼 위험하다"라며, 공산당을 일소하여 '먼저 중국 내부를 안정'시키고 '이후 일본군을 몰아낸다'는 전략을 추진합니다.

이러한 방침에 따라 장제스 정부는 1933년 탕구(塘古) 정전협정을 통해 허베이성(河北省) 지역에서의 무장해제를 단행합니다. 장제스 정부의 이런 태도에 여론이 들끓으면서 전국 각 지역에서 일본의 침탈에 저항하는 시위가 일어납니다. 또한 장제스를 조국의 배반자로 생각한 젊은 장교들이 시안에서 그를 체포합니다. 바로 1936년 12월 12일 장쉐량에 의한 '시안사건'이 일어나게 된 것이죠. 이후 1937년 7월 중일전쟁이 중국 내륙으로 확대되면서 전면전의 양상으로 전개되자 국민당과 공산당은 9월 23일 다시 항일을 위한 제2차 국공합작을 선언하게 됩니다. 내전을 중단하고 함께 일본에 대항하여 싸우겠다는 것이죠.

'중일전쟁'은 중국인에게 엄청난 고난과 시련을 안겨주지만, 동시에 일본이라는 외부 세력과 맞서 싸우며 스스로 '중국인'이라는 민족의식과 정체성을 형성하게 됩니다. 근대적인 내셔널리즘이 탄생하게 된 것이죠. 또한 중일전쟁 과정에서 국민당과 공산당의 운명은 극적으로 갈라지게 됩니다. 국민당 정부는 항일 전쟁 중에 중국 인민들에게 새로운 중국에 대한 대안을 제시하지 못했고, 장제스 1인 지배체제하에서 당과 군, 정부의 모든 분야에서 부패와 부정이 만연된 낡은 정치세력으로 전락해버립니다. 이에 반해 중일전쟁은 중국공산당에게 기사회생의 계기를 제공합니다. 중일전쟁 과정에서 일본 제국주의와 맞서 싸운 공산당은 중국인들에게 대표적인 항일운동 세력으로 인식될 수 있었고, 이로 인해 근대국가 건설 주체로서의 정통성을 확보하게 됩니다.

공산당이 대륙을 차지하며 건국한 것은 1949년의 일이지만, 새로운 국가 시스템의 원형적 형태는 대부분 중국공산당의 옌안 정권 시절에 만들어집니다. 대표적인 것이 토지제도입니다. 중국공산당은 1947년

10월 10일 '중국토지법대강'을 공포하는데, 이것은 모든 지주의 토지 소유권을 폐지하고 '경자유기전(耕者有其田)'의 원칙에 따라 토지의 균등분배를 실현함으로써 농촌사회의 예속적 봉건구조를 철저히 청산한다는 것이었습니다. 내전이 확대되는 과정에서 진행된 공산당의 토지개혁은 농촌사회의 주요 세력인 농민들에게 최대한의 과실을 분배해줌으로써 이들의 적극적인 혁명 지지와 참여를 확보했다는 점에서 중대한 의미를 가집니다. 또한 당의 통치사상과 당내 기풍을 쇄신하는 방식과 전통을 형성해 나간 것도 이 시기입니다.

1942년에서 1944년까지 공산당 내부에서는 다양한 회의와 자아비판, 연구 소모임 등을 통해 당 체제를 강화해 나갑니다. 농민 혁명을 우선하는 '중국적 마르크스주의'가 형성되고, 당의 지도력과 인민 대중의 자발성을 하나로 연결한 '군중노선(mass line)'도 중국 체제의 핵심적 특징으로 등장합니다. 이러한 과정을 거쳐 마오쩌둥 사상이 체계화되었고, 정풍(整風) 운동이 전개되었을 당시 당의 체제 강화는 마오쩌둥 사상을 중심으로 이루어집니다. 옌안 시절 중국공산당은 제도와 정치적 투쟁을 통해 대중을 동원함으로써 공산당의 혁명을 승리로 이끌었고 동시에 새로운 국가건설의 토대를 마련했다고 볼 수 있습니다. 이를 '옌안정신' 혹은 '옌안경험'이라 부르는데, 오늘날 중국 체제 정당성의 중요한 역사적 자원이라 할 수 있습니다.

공산당에게 패배한 국민당 정부는 타이완 섬으로 도주하게 되는데, 이는 단순한 군사적인 패배가 아니라, 민심의 이반을 초래한 국민당 정부의 부패, 무능력 그리고 무엇보다도 국민당 정권의 반인민적 성격에서 비롯된 정치적 패배라고 할 수 있습니다. 중국 대륙을 차지하게 된 공산당은 핵심 지도자 마오쩌둥이 1949년 10월 1일 베이징 천안문광장에 모인 30만 군중 앞에서 중화인민공화국의 성립을 선포하게 됩니다. 이로써 아편전쟁 이후 백여 년 간 지속되었던 중국의 분열과 혼란이 끝나고 새로운 통일국가가 탄생됩니다. 공산당이 중국대륙의 근대화를 추진하는 유일한 세력이 된 것이죠. 또한 농지개혁과정을 통해 농민들은 과거 노예의 신분에서 자신의 땅을 가진 주체적인 '인민'으로 신분이 바뀌게 되는데, 당시 이를 '번신(翻身, 몸을 뒤집는다는 뜻)'이라고 불렀습니다.

중국의 혁명은 '사회주의 혁명'인가?

그렇다면 중국의 혁명은 어떤 혁명이었을까요? '사회주의' 혁명인가요? 계급 구성으로 보나 혁명 성격의 측면에서 보나 중국 혁명은 노동계급이 주도한 사회주의 혁명이라기보다는, 농민을 기반으로 한 광범위한 '사회혁명'이라고 할 수 있습니다. 혁명 이론은 마르크스-레닌주의에서 가져 왔지만, 이를 실천한 것은 중국적 토양과 조건에서 이루어졌습니다. 물론 2천년 이상 지속되어 왔던 왕조체제가 무너지고 과거와는 근본적으로 다른 새로운 국가와 제도를 건설했다는 측면에서 '혁명'입니다. '혁명'이란 근본적인 제도적 변화가 있어야 합니다. 사회적 모순과 억압 구조를 일거에, 폭력적 방법으로 바꾸는 것이죠. 이렇게 보자면 기존 왕조가 전복되고 새로운 왕조가 세워진 것은 혁명이 아니라 '반란'이라고 보아야 할 것입니다. 왕조의 교체는 지배층만 바뀐 것이지 피지배층의 신분이나 삶의 양식은 전혀 바뀌지 않았기 때문이죠. 이러한 측면에서 공산당 혁명은 중국 역사상 '최초의 혁명'

이라 할 수 있습니다.

1921년 창당 당시 당원 50여 명에 불과했던 중국공산당은 어떻게 28년 뒤 중국대륙을 차지할 수 있었을까요? 이에 대해 학계에서는 다양한 해석이 있습니다. 대표적으로 찰머스 존슨(Chalmers Johnson)은 그 이유를 공산당이 농민의 대중 민족주의적 정서를 성공적으로 동원했기 때문이라고 봅니다. 물론 이러한 동원을 가능하게 만든 외부적 조건으로 일본의 대륙 침략이 있었습니다. 마오쩌둥 역시 일본이 만주사변과 중일전쟁을 일으켜서 자신들에게 국민당과 싸울 수 있는 시간을 주었다는 사실을 인정합니다. '역사의 우연성'이 작용한 것이라고 볼 수 있지요. 중일전쟁을 계기로 대중적인 민족주의적 정서가 생겨나게 되었고 공산당이 이러한 인민의 정서를 잘 이용했다는 것입니다. 이에 반해 마크 셀던(Mark Selden)은 제도적 측면에서 공산당 혁명의 성공비결을 찾습니다. 공산당 지배 지역은 척박한 땅으로 배급해 줄 물자가 없었기 때문에 대신 토지를 나누어주고 자급하게 만들었습니다. 이것이 이후 토지개혁으로 이어졌고, 이러한 토지제도의 개혁이 오랫동안 지주에게 수탈당한 농민에게 큰 영향을 끼쳤다는 것입니다. 전략적인 것이든, 제도적인 것이든 공산당의 혁명 성공은 인간의 위대한 가능성을 보여주는 20세기의 드라마틱한 역사였다고 평가할 수 있습니다.

중국 혁명과 관련된 중요한 인물로 에드거 스노우(Edga Snow)를 빼놓을 수 없습니다. 미국 신문기자였던 스노우는 1936년 공산당의 본거지 옌안으로 들어가 중국 공산혁명의 실체를 서방 세계에 최초로 알립니다. 마오쩌둥 등 공산당 지도부에서 어린 홍군 병사에 이르기까지 중국 혁명에 참가한 사람들을 통해 중국 혁명의 실상을 생생하게 전달합니다. 중국에서는 그를 '중국 인민의 친구'라고 부르며 죽어서 중국에 남기를 바랐던 유언대로 그의 유골의 반은 현재 베이징대학(北京大學) 미명호(未名湖) 근처에 묻혀 있습니다. 그의 부인 님 웨일즈(Nym Wales)는 당시 옌안에 있던 조선인 김산(金山)을 만나 그의 일대기를 기록한 〈아리랑의 노래〉를 남깁니다. 기존의 세계질서가 흔들리고 나라를 잃어 혼란스럽던 격동의 시대, 대륙혁명의 과정에 뛰어들어 조국의 독립을 꿈꾸다 희생된 조선인들은 셀 수도 없이 많았습니다.

■ 더 읽어봐야 할 책

님 웨일스, 김산 저, 송영인 역, 『아리랑: 조선인 혁명가 김산의 불꽃같은 삶』 동녘, 2005
루시앵 비앙코 저, 이양자 역, 『중국혁명의 기원 (1915-1949)』 신지서원, 2004
에드거 스노우 저, 홍수원 외 역, 『중국의 붉은 별』 두레, 2013
찰머스 A. 존슨 저, 『중국혁명과 농민 민족주의』 한겨레, 1985

번신(翻身)

중국공산당은 혁명시기 철저한 토지혁명 강령을 제기하며, 전국 토지의 1/3을 차지하는 해방구에서 먼저 토지개혁을 추진한다. 건국 이후 1950년 6월 〈토지개혁법〉을 반포하여 토지개혁의 법적 근거를 마련하면서 전국적으로 확대하여 실시하였다. 토지개혁의 기본 내용은 지주계급의 토지를 몰수하여 토지가 없는 농민에게 나눠주고, 봉건적인 토지소유제를 농민소유의 집단소유제로 바꾸는 것이었다. 미국인 작가 윌리엄 힌튼(William Hinton)은 토지개혁 과정에 직접 참여한 경험을 토대로 『번신(**翻身**)』이란 책을 썼다. 번신은 '몸을 뒤집는다'는 말로 신분의 굴레에서 벗어나 정치적으로 해방된다는 뜻이다. 힌튼은 중국의 토지개혁 과정을 수대에 걸쳐 경제적 박탈과 문화적 착취를 당한 농민들 스스로가 번신 과정을 통해 자립하고 해방되는 과정으로 묘사했다. 중국공산당은 토지개혁을 통해 기층사회를 완전히 새로운 구조로 바뀌어놓는데 성공한다. 토지개혁의 결과 토지소유 구조가 바뀌었을 뿐 아니라 세금징수, 국가자원의 동원과 관리, 지방과 중간 계층에 대한 통제 등 전반적인 사회구조가 근본적으로 변화된다.

옌안 경험(延安經驗)

옌안은 중국공산당이 대장정을 마치고 건국할 때까지 혁명의 근거지와 항일전쟁의 후방지로 삼은 곳이다. 중국공산당은 옌안 시절 중국혁명에 관한 정치노선, 군사 전략, 당 건설 등에 관한 주요한 마오쩌둥 사상을 발전시켰고, 1945년 7차 당대회를 통해 마오쩌둥 사상을 당의 지도사상으로 확립한다. 중국공산당은 이 시기에 확립한 지도사상 및 업무기풍을 '옌안정신'과 '옌안경험'이라 부른다. 주요 내용으로는 자력갱생의 정신, 인민을 위해 전심전력을 다하는 정신, 이론을 실제와 결합시키는 혁신 정신, 실사구시의 사상노선 등이 있다. 토지개혁 등 옌안에서 시행되었던 많은 정책들이 건국 이후 전국적으로 확대 실시되기도 했다. 건국 이후 역사에서 공산당은 당이 관료주의에 빠져 인민으로부터 이탈하여 멀어질 때마다 혁명 초기 옌안시절의 초심으로 돌아가 인민을 위해 봉사해야 한다고 강조하고 있다.

김산(金山)

중국공산당 혁명가들을 그린 『중국의 붉은 별』 작가 에드가 스노우의 부인인 님 웨일즈는 중국 혁명가들을 취재하던 중 옌안 루쉰도서관에서 영문 책을 주로 빌려간 인물에게 호기심을 갖는다. 님 웨일즈는 22차례의 인터뷰를 통해 그의 삶을 기록했고 훗날 『아리랑의 노래』라는 책을 출간하게 되는데, 그가 바로 조선의 사회주의 혁명가 김산이다. 본명은 장지락이고 조선에서 가장 흔한 성인 '김'과 조선 산하를 의미하는 '산'을 따서 가명을 만들었다. 김산은 만주, 일본, 베이징, 광둥 등을 누비며 독립운동을 전개하다 1938년 캉셩(康生)의 지시로 '트로츠키주의자이자 일본의 간첩'이라는 누명을 쓰고 중국 당국에 체포되어 처형당한다. 1983년 1월 중국에서 공식적으로 복권되어 명예가 회복되었다. 냉전의 영향으로 우리나라에는 1984년에야 알려졌다.

5강. 중국 현대사II: 문화대혁명

이 강의에서는 20세기 중반 일어나 유럽의 68혁명에까지 영향을 미쳤던 중국의 문화대혁명(이하 문혁)에 관해 얘기해 보려고 합니다. 문혁이 어떤 사건인지, 왜 발생했는지, 어떠한 일이 벌어졌는지 너무 복잡해서 이해하기 어렵습니다. 그러나 현재의 중국과 중국인을 이해하기 위해서는 반드시 문혁에 대한 이해가 선행되어야 합니다. 2016년은 문혁이 발발한지 50주년이 되던 해로, 이 중대한 역사적 사건을 되짚어보는 각종 학술행사가 개최되어야 했음에도 현실은 그러하지 못했습니다. 문혁이 '광기', '혼란', '참사'의 이미지로 기억되기에 중국공산당도 문혁에 관한 공개적인 논의는 여전히 금지하고 있고 민감하게 생각하고 있기 때문입니다. 우리에게 알려진 문혁에 대한 대표적인 이미지는 '홍위병(紅衛兵)'입니다.

한국 사회에 알려진 문혁의 원인은 대약진 운동과 같은 일련의 정책적 오류로 권력 중심부에서 밀려난 마오쩌둥이 다시 권력을 장악하기 위해 일으킨 사건이라는 정도입니다. 이 강의에서는 문혁에 대한 기존의 고정된 이미지를 걷어내고, 중국 사회에 커다란 영향을 미쳤고 현재까지도 그 영향이 남아 있는 문혁에 대해 종합적 시각에서 이해하고자 합니다.

사회주의 꿈과 문화대혁명 발발의 배경

구체제에 대한 불만과 새로운 시대를 희망하며 무언가 바뀌어야 한다는 집단적 열망이 혁명으로 폭발되었지만, 혁명 이후 질서를 세워나가는 과정은 당연히 혁명의 과정과는 다르겠지요. 중국 역시 건국 초기에는 새로운 나라를 건설해야 한다는 희망으로 인민의 자발성이 돋보이고 민주적 의사결정과정이 이루어지지만, 어떠한 사회를 건설할 것인가를 둘러싸고 또 다른 분열과 갈등이 나타나게 됩니다. 문화대혁명이 발생한 것은 어떤 의미에서는 건국 이후 17년간의 역사과정에서 누적된 중국 사회의 모순과 갈등이 분출된 결과라고도 볼 수 있겠지요. 문혁 이전의 역사를 간단히 살펴봅시다.

소련은 비교적 발달한 산업 사회주의 국가인 반면, 1949년 건국 당시 중국은 경제적으로 매우 낙후한 농업 국가였습니다. 특히 오랜 항일전쟁과 내전으로 모든 것이 파괴되어 있던 상황이었죠. 중국은 자신들의 혁명을 '신민주주의 혁명'이라고 부릅니다. 민족적인 자각으로 일어난 1919년의 5·4 혁명이 '구민주주의 혁명'이고, 노동계급이 지도하고 광범위한 계급연합에 의해 이루어진 혁명이 바로 신민주주의 혁명이라는 것이죠. 중국의 국기인 오성홍기(五星紅旗)에는 별이 다섯 개가 있는데, 왼쪽 위에 있는 큰 별이 공산당을, 그 주변에 있는 네 개의 별은 각각 노동자, 농민, 민족자본가 계급, 소자산계급을 의미합니다. 중국 사회주의 혁명은 낙후한 경제적 조건에서 공산당이 중심이 되어 여러 계급을 포용하고 연합하는 토대 위에서 이루어졌는데, 오성홍기는 바로 이러한 중국의 신민주주의 혁명 상황을 상징하고 있지요.

또한 중국은 자본주의가 고도로 발전한 단계에서가 아니라 전통적인 농경사회에서 혁명이 일어났기 때문에, 사회주의 단계로 바로 이행되는 것이 아니라 사회주의 사회의 물적 토대를 구축하기 위한 과도적인 시기로 신민주주의 단계를 거쳐야 한다고 보았습니다. 즉 봉건사회에서 혁명이 일어났고 사회주의적 약속을 실현하려면 물적 토대가 있어야 하는데, 중국 현실은 매우 가난하기 때문에 봉건사회에서 사회주의 단계로 가는 중간에 신민주주의단계를 둔 것입니다. 국가건설을 위해 이 시기에는 자본가들의 역할도 필요하고 여러 계급과 계층이 힘을 합쳐 경제건설에 매진해야 한다는 것이죠. 이에 따라 건국 초기에는 사회주의와 자본주의를 결합한 혼합경제를 실시하고 각 계급 간의 연합이 이루어지고, 여러 영역에서 자주적이고 민주적인 분위기가 이어집니다.

그러나 1950년 한국전쟁이 발발하면서 미국은 강력한 반공정책을 추진하였고, 소련 역시 이에 강경히 대응하면서 동북아 정세가 냉전으로 치닫게 됩니다. 1950년 한국전쟁의 참전과 급변하는 국제정세 속에서 중국은 점점 서구의 경제 제재와 봉쇄 정책으로 인해 고립적인 상황에 놓이게 됩니다. 이에 따라 애초에 오랜 기간 과도기 과정으로 설정해두었던 신민주주의 단계의 종결을 급하게 선언하고, 공적 소유와 집단화로의 전환을 빠르게 추진하면서 1956년 '사회주의 개조'를 완성했다고 선언하게 됩니다. 미국이 포위하고 주변국이 호의적이지 않은 상황에서 서둘러 사회주의 단계에 진입해야 한다는 조급증에 걸린 것이지요. 사회주의 개조란 '사적 소유제'를 모두 '공적 소유제'로 바꾸는 것을 말합니다. 각 지역의 현지 상황에 맞춰 구성원의 합의에 의해 진행된 것이 아니라, 행정명령과 운동 형식에 따라 일괄적으로 추진된 인위적인 개조였죠. 이 과정에서 각 경제주체들 간의 많은 갈등이 나타나고 불만이 일어나 급기야 공유화(公有化) 자체에 대한 반발이 일어납니다. 특히 1956년 동유럽 헝가리에서 발생한 반소(反蘇) 자유화 의거의 영향도 적지 않아 이듬해까지 전국 각지에서 노동자 파업과 농촌 집단화에 대한 거부, 대학생들의 동맹휴업 등이 잇달아 일어납니다.

문혁은 이전까지 아무 문제없다가 1966년에 갑자기 시작된 것이 아니라 1950년대부터 쌓여왔던 경제적, 정치사회적 갈등이 기원이 된 것입니다. 사회가 '혁명적' 방식으로 폭발하는 것은 일정 기간 동안 모순과 갈등이 축적되기 때문에 가능한 것이지요. 직접적인 계기는 대략 1956년부터입니다. 이때부터 사회주의 노선을 둘러싸고, 그리고 급변하는 국제정세에 대한 대응 방안을 놓고 지도부 내에 이견이 생깁니다. 해결책을 모색하고자 자유로운 발언을 허용하는 '백화제방 백가쟁명(百花齊放, 百家爭鳴)'[1], 이른바 '쌍백(雙百) 운동'이 일어나지만, 헝가리 사태가 중국 지식인들에게 영향을 미치자 다시 이러한 발언들을 억압하고 곧이어 우파들을 골라내어 이들을 정치적으로 탄압하는 '반(反)우파운동'으로 이어집니다. 우파로 낙인찍힌 사람들 가운데는 진짜 우파도 있었겠지만, 대다수는 억울하게 우파로 몰린 사람들이었습니다.

1957년 베이징대학에서 발생한 5.19 민주운동 당시 학생들의 대자

1) 백화제방은 온갖 학문이나 예술, 사상 따위가 각기 자기주장을 편다는 뜻이고, 백가쟁명은 많은 학자·지식인 등의 활발한 논쟁과 토론을 의미한다. 1956년 중국공산당이 정치투쟁을 위해 내세운 정치구호로 마르크스주의는 처음부터 유일하고 절대적인 사상으로 강요될 수 없으며, 다른 사상과 경쟁하면서 지도적 위치를 차지해야 한다는 의미를 담고 있다.

보를 보면 관료주의와 공산당 영도에 대한 비판 뿐 아니라 민주적인 사회주의를 건설하기 위해서 어떻게 해야 하는지에 관한 고민이 담겨 있습니다. 대표적인 인물로 공산당 간부들의 특권과 관료주의화를 비판하며 개혁을 요구한 베이징 대학의 린자오(林昭)가 있습니다. 어떻게 보면 이들이 진짜 좌파겠지요. 그런데 정치적 논리에 의해 우파로 몰려 정치적 탄압을 받게 됩니다. 마치 우리나라의 수구세력들이 진보적인 정책을 지지하거나 북한에 대해 유화적인 태도를 보이는 사람들을 무조건 '종북 좌파'로 낙인찍는 이념몰이와 비슷합니다. 우파로 몰린 사람들은 노동교화소로 보내지거나 대중 앞에서 자아비판을 합니다. 중국 전역에서 40만 명 이상이 노동교화소로 끌려갔으며 특히 법조인과 대학교수 등 지식인들이 커다란 타격을 받습니다.

대외적인 환경도 중국을 조급하게 몰아갑니다. 스탈린 사망 이후 개최된 1956년 소련의 제20차 당대회에서는 스탈린 격하운동이 일어납니다. 중국의 마오쩌둥은 이를 보고 소련이 반(反)스탈린주의의 수정주의로 돌아섰다고 판단합니다. 또한 '사회주의란 무엇인가'를 둘러싸고 중국과 소련 간의 이론적 논쟁이 벌어지고 이는 곧 양국 간의 갈등으로 확대됩니다. 소련은 1950년대 초기 중국의 산업건설을 지원하기 위해 파견했던 전문가와 기술자들을 모두 귀국시킵니다. 이에 따라 그동안 소련의 기술과 자본 원조를 받아 추진된 공업 프로젝트 역시 중단될 수밖에 없었습니다. 경제제재를 받는 지금의 북한 처지와 비슷하게 중국은 매우 고립적인 상황에 놓이게 됩니다. 이러한 분위기속에서 나온 것이 대약진(大躍進) 운동입니다. 냉전 상황에서 소비에트 모델을 추진해 왔지만 소련의 지원마저 끊어진 상황에서 믿을 수 있는 것은 자신의 힘 밖에 없으며 다른 방법이 없었습니다. 자력갱생(自力更生)의 방식이 강조됩니다. 그러나 고립적인 국제환경속에서 등장한 중국식 발전방식인 대약진은 현실과 동떨어진 무리한 계획을 추진하다 결국 처참한 실패로 끝납니다. 농업 생산조직의 비효율성, 철 생산에 동원되며 나타난 농업생산량의 감소, 비현실적인 과학영농방법의 도입, 지나친 평균주의에 따른 생산성의 저하, 질 낮은 철의 생산 뿐 아니라 동원식 생산과정에서 나타난 부풀리기 및 허위 보고, 그리고 이례적인 가뭄 등도 참담한 실패의 원인이었습니다.

중요한 점은 대약진 전략이 어느 한 사람이 아니라 모든 지도자의 합의에 의해 공식적인 문건으로 통과시켜 채택된 정책이라는 점입니다. 그럼에도 불구하고 대약진 실패 원인에 대해서는 이견이 컸습니다. 마오쩌둥은 정책은 옳았지만 관료들이 따라주지 않았기 때문이라고 주장했고, 류샤오치(劉少奇)는 정책 자체에 무리가 있었다고 보았습니다. 이후 국가주석 류샤오치의 주도로 경제조정이 진행됩니다. 1960년대 초반부터 집단생산 기본 단위 규모를 축소하여 농가 30~40호 규모로 조직된 생산대(生産隊) 수준에서 공동생산이 이루어졌고, 텃밭(자류지, 自留地)을 가꾸어 거둔 농작물에 대해서는 개인의 것으로 인정해 주고 확대된 자유 시장에 내다 팔수 있게 하는 등 경제 활성화를 위한 물질적 인센티브를 부분적으로 채택합니다. 이러한 물질적 인센티브의 확대에 따라 농촌 사회에서 부농이 다시 등장하면서 부의 불평등이 커져갑니다. 또한 도시로 몰려든 노동력으로 인해 도시 취업의 압박이 심각해지자, 많은 인력을 농촌으로 대거 하방(下放)하게 됩니다. 우리 식의 비정규직이 많이 늘어나고 계층 간

격차도 벌어지게 됩니다. 이러한 상황을 종합해서 볼 때 문혁은 건국 이후 나타난 고립적인 대외환경의 조성과 중국을 어떻게 발전시킬 것인가를 둘러싼 노선의 갈등과 정치적 대립, 그리고 일련의 정책 조정으로 인해 나타난 사회경제적 불평등과 차별이 확대되는 과정에서 이해할 필요가 있습니다.

문화대혁명은 왜, 어떻게 시작되었는가?

문혁의 원인에 대한 기존의 시각은 주로 마오의 권력 재장악을 위한 투쟁, 즉 권력 투쟁적 관점에서 설명합니다. 인간의 의지와 이념을 강조하는 마오쩌둥의 홍(紅) 노선과 기술과 전문가적 능력을 중시하는 류샤오치의 전(專) 노선, 이 두 노선 간의 대립으로 설명하는 시각도 권력 관점의 연장선에 있다는 측면에서 권력투쟁설과 크게 다르지 않습니다. 앞에서 얘기했던 고립적인 국제환경적 요인 역시 중요합니다. 중국은 대만과 1956년~58년 진먼(金門) 섬을 포함한 양안 해상에서 실제 포격전을 벌였고, 소련과도 국경 충돌이 있었습니다. 당시 인도네시아의 우파 정권은 백만여 명의 좌파를 학살했고, 냉전으로 인한 고립감과 위기감은 최고조에 달했습니다. 물론 어떠한 환경에 처하더라도 가장 중요한 것은 환경에 대응하는 인간의 의지와 선택이겠죠. 그런 점에서 문혁이 일어난 이유에는 여전히 마오쩌둥의 생각과 결정이 중요합니다.

그러나 중국 혁명의 과정과 마찬가지로 위에서의 호소가 있다하더라도 아래에서 호응하지 않으면 아무 것도 이루어지지 않습니다. 중국의 인민들은 왜, 어떤 동기에서 문혁의 과정에 참여했을까요? 문혁이 발생하기 직전 중국의 언론매체 보도를 읽어보면 당시 중국의 각 분야 여러 계층에서 사회적 불만이 많다는 것을 알 수 있습니다. 1960년대 초반에 있었던 경제조정 시기동안 모든 자원과 인력이 도시로 집중되면서 도농 간, 지역 간 차이가 확대됩니다. 특히 교육에 대한 불만이 많았습니다. 1964~65년 사이의 〈인민일보(人民日報)〉나 〈홍기(紅旗)〉를 읽어보면 교육의 현실을 개탄하는 글이 많습니다. 출신이 좋은 애들만 좋은 학교를 가고, 평범한 집안의 아이들은 쓰레기 같은 환경에서 공부한다는 불만들입니다. 물론 지금의 중국현실과 비교하면 당시의 격차는 별 거 아닐 수도 있을 것입니다.

그러나 사회주의 국가가 건국된 지 얼마 지나지 않은 상황에서 모두가 평등한 대우를 받아야 한다는 것이 당시의 주류적인 생각이었지만, 막상 혁명에 성공하고 나니 혜택을 받는 것은 특정계층 뿐이라는 불만이 높았습니다. 공산권 내에서의 이러한 현상을 날카롭게 비판한 책이 유고의 학자 밀로반 질라스(Milovan Djilas)가 쓴 『신계급(New Class)』입니다. 계급 없는 세상을 꿈꾸며 혁명을 했는데 다시 새로운 특권계급, 즉 관료계급이 등장했다는 것이죠. 문혁시기 이 책도 대중들에게 알려집니다.

문혁은 문예 논쟁에서 촉발되어 시작됩니다. 우한(吳晗)이라는 역사학자가 쓴 역사극 〈해서파관〉이 1959년 대약진운동의 잘못을 지적한 국방장관 펑더화이(彭德懷)를 숙청한 마오쩌둥을 우회적으로 비판한 것이라는 야오원위안(姚文元)의 지적에서 시작된 것이죠. 문예계에서 시작된 논쟁은 이후 정치권으로 확산되었고 마침내 1966년 '5·16통지(중국공산당 중앙위원회 통지)'를 통과시키며 공식적인 문혁이 시작됩니다.

5·16문건이 승인되면서 류샤오치는 예전의 방식대로 각 지역에 운동을 지도할 공작조(工作組)를 파견합니다. 지방 관료들에게 이러한 운동 방식은 매우 익숙한 것이었고, 많은 관료들은 문혁 역시 반우파 투쟁 등 기존에 경험했던 정치운동을 반복하는 것이라고 생각했습니다. 그러나 중앙에서 파견되어 각 지역에서 운동을 지도하던 공작조는 오히려 현지에서 우파로 몰려 비판받던 사람들과 갈등을 일으키게 됩니다. 초기 50일간 벌어진 격렬한 비판 운동은 오히려 억울하게 비판받는 사람들을 양산하게 되었고, 부작용이 커지자 이후 중앙에서는 공작조를 철수시킵니다.

본격적으로 대중운동이 확산된 것은 1966년 8월 8일 문혁의 강령적 문건인 "프롤레타리아 문화대혁명에 관한 결의", 이른바 〈문혁 16조〉가 통과되면서입니다. 〈문혁 16조〉의 제1조에서는 "우리의 목적은 자본주의의 길을 걷는 당권파를 무너뜨리고 자산계급의 반동적 학술 권위주의를 비판하며 자산계급과 모든 착취계급의 이데올로기를 비판하는 것이다"라고 명시하며 운동의 방향을 명확히 제시합니다. 사회주의 혁명이 성공했고 부르주아 계급은 소멸되었지만, 이들의 사상이 아직 남아 있고 여전히 많은 모순들이 존재하고 있어 새로운 혁명을 촉구하는 운동이 필요하다는 것이지요. 이를 위해 낡은 '구사상', '구문화', '구풍속', '구관습'을 없애자는 '사구타파(四舊打破)'를 외칩니다. 또한 당 내에도 소위 '주자파(走資派)'라는 자본주의 길을 걷고자 하는 소수의 사람들이 있으며, 학계에서도 소련의 것을 무비판적으로 가르치고 권위를 내세우는 반동학술권위가 존재한다고 봅니다.

여기서 이러한 의문이 듭니다. 사회주의 혁명에 성공한 나라에서 왜 여전히 낡은 사상이 남아 있는가? 왜 여전히 자본주의 길을 가고자 하는 세력이 있는가? 사회주의란 무엇이며 어떠한 단계인가? '사회주의'를 과연 어떠한 단계로 볼 것인지에 대해 소련과 중국의 인식은 달랐습니다. 소련은 사회주의를 공산주의로 가기 전의 단계로 보면서, 일단 사회주의 혁명이 완수되면 계급적 모순도 함께 사라진다고 보았습니다. 즉 사회주의는 공산주의 단계로 넘어가는 하나의 작은 과도기로 계급모순은 존재하지 않고 이 단계에서의 주요 과제는 사회주의 제도를 확립하고 공산주의로 이행하는 것이라고 보았습니다.

반면 중국의 마오쩌둥은 사회주의 단계로 들어섰다 하더라도 자본주의적 모순이 완전히 사라지지 않았다고 봅니다. 자본주의 단계에서도 봉건적 잔재가 남아 있듯이, 사회주의 혁명 이후에도 여전히 자본주의적 모순이 잔존해 있다고 봅니다. 사회주의 혁명 이후에도 자본주의적 모순이 남아 있다는 것은 사회주의 단계에서도 언제든지 자본주의 단계로 퇴행할 가능성이 있다는 것입니다. 다시 말해 사회주의라는 단계는 공산주의 단계로 이행되기 전 단계이지만, 언제든 자본주의로 복귀될 가능성이 있는 거대한 과도기적 단계라는 것입니다. 요컨대 소련은 사회주의를 앞 단계인 자본주의체제로 갈 수 없는 불가역적(不可逆的)인 단계로, 중국은 언제든 자본주의로 복귀할 수 있는 가역적(可逆的)인 단계로 보았다고 할 수 있죠.

그렇다면 사회주의 단계에서 자본주의 단계로의 후퇴와 퇴행은 어떻게 이루어지느냐? 마오쩌둥은 자본주의로의 퇴행은 바로 소수의 자본주의 길을 걷고자 하는 주자파들에 의해 이루어진다고 보았습니다. 〈문혁16조〉에서 명시하듯 소수의 당권파와 여기에 동조하는 세력들이겠죠. 그렇다면 어떻게 자본주의로 되돌아가는 것을 막고 공산주의 단계로 진입해야 하는가? 당연히 복귀하려는 세력을 우선적으로 제거하는 작업이 필요하겠죠. 즉 사회주의 단계에서는 끊임없는 계급 투쟁을 통해 역진 세력을 비판하면서 공산주의 단계로 넘어가야 한다는 것입니다. 이렇듯 이론적 측면에서 문혁이 왜 발생했는지를 파악해 본다면, 사회주의가 무엇인지, 사회주의 단계를 어떻게 볼 것인지, 이 단계에서의 주요 과업은 무엇인지에 관한 중국과 소련의 시각이 달랐다는 점에서 이해할 수 있습니다.

정치권력의 내부적 관점에서 보면 권력 엘리트 간의 분열을 이야기하지 않을 수 없습니다. 중국에서 발생했던 다양한 사회운동은 대개 엘리트가 분열되어 있을 때 가능했습니다. 1989년 천안문 사건도 마찬가지이고, 문혁도 이러한 측면이 있습니다. 이러한 문제의 본질은 중앙 엘리트 사이의 갈등이 있을 때 이를 어떻게 정치적으로 해결할 것이냐에 있습니다. 중국은 대개 옌안 시기에 있었던 정풍운동처럼 자아비판운동을 통해 내부적인 방식으로 해결합니다. 소련공산당의 경우 비밀경찰에 의해 정적을 제거하거나 살해하기도 하지만, 중국의 경우 그렇지는 않습니다. 마오쩌둥의 뒤를 이은 화궈펑(華國鋒)의 경우 과도기라는 짧은 기간 동안 권력의 최고점에 있었고, 덩샤오핑(鄧小平)과의 권력 투쟁에서 밀려났지만 1997년 15차 당대회 때까지도 계속 중앙위원으로 남아 있었습니다. 중국공산당은 혁명과정에서 생사고락을 함께 했던 '동지(同志)'라는 정서가 있어서 그런지, 같은 당원을 잔인하고 비밀스럽게 죽이는 방식은 잘 쓰지 않았습니다. 문혁 당시 국가주석이었던 류샤오치의 경우도 정치적 탄압 속에서 고생하다 병사한 것입니다. 만약 문혁의 주요 목적이 마오쩌둥이 류샤오치라는 정적을 제거하기 위해서였다면 기존의 정풍운동 방식으로도 가능했을 겁니다.

마오쩌둥의 입장에서는 스스로 혁명 과정에서 얻은 경험과 가치관이 문혁 시기에 크게 작용합니다. 자신이 평생을 바쳐 고생하며 새로운 나라를 만들었는데 관료들은 자기 특권 챙기기 바쁘고 사회주의 혁명 이후에도 불평등이 지속되는 현실에 대해 매우 실망하고 불만이었을 겁니다. 이러한 현실 상황을 바꾸기 위해서는 기존의 형식적인 대중동원이 아닌 뭔가 새로운 방식이 필요했고, 그래서 인민대중 누구에게나 다른 사람을 비판할 수 있는 발언권을 줍니다. 이것이 문혁입니다. 물론 인민들이 모든 권위에 조반(造反: 반란, 혁명)할 수 있다 해도 마오쩌둥 자신은 조반의 대상에서 예외라고 생각했습니다. 마오쩌둥 그 자신은 중국 혁명을 이끌었고 늘 인민의 편에 서 있다는 생각에 변함이 없었기 때문이죠. 스스로를 모든 권위와 권력을 초월한 절대적인 위치에 놓아둔 셈입니다.

문화대혁명과 홍위병: '홍위병', 그들은 누구인가?

문혁 하면 가장 먼저 떠오르는 단어가 바로 '홍위병'입니다. 우리나라 정치권에서도 자주 사용되어 익숙한 말입니다. 대개 자기 생각 없이 절대자를 맹목적으로 숭배하고 복종하며 반대파를 제거하기 위해 폭력적 방법도 주저하지 않고 사용하는 사람들을 이르는 말로 사용됩니다. 홍위병이 나오는 영상화면을 보면 이와 같은 이미지가 떠오릅니다.

그러나 홍위병은 어느 특정한 단일한 정치적 목적을 가진 하나의 조직을 일컫는 말이 아닙니다. 홍위병은 학생들로 이루어진 대중조직을 통칭하는 용어로, 여기에는 보수파도 있고 조반파(혁명파)도 있습니다. '5·16통지' 발표 이후 공작조가 파견되었을 때, 공작조의 지지를 받아 결성된 홍위병을 초기 홍위병 또는 '노홍위병(老紅衛兵)'이라고 부릅니다. 주로 고급 간부의 자제들로 구성되어 있어 '보수파' 또는 '보황파(保皇派)'라고 불렸고, 류샤오치의 딸도 있었습니다. 이들이 홍위병 운동 초기 50일을 주도합니다. 이들은 기존 체제와 구조를 바꾸는데 관심이 있는 것이 아니라 당의 지도하에서 혁명을 진행하는데, 우리가 '문혁'하면 연상하는 사건들, 즉 가택수색, 문화재 파괴, 구타 및 폭력 행사 등은 대부분 이들 노홍위병에 의해 자행됩니다. 사회주의 사회에서 계급배경이 좋은 빈농, 노동자, 혁명 간부, 군인, 혁명유가족의 자제인 이른바 '홍오류(紅五類)' 중에서도 고위 간부 자제들이 주도적으로 운동을 이끌어나갔고, 이들은 '혈통론'을 지지했습니다. 즉 아버지가 혁명가이면 자식도 혁명가이고, 아버지가 반동이면 자식도 반동이라는 것이죠. 이들은 스스로 혁명의 후계자라 자임하며 공자 사당이나 불교 사원 등 낡은 봉건적인 잔재들을 파괴하는데 앞장섭니다.

반면 공작조가 내려왔지만 이들의 억압에 대항해서 스스로 대중운동을 조직한 것이 바로 조반파 홍위병입니다. 조반(造反)이란 마오쩌둥이 말한 '조반유리(造反有理)'에서 나온 말로, '권위에 반대하는 혁명은 모두 정당하다'는 뜻입니다. 조반파 홍위병의 경우 기존 사회구조에서 대우받지 못했던 출신이 많았지만, 출신성분이 좋은 사람들도 조반파에 많았습니다. 출신이 중요하지만 결정적이지는 않았습니다. 이들은 국가와 당 내의 주자파를 타도 대상으로 삼았고 공작조를 비판했으며, 이들을 파견한 당 조직까지도 비판했습니다. 각 학교에서 조반파 홍위병과 보수파 홍위병 간의 대립이 있다가 1966년 10월 마오쩌둥이 혈통론을 비판한 이후 조반파가 대중조직의 주류로 부상하게 됩니다. 이후 조반파 조직은 학교를 넘어 공장 노동자들에게까지 확산되며 각 단위마다 많은 대중조직이 탄생합니다. 마오쩌둥이 혈통론을 비판하고 공식적으로 대중운동을 승인하면서, 운동의 주도권이 당에서 대중에게로 넘어갑니다. 이후 약 1년여의 시간동안 파벌 간의 내전을 방불케 하는 격렬한 투쟁이 일어나고 당도 통제할 수 없는 상황이 벌어지게 됩니다. 처음에는 대자보의 형식으로 비판하는 '문투(文鬪)', 즉 글로 하는 투쟁이었지만 점차적으로 무기를 동원하는 '무투(武鬪)'로 이어지면서 혼란은 극에 달합니다.

문혁 시기 대중조직은 운동 과정에서 과거 혁명의 방식과 문화를 다시 불러옵니다. 가슴에 목패를 매달고 머리에 고깔모자를 씌워 망신주고 비판하는 행위는 1920~30년대 농촌 대지주를 공격하는 방식이었습니다. 당시 인민해방군은 혁명을 상징했고, 이를 따라 모든 학생 홍위병들이 군복을 입었습니다. 자신들의 조직 이름도 과거 혁명과정이나 항일투쟁에서 유명해졌던 주요 지명이나 사건, 역사적 날짜 등을 따서 만듭니다. '징강산파', '8 · 15파', '상강풍뢰(湘江風雷)', '혁명끝장파(反到底派)' 등 이런 식입니다. 당시 대중조직의 비판대회에 불려나온 계층은 주로 지식인과 각 성시(省市)의 당서기 등 주요 관료였습니다. 이들은 '우붕(牛棚, 소 외양간)'이라고 불리는 임시 감옥에 갇혀 오늘은 이쪽 파벌에게 불려나가고 내일은 저쪽 파벌에게 끌려 나가 반성문을 쓰면서 공개적인 비판과 모욕을 당합니다.

이러한 정치적 핍박을 받는 상황에도 불구하고 이들은 기존 임금체계에서 규정한 대로 월급은 계속 받았습니다. 당시 노동자의 평균 임금이 3~40위안 수준이었고, 간부는 100위안 정도였습니다. 이른바 '혁명'이라고 불리는 문화대혁명은 정치행위적인 것이었지, 기존의 경제제도나 인사제도 관련 규정을 근본적으로 바꾸는 것은 아니었습니다.

정치적 핍박 과정에서 수치심이나 모욕감을 느낀 지식인들이 자살하기도 했습니다. 문혁은 사실 '문화'를 혁명하는 것이기도 한데, 특히 부르주아의 교양이나 에티켓은 모두 가식적이라는 공격을 받았고 전통문화나 종교도 낡은 봉건주의로 비판을 받습니다. 철저한 혁명을 위해서는 기존의 문화를 바꾸고 무산계급 대중의 문화를 발굴해야 하는데, 욕을 쓰면 더 혁명성이 두드러져 보인다는 생각에서 대자보에 욕을 많이 쓰기도 했습니다. 파마 식의 헤어스타일을 하면 부르주아 문화라 해서 공격을 받았고, 도로나 길의 이름도 모두 노동자의 호칭으로 바꿉니다. 전통 경극에서 주로 다루는 첩 문화와 같은 봉건적 구습과 도덕을 비판하면서 서양의 발레 양식에 군대와 혁명의 코드를 결합해서 만든 '양반희(樣板戲)'라는 사회주의 혁명 모범극도 만들었고, 마오쩌둥에게 충성을 바치는 '충자무(忠字舞)'라는 춤도 추었습니다. 1966년 여름 천안문 광장에서 진행된 사열에서는 홍위병들이 일제히 마오쩌둥 선집을 흔들며 구호를 외치는 우상숭배적인 광경이 펼쳐지기도 합니다. 마오쩌둥 사상은 자신들의 운동을 정당화해 주는 하나의 중요한 사상적 기반이자 근거였고, 보수파든 조반파든 모두 마오 사상에 철저히 따른다는 입장이었습니다.

이러한 학생들이 중심이 된 홍위병 운동은 지금도 많은 영상 자료를 통해 볼 수 있습니다. 이러한 영상이 강렬한 인상을 남겨서 그런지 우리는 홍위병 운동이 곧 문혁의 전체를 대표한다고 생각하는 경향이 있습니다. 사실 학생 홍위병 운동이 지속된 기간은 각지의 홍위병들이 경험 교류를 위해 전국을 순회한 '대교류(大串聯)'를 포함해서 1년 정도의 기간에 불과합니다. 1967년 이후 도시 노동자들 사이로 대중조직 활동이 확대되면서 문혁은 새로운 쟁점으로 나아가게 됩니다.

신생 정권 '혁명위원회'의 등장과 조반파 탄압

1967년 1월 운동의 새로운 형식으로 탈권이 나타납니다. '탈권(奪權)'이란 권력을 탈취하는 것입니다. 누구의 권력을 빼앗는다는 것일까요? 바로 각 지역 당위원회를 점거해서 모든 공식적인 도장을 빼앗고 당위원회의 이름으로 문건이 나가지 않도록 봉인하는 것입니다. 지방 당위원회는 각 지역의 최고 권력을 상징하는 곳이며, 이곳을 봉인해버리는 것은 곧 권력의 행사를 중지시키는 것이라 할 수 있지요. 그렇다면 기존 권력을 중단시키고 어떠한 새로운 형식의 권력기구를 만들 것인가?

상하이에서는 제일 먼저 탈권이 일어나고 2월 5일 새로운 영도기구로 '상하이 코뮌(公社)'을 선언합니다. 역사상 존재했던 '파리 코뮌(Commune)'의 이념을 받들어 새로운 정권 형식을 만든다는 것이지요. 코뮌의 원칙은 첫째, 직접선거에 의해 권력을 선출하고 둘째, 인민이 권력자를 소환할 수 있으며, 셋째, 지배자와 피지배자가 동등한 대우를 받는다는 것입니다. 처음 중앙에서는 상하이 코뮌을 승인하지만 18일 만에 다시 번복합니다. 코뮌의 형식을 인정하게 되면 당의 역할이나 군대의 형식이 어떻게 되는 것인지의 문제에 봉착하며 결국 코뮌을 취소하고 절충적인 형식의 '혁명위원회'를 만듭니다. 중국 혁명은 공산당이 주도해서 성공한 혁명인데, 아래에서 위로 조직된 자치적인 코뮌의 형식으로 개편해 버리면 이론적으로 당이 필요 없게 됩니다. 이에 따라 혁명 대중조직의 대표, 군의 간부, 당 간부의 3개 주체가 참여하는 삼결합(三結合)의 형식으로 혁명위원회라는 영도기구를 조직하게 됩니다. 인민에게 조반의 권리와 발언권을 부여한 문혁의 논리적 귀결인 코뮌의 형식이 다시 문혁에 의해 부정당한 것이 되고 맙니다.

그럼에도 불구하고 혁명대중조직이 영도기구에 참여한다는 점에서는 일종의 사회참여가 보장된 새로운 의사결정 방식이라 할 수 있습니다. 그런데 혁명위원회는 정말로 혁명적인 새로운 정권 형식이었을까요? 새로운 영도기구인 혁명위원회는 시간이 흐르면서 간부가 모두 복귀되고 군대의 세력이 주도하게 되면서 1/3의 지분이 있던 혁명대중조직은 점차 주변으로 밀려나게 됩니다. 혁명위원회 권력의 실세는 모두 군이나 기존 간부들이 장악하게 되지요.

또한 1967년에 접어들게 되면서 대중조직은 치열한 파벌투쟁을 벌이게 됩니다. 노동계에서 보수파는 대개 공장 내부 권력에 가까웠던 기득권자들, 즉 당원이나 공산주의청년단원, 적극분자, 모범노동자들이 중심이 되었고, 나머지 대다수의 일반 노동자들이나 비정규직들은 조반파로 활동합니다. 파벌의 상황이나 투쟁의 정도는 지역마다 차이가 있으며, 가족끼리도 서로 다른 파벌에 속한 경우도 있었습니다. 조반파들 중 소수의 급진파는 사회주의 체제가 갖고 있던 모순을 날카롭게 비판하며, 진정한 사회주의 실현을 위한 방안을 제안하기도 했습니다. 후난성 성무련(省無聯, '후난성 무산계급연합회'의 약칭)의 양시광(楊曦光)이 대표적입니다. 당시 18세의 청년이었던 양시광은 "중국은 어디로 가는가?"라는 글을 통해 문혁을 비판하고 파리코뮌을 주장합니다. 이 글로 인해 양시광은 10년간 옥살이를 하게 됩니다. 그는 문혁이 끝나자 양샤오카이(楊小凱)로 이름을 바꾸었고 나중에 세계적인 경제학자가 됩니다. 문혁의 정신을 이어받아 특권계급에 반대하고 사회주의를 외친 진짜 사회주의자들이 오히려 핍박을 받은 셈이죠.

아무튼 치열한 파벌투쟁으로 인해 많은 사람들이 죽습니다. 파벌투쟁이 혼란에 빠져들자 중앙에서는 군대를 파견해 좌파 대중조직을 지원하려 했지만, 지역 상황을 잘 몰랐던 군대는 어느 쪽이 좌파인지 제대로 파악하지 못하고 대부분 온건파와 손잡고 조반파를 탄압하게 됩니다. 이러한 파벌 간의 내전 상황과 군대의 진압 과정에서 많은 조반파들이 죽게 됩니다. 1967년 우한(武漢)에서의 무력 투쟁 상황을 중재하기 위해 내려간 마오쩌둥이 신변의 위험을 느끼고 몸을 피한 '7·20 사건' 이후 중앙에서는 사태의 심각성을 깨닫고 파벌싸움을 중단시키며 대연합을 강조합니다. 모든 대중조직은 무기를 반납하고 해체되었으며 학생들은 하방되어 농촌으로 내려갑니다. 이렇게 운동은 대중 주도에서 다시 당 주도로 넘어가게 되고, 질서 회복의 단계로 들어섭니다. 특히 1969년 9차 당대회 이후에는 모범적인 혁명사례들만 선전되고, 조반파에 대한 탄압도 지속됩니다.

하방과 지식청년(知青)

농촌으로 하방된 청년들을 지식청년, 줄여서 '지청(知青)'이라고 합니다. 기존 학계에서는 하방운동을 대개 정치운동의 결과로 해석했지만, 최근에는 경제적 관점에서도 해석하고 있습니다. 즉 일자리를 배정해 주는 중국 사회주의 시스템에서 당시 급증한 인구에게 배분해 줄 도시의 일자리가 부족해지자 신규 노동력인 청년들을 농촌으로 보내버렸다는 것입니다. 문혁 기간 약 1,500만 명에서 2,000만 명의 청년들이 농촌으로 내려가 정착했는데, 이는 일자리 배분 문제를 정치적 방식으로 해결한 것이라 할 수 있죠. 그럼에도 불구하고 농촌과 농민으로부터 혁명을 배운다는 하방운동의 정치적 목적은 여전히 중요합니다.

농촌으로 내려간 청년들은 두 가지 사실에서 충격을 받습니다. 하나는 신중국이 건국된 지 거의 20년이 지났는데도 농촌이 여전히 가난하다는 사실입니다. 또 하나는 문혁 당시 마오쩌둥의 사상을 지지하고 문혁을 총지휘하며 그의 후계자로 주목받았던 린뱌오(林彪)의 쿠데타 시도와 죽음입니다. 문혁의 후계자가 문혁을 배반하였다는 사실은 문혁이 뭔가 잘못된 것이 아닌가라는 생각을 하게 만들었습니다. 이들은 문혁이라는 혼란한 시기를 틈타 사회로 쏟아져 나온 금서(禁書)들을 읽으며 각종 토론회와 살롱을 통해 사회에 대한 공부를 합니다. 진짜 공부를 한 셈이죠. 문혁이 끝나고 대학입시제도가 회복되면서 치룬 첫 번째 시험에는 10년간 적체된 인원이 한꺼번에 시험을 보게 됩니다. 저마다의 영역에서 내공을 쌓은 사람들이 대학입시에 합격하는데, 이들이 바로 77학번과 78학번이며, 현재 중국사회를 주도하는 주역들입니다.

농촌으로 간 청년들은 열악한 환경, 엄청난 추위와 자연재해와 싸우며 고생합니다. 시진핑을 비롯한 중국의 많은 지도자들이 농촌으로 내려가 일했던 경험을 갖고 있고 이들을 문혁세대라고 부릅니다.

이들은 청년 시절 중국 농촌의 현실을 직접 눈으로 목도했고, 그래서 중국 정책의 중심이 농촌에 있어야 하고, 농촌 문제를 해결하지 않고서는 중국의 문제를 풀어나갈 수 없다는 공감대를 형성하게 됩니다.

3대 차별의 해소

앞에서 얘기한 것처럼 우리가 아는 홍위병이 문혁시기 활동한 기간은 고작 1, 2년에 불과합니다. 제도적인, 정책적인 측면에서 문혁은 무엇이었을까요? 무엇을 바꾸고자했던 혁명일까요? 문혁 기간 내내 선전된 구호 중 하나가 '3대 차별' 해소입니다. 바로 농촌과 도시, 농업과 공업, 육체노동과 정신노동 간의 격차를 해소하자는 것이죠. 문혁 직전 경제조정 시기 모든 자원이 도시로 집중되면서 도시 경제는 좋아졌지만 농촌은 여전히 궁핍하고 지역 간, 계층 간 격차도 벌어집니다. 이러한 격차를 줄여나가자는 것이 문혁이 주장하고 있는 차별 해소입니다.

우선 농촌과 도시의 차별을 해소하기 위해 다시 농촌으로 인재와 자본을 보냅니다. 이에 따라 기존 도시 중심의 엘리트교육이 아니라 대중 교육을 표방합니다. 농촌으로 내려간 대학생들이 인민공사 혹은 생산대대에서 설립한 학교의 교사가 되어 농촌의 아이들에게 글을 가르쳐줍니다. 이에 따라 건국 당시 90%에 달했던 문맹률이 급감하게 됩니다. 대중교육의 목표가 바로 문맹을 없애자는 것이니까요. 문혁이 끝나고 개방과 함께 중국 연해지역에 대한 외국자본의 투자가 이어지는데, 외국기업이 투자를 결정했던 요인 중의 하나가 바로 중국이 글을 아는 우수한 노동력을 많이 보유했다는 점입니다. 문혁 시기 동안에 이루어졌던 대중교육 보급의 결과라고 볼 수 있습니다.

또한 의료 부분에서는 '맨발의 의사(赤脚醫生)'가 있습니다. 6개월에서 1년 정도 위생교육을 받은 의사들이 농촌과 오지를 다니면서 간단한 진료와 질병 예방 활동을 벌였습니다. 이러한 대중보건 활동을 통해 중국의 사망률을 대폭 낮출 수 있었습니다. 문혁이 끝나고 얼마 지나지 않은 1978년 알마아타에서 열렸던 세계의료회의에서는 중국을 가장 모범적인 개도국의 의료보급 사례로 선정합니다. 인력과 자본의 흐름에서 본다면 문혁은 일반적인 산업화나 도시화의 흐름과는 달리 이러한 자원들이 도시에서 농촌으로 이전된 것이라고 할 수 있습니다. 개혁개방은 다시 돈과 사람이 농촌에서 도시로 역전되는 역사였다고 볼 수 있겠죠.

농업과 공업의 격차를 줄여나가는 일환으로는 농촌의 공업화가 진행됩니다. 즉 다른 선진국처럼 산업화가 도시화를 통해 이루어지는 것이 아니라, 농촌 자체 내에서 공업화를 추진함으로써 농촌과 농업의 현대화를 달성한다는 것이지요. 또한 육체노동자가 노동과정에서 겪는 소외 현상을 극복하기 위해 노동자가 경영에 참여하고, 반대로 경영자도 육체노동에 참여하는 조치가 시행됩니다. 이에 따라 실제 작업 현장에서 노동자들이 여러 가지 경영 계획이나 기술 관련 건의를 개진하게 되고, 관리자들은 작업장에서 청소를 하는 등 일선 노동자들과 함께 했습니다.

문혁에 대한 평가와 문혁이 남긴 문제들

그동안 권력의 관점에서 문혁이 많이 논의되어 왔습니다. 그렇다면 평범한 인민의 입장에서 문혁은 무엇이었을까요? 왜 문혁에 참여했을까요? 사람마다 동기는 다를 수 있습니다. 공산사회 건설이라는 혁명적 이상을 위해 참여했던 사람도 있었겠지만, 평소 미워하던 사람을 괴롭히고 망신 줄 기회로 활용했을 수도 있습니다. 대다수는 건국 이후 반복된 정치운동에 동원되어 왔던 것처럼 관성적으로 참여했겠죠. 그럼에도 불구하고 문혁은 인민들에게 발언권을 줌으로써 결국 사회주의가 무엇일까, 사회주의 국가는 어떤 국가이어야 하는가라는 본질적인 질문에 대해 고민 할 기회를 제공했다고 볼 수 있습니다. 물론 운동은 운동을 주도했던 당과 간부들이나 운동에 참여했던 사람들 각자의 의도대로 흘러가지 않고 실패로 끝나 대중독재의 폐해를 낳았지만, 이후 중국 사회에 커다란 영향을 남기게 됩니다.

사회주의가 과연 무엇일까요? 중국에서는 혁명이 성공한 이후 국가 건설에 매진하면서 정착시켜나간 '제도로서의 사회주의'가 있습니다. 그러나 사회주의는 기존 사회를 더 좋은 사회로 만들기 위한 하나의 변혁을 위한 원리이기도 합니다. 사회주의 국가가 수립된 이후에도 사회 변혁을 추동하는 하나의 '운동으로서의 사회주의' 원리가 서로 모순적이지만 이중적으로 존재했습니다. 중국에서 사회주의는 '체제를 유지하는 논리'이자 '사회를 변혁시키는 이론'이기도 했습니다. 사실 민주주의 체제인 우리도 마찬가지라고 생각합니다. 모든 체제는 나름대로의 정당성이 뒷받침되어야 하는데, 우리의 경우 민주주의가 통치와 안정을 유지하기 위한 중요한 원칙입니다. 그러나 실제 현실 정치에서 민주주의 원리가 훼손되고 제대로 작동되지 않았을 때, 우리는 다시 민주주의 원칙에 따라 현실을 바꾸고 기존의 모순을 극복하고자 합니다.

중국 사회주의 체제에서도 '민주'의 원리가 매우 중요하며, 문혁 시기에도 민주라는 문제가 계속 제기되어 왔습니다. 우리의 '자유주의 민주'의 원리가 아닌 '사회주의 민주'의 역사와 형식 속에서 제기되었다는 점에서 차이가 있습니다. 그럼에도 불구하고 근대정치의 기본원리인 '인민주권'사상에 기반을 두었다는 점에서는 공통점이 있습니다. 이러한 인민주권 사상을 끝까지 밀어붙여 문혁 초기 아주 잠깐 코뮌의 형식이 나타났지만, 결국 당의 영도를 받아들이는 형식으로 후퇴하게 됩니다. 이후 당은 절대적인 존재로 변신하게 되지요. 어쨌든 문혁은 사회주의가 무엇인지, 사회주의 체제에서 민주를 어떻게 실현해야 하는지, 당의 역할은 무엇이어야 하는지 등에 관해 여전히 해결되지 않은 질문들을 남깁니다. 이후 사상계에 등장한 여러 시각들은 이러한 문제 제기에 대한 반응이었다고 볼 수 있습니다.

사회주의가 곧 가난은 아니기 때문에 우선 경제발전에 매진해야 한다는 실용주의가 나타납니다. 문혁 이후 집권하게 된 개혁파의 입장입니다. 다음으로 중국 사회가 가장 경계해야 할 점은 권력의 독점과 개인 우상숭배라고 생각하는 자유주의적 시각입니다. 자유주의자들은 개인의 인권과 자유 등의 가치를 중시하며 당의 권력 독점을 견제해야 한다고 주장합니다. 물론 이는 당의 영도를 받아들인다는 전제 하에서의 자유주의를 의미하는 것으로 우리의 자유주의와는 다릅니다. 마지막으로 문혁을 겪은 이후 무엇이 잘못이었는지에 대한 반성과 고민의 결과로 나타난 사회민주주의적 시각이 있습니다. 한국에 번역되어 소개된 차오정루(曺征路)의 소설 『민주수업(民主課)』이 바로 이러한 시각을 반영한 작품입니다. 모순된 구조와 제도를 바꾸고 싶었지만 조반파 스스로 민주적 역할을 제대로 하지 못했다는 반성이 담겨 있습니다.

문혁이 끝나고 조반에 단순 가담한 사람들은 학습반에서의 교육을 거쳐 일상으로 돌아갔지만, 대중조직의 수장 자리에 있었던 사람들은 감옥에 갇히게 됩니다. 이들은 대부분 1990년대 이후 출감하는데, 개혁이후 급변한 중국의 현실을 보고 마오쩌둥이 그렇게도 경계했던 수정주의 노선이 현실이 되었다는 점에 분노를 느낍니다. 그리고 문혁의 잘못을 모두 조반파에게 뒤집어씌우는 관료들에게 분노하지요. 이들은 문혁이라는 역사를 하나의 집단행동의 자원으로 활용해 부패한 관료들에게 저항하고 자본의 공세를 막는 하나의 중요한 투쟁의 근거로 삼고 있습니다. 이런 점에서 중국에서 문혁은 역사에 대한 '기억의 투쟁'으로 아직 끝나지 않았으며, 이는 과거에 대한 평가를 넘어 현재에 대한 정세 평가와 미래에 대한 전망의 투쟁으로 이어지고 있다는 것을 알 수 있습니다. 이는 공산당이 힘으로 누르고 감추고 회피한다고 해서 종결되는 것이 아니라, 오히려 문혁에 대한 기억은 각자의 입장과 지역과 울타리 안에서 때론 왜곡되고 확장되며 재해석될 것입니다.

물론 중국공산당은 1981년 "건국 이래 당의 약간의 역사문제에 관한 결의(關於建國以來黨的若干歷史問題的決議)"(약칭 '역사결의')를 통해 문혁은 "1966년 5월부터 1976년 10월에 걸쳐 마오쩌둥 동지가 일으키고 영도했고, 린뱌오, 장칭 등 반혁명집단에 의해 이용됐으며, 장기적이고 전면적인 심각한 좌경오류에 의해 건국 이래 가장 심각한 좌절과 손실을 입힌 동란(動亂)"이라는 공식적인 평가를 내놓았습니다. 그렇지만 여기에 동의하지 않는 사람이 점점 많아지고 있습니다.

■ 더 읽어봐야 할 책

모리스 마이스너 저, 김수영 역, 『마오의 중국과 그 이후 1, 2』 이산, 2004.
백승욱, 『문화대혁명: 중국 현대사의 트라우마』 살림, 2007.
전리군 저, 연광석 역, 『모택동 시대와 포스트 모택동 시대 1949~2009 상하 (다르게 쓴 역사)』 한울아카데미, 2012.
조정로 저, 연광석 역, 『민주수업』 나름북스, 2015.
천이난 저, 장윤미 역, 『문화대혁명 또 다른 기억: 어느 조반파 노동자의 문혁 10년』 그린비, 2008.
첸리췬 저, 길정행 외 역, 『망각을 거부하라: 1957년학 연구 기록』 그린비, 2012.
펑지차이 저, 박현숙 역, 『백 사람의 십년: 문화대혁명, 그 집단 열정의 부조리에 대한 증언』 후마니타스, 2016.

린자오(林昭)

본명은 펑링자오(彭令昭)로 1954년 베이징대학 중문과에 입학한다. 1957년 5월 19일 학생문예간행물 〈홍루(紅樓)〉의 책임편집인 장위안쉰(張元勛)이 쓴 대자보를 지지하다 우파로 몰린다. 이른바 '베이징 대학 5·19민주운동'을 이끈 주요 인물 중 하나이다. 이후 장춘위안(張春元) 등과 〈성화(星火)〉를 창간, 많은 문학 작품을 발표하며 당국의 극좌정책을 비판한다. 1960년 감옥에 갇힌 뒤에도 인권, 자유, 평등에 대한 자신의 신념을 굽히지 않고 20만자에 달하는 혈서와 일기를 남긴다. 1968년 4월 당국에 의해 '현행 반혁명죄'로 비밀리에 사형되었고, 1980년 이후 무죄로 복권된다. 첸리췬(錢理群) 교수는 1957년 5·19민주운동 당시 '사회주의적 민주'를 주장한 민주인사와 학생들의 관련 자료 및 회고록을 정리하여 『망각을 거부하라』라는 책을 출간한다. 당시 베이징대학 8천여 명의 교원과 학생 중 1,500여명이 우파로 몰려 공직과 학적이 박탈되었고 20년 뒤에나 복권된다.

위뤄커(遇羅克)

위뤄커는 자본가 집안 출신으로, 1957년 부모가 우파로 공격받은 뒤 '흑오류(黑五類)' 신분으로 분류된다. 이로 인해 1959년 베이징시 65중학교를 졸업한 뒤 대학에 진학하지 못하고 공장과 학교에서 임시직으로 일한다. 문화대혁명 당시 '가정출신문제연구소조'라는 이름으로 〈중학문혁보(中學文革報)〉에 글을 연재하는데, 여기에 게재해 전국적으로 유명해진 글이 바로 '출신론(出身論)'이다. 그는 이 글에서 "부모가 영웅이면 자식은 호걸, 부모가 반동이면 자식은 개자식"이라는 이른바 '혈통론'을 비판하며, 인권과 민주를 주장한다. 이 글로 인해 위뤄커는 1968년 1월 5일 체포되었고, 1970년 3월 5일 19명의 다른 정치범들과 함께 사형당한다. 혈통론은 1966년 10월 중앙공작회의에서 공식적으로 비판받았지만, 정작 혈통론을 비판한 위뤄커는 당 조직 전체를 공격한다는 이유로 희생당한 것이다. 혈통론에 대한 지지 여부에 따라 보수파 홍위병과 조반파 급진 홍위병으로 갈라졌고 문혁 당시에는 혈통론을 비판한 조반파가 주류적 흐름이었지만, 문혁이 끝난 뒤 조반파는 오히려 문혁의 가해자로 낙인찍히고 혈통론의 주도자들이 피해자로 위치가 바뀌어 개혁개방을 주도한다. 위뤄커의 죽음은 문혁의 목표와 한계를 동시에 보여주는 역설적 사건이라 할 수 있다.

리이저(李一哲)

문혁 후반인 1974년 "사회주의 민주와 법제에 관하여: 마오 주석과 4기 인민대표회의에 바침"이라는 대자보를 쓴 작가의 필명이다. 당시 광저우미술학원 대학생인 리정톈(李正天)과 고등학생 천이양(陳一陽), 노동자 왕시저(王希哲) 등 세 사람의 이름에서 한 글자씩 따서 만든 이름이다. 이들이 쓴 대자보에서는 관료특권 문제와 '뒷문으로 들어가기(走後門)' 등의 권력세습 문제, 인민과 대립되는 새로운 귀족세력의 등장 등 사회주의 체제가 갖고 있는 폐단을 분석하였다. 이로 인해 리이저 대자보는 '반동 대자보'로 낙인찍히고, 문혁이 끝난 뒤 1979년에 복권된다. 이 대자보는 표면적으로는 린뱌오 집단을 비판하고 있지만, 사회주의 제도의 근본적인 폐단인 민주제도의 결핍 문제를 지적하며 '사회주의적 민주'라는 문제를 제기하였고, 이러한 문제제기는 1980년대 민주 문제로 이어진다.

6강. 중국 현대사 Ⅲ: 89 천안문 민주운동

역사의 물줄기를 바꾸다: 개혁개방으로의 전환

이 강의에서는 현 중국 지도부가 가장 민감하게 생각하는 역사, 바로 1989년 '천안문 사건'에 대해 얘기해 보겠습니다. 일반적으로 '6·4 사건' 또는 '천안문 사건'이라 부르며 대만, 홍콩 지역에서는 '89 민주운동', 혹은 '학생 민주화운동', 서구에서는 '천안문 광장 학살 사건'으로도 부릅니다. 중국에서는 '정치 풍파'라는 매우 우회적인 표현을 쓰지요. 1989년 봄 베이징의 학생들과 시민들이 6주 동안 천안문 광장을 점거하며 권력과 대치했던 사건은 어떤 성격의 운동이었을까요? 천안문 민주운동이 남긴 것은 무엇일까요?

문혁이 끝나고 중국은 짧은 과도기를 거쳐 개혁개방의 시대로 접어듭니다. 1970년대 중후반까지도 '계급투쟁을 잊지 말자'는 구호를 외치던 사회였는데, 어떻게 '경제건설'이 국가의 최고목표가 되고 온 인민이 돈벌이를 최고의 가치로 여기는 사회로 완전히 바뀌었을까요? 덩샤오핑이라는 명민한 개혁가의 영향이 컸습니다. 흔히 1978년 12월 18일~22일 개최된 중국공산당 제11기 중앙위원회 제3차 전체회의(이하 '11기 3중전회')를 기점으로 개혁개방의 역사가 시작되었다고 합니다. 중국은 공식적인 문건 채택을 통해 당의 노선을 알립니다. 문건은 지도자 간에 합의된 결과물이라 할 수 있습니다. 이 회의에서 덩샤오핑은 "사상해방, 실사구시, 일치단결로 앞으로 나아가자(解放思想, 實事求是, 團結一致向前看)"라는 중요한 담화를 통해 국가목표를 '경제건설'로 바꿉니다. 또 다른 중요한 문건은 바로 1981년 6중전회에서 채택한 〈역사결의〉입니다. 역사결의는 문혁 뿐 아니라 1949년부터 당시까지의 중요한 역사적 사건에 대한 공산당 자신에 대한 평가라고 할 수 있습니다. 개혁개방을 통해 경제건설을 추진하기 위해서는 과거에 대해 어떻게든 정리하고 평가를 내릴 필요성이 있었고, 과거를 냉철하게 성찰하면서 미래로 향해가는 기틀을 만들고자 했습니다.

그런데 당시 개혁 지도부의 고민은 마오쩌둥에 대해 어떻게 평가할 것인가의 문제였습니다. 마오쩌둥은 공산당 혁명의 주역이자 건국의 아버지입니다. 절대적 권위를 상징하는 인물이죠. 만약 문혁이라는 불행한 역사에 책임이 있는 마오쩌둥에 대해 비판을 한다면 신중국의 정통성을 부정하는 셈이 됩니다. 거꾸로 마오쩌둥에 대해 긍정적인 평가만 한다면 문혁을 긍정하는 것이 되고, 역사의 흐름을 바꿀 수 없게 됩니다. 그래서 고육책으로 고안해 낸 방법 중 하나가 공칠과삼(功七過三)입니다. 마오쩌둥의 업적 중 공로가 7할이고 과오가 3할이라는 것이죠. 이런 식으로 역사 인물을 평가하는 나라는 중국밖에 없을 것 같습니다. 왜 6대4, 혹은 8대2가 아니고 하필 7대3인가? 그것을 어떻게 계량화할 수 있는가? 매우 중국적인 발상이라고 생각합니다. 마오쩌둥 말년에 비록 과오가 있었지만 전체적으로 볼 때 공로가 더 많았으며, 과오를 주도한 세력은 사인방(四人幇)과 린뱌오 집단이라고 정리를 합니다.

또 다른 방법은 마오쩌둥 개인과 마오쩌둥 사상을 분리하는 것입니다. 마오쩌둥 사상은 마오쩌둥 개인의 것이 아니라 중국공산당의 혁명 실천과정에서 형성된 집단적 이데올로기라는 것이죠. 이렇게 분리하고 나면 마오쩌둥 사상은 중국 체제의 정당성을 지지해 주는 통치 이데올로기가 됩니다. 덩샤오핑은 이렇게 실용적인 역사평가 방식을 통해 마오쩌둥에 대한, 다시 말해 문혁에 대한 평가를 일단락 짓습니다.

다음으로 덩샤오핑이 역사의 물줄기를 바꾸기 위해 활용한 방법은 복권(平反)입니다. 이른바 '억울하고 날조된(冤假錯) 사안'에 대한 복권으로, 주요 지도자에 대한 권리와 명예의 회복이 이루어집니다. 이러한 복권 작업은 삼종인(三種人) 정리와 함께 이루어집니다. '삼종인'이란 "문혁 중 조반을 일으켜 출세한 자, 파벌의식이 심각한 자, 문혁 중 파괴하고 약탈한(打砸搶) 자"를 일컫는 말입니다. 덩샤오핑은 "가장 위험한 자는 문혁 삼종인"이라는 지침과 함께 "노간부들이 문혁 중에 한 발언은 본심에서 한 말과 행동이 아니기 때문에 삼종인이라고 할 수 없다"라고 두둔합니다. 고위간부의 자제들 역시 정리대상이 아니라고 선을 긋는데, 이것으로 삼종인 청산이 당시 당권파들의 자의적인 기준에 따라 이루어졌음을 알 수 있습니다. 이러한 과정에서 정리된 것은 대부분 평민계층이었고, 복권된 것은 대부분 노간부 혹은 문화엘리트들이었습니다. 이렇듯 삼종인 정리는 당시 잘못된 것을 바로잡는다는 것이었지만, 조반에 가담했던 대다수의 사람들에게는 당권파에 의한 정치적 보복이나 다름없었습니다. 덩샤오핑의 입장에서 보면 주요 지도자에 대한 복권과 삼종인 정리는 문혁을 비판하고 개혁으로 가기 위한 매우 중요한 수단이었던 셈입니다. 이런 측면에서 개혁은 문혁에 대한 부정을 통해 가능했다고 볼 수 있습니다. 사인방에 대한 재판 과정을 TV 중계로 보여줌으로써 문혁의 귀책 문제를 정치적으로 해결하고 이제는 뭔가 바뀌어야 한다는 민심을 얻어 개혁의 동력으로 활용하고자 했습니다.

또한 중요한 것은 이론적 논쟁입니다. 사회주의가 도대체 무엇이냐? 사회주의가 가난은 아니며, 무엇보다 현실을 직시하는 것이 중요하다는 논쟁을 벌입니다. 즉 '실천이 진리를 검증하는 유일한 기준'이라는 일명 '진리표준론'입니다. 중요한 것은 공허한 이상이 아니라 현실이며, 가난한 현실을 잘 살게 하는 것, 현실을 변화시키는 것이 바로 진리라는 것입니다. 이게 바로 사상해방이요, 실사구시(實事求是)이고 실용적인 정신이라 할 수 있습니다. 물론 이 논쟁을 이끈 사람은 당서기인 후야오방(胡耀邦)입니다. 당시 덩샤오핑은 공식적인 지위를 갖고 있지 않았고, 당의 최고 수장은 총서기인 후야오방, 행정 수반은 국무원 총리인 자오쯔양(趙紫陽)이었습니다. 물론 군에 대한 통제권은 덩샤오핑이 갖고 있었죠. "모든 권력은 총구로부터 나온다!"는 마오쩌둥의 말처럼 안정유지를 위해서는 군을 장악하고 있는 것이 무엇보다 중요했기 때문입니다. 개혁 초기의 권력구도는 덩샤오핑을 중심으로 한 덩-후-자오의 삼두체제였다고 볼 수 있습니다.

덩샤오핑이 활용한 또 다른 방법은 대중운동입니다. 사실 대중운동은 중국의 정치체제와 분리해서 생각할 수 없는 부분입니다. 시단(西單)의 '민주 벽'이라고 알려진 것처럼 1970년대 말 대자보를 통해 누구나 발언을 할 수 있도록 허용하고, 이러한 민심의 힘을 개혁의 동력으로 활용합니다. 그러나 새로운 사회에 대한 건의가 당에 대한 비판으로 이어지고 일정한 통제범위를 넘어서자 1980년대 초반 자유로운 대자보 활동을 다시 금지하게 됩니다.

대외관계에서 돌파구를 찾은 점도 매우 중요합니다. 개혁개방이 가능했던 이유는 1979년 1월 미국과의 수교를 공식화했기 때문이죠. 미중수교를 통해 서로를 공격하거나 전쟁할 의사가 없음을 확인하고, 이러한 안정적인 대외관계 속에서 경제발전에 매진할 수 있었던 것입니다. 이른바 핑퐁외교로 잘 알려져 있듯이 미국의 닉슨 대통령은 이미 1972년에 중국을 방문하여 마오를 만나 '상하이 공동성명'을 발표하고 관계개선에 나섭니다. 미국으로서는 소련을 견제할 목적에서 중국과의 협조가 중요했고, 이 점은 중국도 마찬가지였습니다. 지금 북한의 상황에 적용해서 보면 결국 안정적인 대외환경이 보장되어야 제대로 개혁을 추진할 수 있음을 알 수 있습니다.

또한 대학입시제도의 부활을 통해 인재를 등용합니다. 과학기술과 전문지식을 중시하면서 전문가와 지식인들로부터 개혁개방에 대한 지지를 얻습니다. 문혁 발발과 함께 대학입시가 폐지되지만, 대부분의 대학에서는 1969년부터 다시 대학생을 모집합니다. 그러나 기존처럼 시험을 기준으로 한 것이 아니라 정치적인 태도를 평가하여 학생을 뽑는 방식이죠. 이들을 '공농병(工農兵)' 대학생이라고 부르는데, 노동자, 농민, 군인 등 일반 서민에게 대학입학의 기회를 확대한 것입니다. 그렇다고 서민들만 입학한 것은 아닙니다. 시진핑 주석도 공농병 대학 출신이고, 그 당시에도 꽌시에 따라 '뒷문으로 들어가기' 현상이 꽤 있었다고 합니다.

이렇듯 덩샤오핑은 다양한 정치적 방법을 동원하여 개혁개방이라는 새로운 역사적 흐름을 만들어갑니다. 그런데 정치적으로는 매우 뛰어난 지도자이긴 하지만 대중적인 인기는 좀 없는 것 같습니다. 마오쩌둥이 사망한지 30주년 되던 2006년에는 전국 곳곳에서 대대적인 추모열기로 가득했습니다. 특히 마오쩌둥의 출생지인 후난 지역과 농촌에서 각종 기념식이 많이 열렸습니다. 반면 덩샤오핑이 사망한지 10주년 되던 2007년에는 민간에서 자발적으로 이루어진 추모는 거의 없었습니다. 그가 추진했던 개혁개방은 초기에는 지지를 받았지만 1990년대 중반이후 빈부격차가 확대되면서 개혁에 대한 불만이 높아졌습니다. 특히 덩샤오핑은 1989년 천안문 시위를 폭력적인 방법으로 진압한 책임자라는 평가에서 자유롭지 못합니다.

천안문 민주운동의 배경

1980년대는 어떤 시대였을까요. 한국을 포함한 후발산업국에서는 급격한 정치적 변화가 있었던 시기입니다. 남미와 아시아에 민주화 바람이 불었고, 사회주의 진영 내부에서도 민주화에 대한 목소리가 높았습니다. 서로 체제는 달랐지만 변혁을 갈망하는 동시대적인 흐름이 있었던 것이죠. 우선 천안문 사건의 배경이 되는 1980년대 중국 상황에 대해 살펴봅시다.

흔히 덩샤오핑을 개혁개방의 '총설계사'라고 부르는데, 기실 덩샤오핑의 개혁개방은 총체적인 플랜에 의해 이루어진 것이 아닙니다. 중앙에서는 향후 경제건설에 매진하겠다는 의지를 천명한 것이지, 경제건설을 어떻게 하겠다는 것인지에 관한 구체적 계획은 없었습니다. 개혁정책은 쓰촨이나 안후이(安徽)와 같이 기근에 시달리는 궁핍한 지방의 농촌에서 먼저 자발적이고 비밀스럽게 시작됩니다. 기존의 집단생산 단위인 생산대나 인민공사의 토지를 가구별로 나누어서 생산을 하는 조직적 변화가 일어나지요. 이를 '농가생산책임제(家庭聯産承包責任制)'라고 부릅니다. 도시에서의 개혁은 1985년이 되어서야 진행됩니다. 가장 중요한 조치는 부분적으로 시장메커니즘을 도입하는 것이었습니다. 기존의 계획경제시스템에서 일거에 시장경제 시스템으로 전환되는 것이 아니라 부분적으로 시장의 원리를 수용하는 것이죠.

그렇다보니 시장 부문과 계획 부문으로 나뉘게 되고, 가격도 시장가격과 계획가격이 공존하게 되었습니다. 이를 '이중가격제(雙軌制)'라고 부릅니다. 이 두 부문 간의 가격차가 크면 클수록 정보나 권력을 이용해서 폭리를 취하는 사례가 많아집니다. 계획부문에서 물자를 싸게 사서 시장에 비싸게 내다 팔아 차익을 남기는 것이죠. 이 과정에서 누가 이익을 보았을까요? 당연히 이러한 정보를 미리 알고 있는 관료들입니다. 관료들의 투기 전매 행위를 '관도(官倒)'라고 불렀습니다. 덩샤오핑이나 자오쯔양 등 당시 고위 관료들의 아들들도 있었죠. 이에 대한 인민들의 불만이 쌓여갔고 특히 1986년부터 물가 상승 현상이 나타나기 시작했으며 1987년과 1988년의 인플레이션은 극심했습니다.

개혁정책의 부작용에 대한 해결책을 두고 당 지도부 내의 의견이 갈라지게 됩니다. 문혁 이후 지도부는 모두 개혁파로 부를 수 있지만 좀 더 정확하게는 보수주의자들을 포함한 반좌파 연합세력들로 구성되었습니다. 따라서 '어떻게, 어떤 속도로 개혁을 할 것인가'를 두고 다시 시장개혁파와 보수파로 나눠집니다. 시장개혁파가 가격조정 정책에 실패하고 1986년 안후이성(安徽省)에서 학생운동이 일어나자 보수파들의 공격과 비판이 이어졌고, 이에 대한 책임을 지고 후야오방 총서기가 물러나게 됩니다. 1980년대 초반 대학가에서는 직접선거로 대표를 뽑는 실험을 하기도 했고, 사회 전체적으로 변화에 대한 열망이 있었습니다. 학생들을 포함한 지식인들 사이에서는 문혁 시기 왜 혼란스런 상황에 빠졌는가라는 성찰을 하면서 사회를 개혁해야 한다는 계몽주의 열풍이 붑니다. 이미 천안문 운동이 일어나기 전부터 지식인 사회에서는 더 좋은 사회를 위한 모색을 시작했던 것이지요.

'4·26사설(社說)'과 학생 운동의 진압

천안문 사건이 일어나게 된 직접적인 계기는 바로 1989년 4월 15일 후야오방의 죽음입니다. 후야오방은 개혁지향적인 지도자로 사회개혁을 위한 정책을 과감하게 추진했고, 당시 지식인들이 가장 좋아하는 지도자였습니다. 1986년 학생운동의 책임을 지고 물러났다가 1989년 갑작스런 심장마비로 죽은 것이지요. 청명절 그의 죽음을 애도하며 학생들이 천안문 광장으로 모이기 시작했고, 이렇게 해서 4월 15일부터 6월 4일까지 약 50일간 광장에서의 투쟁이 전개됩니다.

투쟁 초기 광장에서 학생들은 후야오방의 복권 요구를 비롯하여 민주 확대, 언론자유, 학생자치조직 보장, 지식인 처우개선 등을 요구합니다. 당시 시장화가 진행되면서 기회를 잡은 자영업자들은 고 소득을 올리는 반면, 대학교수들의 처우와 임금 수준은 매우 낮았습니다. 학생들의 적극적인 요구는 신화문 앞에서의 충돌로 이어졌고, 이에 보수파인 국무원 총리 리펑(李鵬)은 덩샤오핑을 설득해서 인민일보 '4·26사설'을 통해 당의 입장을 밝힙니다. 바로 학생들의 행동은 명백한 '동란'이며 이를 결코 좌시하지 않겠다는 것이지요.

이러한 공산당 지도부의 입장에 대해 학생들은 강력히 항의합니다. 자신들의 행동은 사회개혁을 위한 정당하고 애국적인 요구라는 것이지요. 이후 5·4운동 70주년을 기념하는 행사가 광장에서 개최되고, 정부 당국과 두 차례 대화를 진행하기도 하지만 학생들은 자신들의 요구가 관철되지 않자 5월 중순 단식에 들어갑니다. 학생들의 단식 투쟁을 지지하는 각계, 각 단위의 성금과 지원이 쏟아집니다. 당시 관변노조였던 전국총공회(全國總工會, 중국의 노동조합 전국 조직)에서도 학생들을 위해 10만 위안의 성금을 모으기도 했습니다. 이후 덩샤오핑의 주도 하에 5월 19일 계엄령이 내려집니다. 계엄령 선포 이후 바로 진압이 시행된 것은 아닙니다. 천안문 광장 서쪽에서부터 시내로 들어오는 군대 행렬을 베이징의 시민들이 가로막고 설득합니다. '인민'해방군이 왜 '인민'들의 요구를 막느냐는 것이죠. 중국의 군대는 국군이 아니라 인민해방군이라고 부릅니다. 국가를 세운 후 군대를 만든 것이 아니라, 당이 먼저 만들어진 뒤 국가를 세웠고 군대도 당의 혁명과정에서 조직된 것이죠. 그러니까 중국의 인민해방군은 당의 군대입니다.

광장 점거 초기 학생들의 요구로 시작된 운동은 5월 중순을 넘어서면서부터 점차 확대되어 공장, 학교, 정부 기관 등 각 단위에서 일하던 베이징 시민들도 대거 참여하게 됩니다. 광장에서는 노동자들의 자발적인 민주노조도 만들어지지요. 이러한 시민과 노동자들의 조직적인 움직임 속에서 중국 지도부는 문혁의 혼란을 다시 연상하게 됩니다. 또 당시 중국 지도부는 동유럽 사회주의권 내부의 급격한 자유주의적 변화를 목도하면서 서방 국가에 의한 '화평연변(和平演變)'에 대한 두려움도 있었습니다. 즉 서구가 자유주의 사상을 통해 자신들의 체제를 평화적인 비폭력적인 방식으로 서서히 변화시키려는 음모가 있다는 것이죠. 실제로 1980년 폴란드에서는 자유연대노조 운동이 일어났고, 이후 노조 수장인 바웬사가 대통령이 됩니다.

이러한 종합적인 상황 판단 하에 결국 중국 당국은 천안문 광장에 모인 시민들을 잔인하게 폭력 진압해 버립니다. 중국공산당과 인민의 군대인 인민해방군이 인민에게 최초로 총을 겨눈 사건이죠. 문혁 당시에도 군대 진압에 의해 많은 사람들이 죽었지만, 그것은 당 중앙에서 혼란스런 지역 상황을 정리하기 위해 파견한 군대가 각 지역에서 벌어지는 파벌 간의 충돌을 진정시키는 과정에서 일어난 일이었습니다. 당 중앙의 직접적 명령에 의한 민간인 학살은 천안문 사건이 처음이었습니다. 따라서 천안문 사건은 중국에서 가장 민감한 사건입니다. 인민에게 직접 총부리를 겨누며, 체제 정당성의 위기를 가져온 사건입니다. 물론 덩샤오핑이 직접적 책임자입니다. 앞서 1976년 1월 저우언라이의 죽음을 계기로 1차 천안문 사건이 일어났었지만, 문혁파이자 베이징 시장이었던 우더(吳德)는 당시 광장에서 한 사람도 죽지 않았다고 회고하면서 1989년 광장에서의 학살 책임자인 덩샤오핑을 우회적으로 비판한 바 있습니다.

천안문 광장의 학생들

천안문 운동의 과정은 1995년 리처드 고든과 카르마 힌튼 감독에 의해 〈천안문〉이라는 다큐멘터리로 제작되어 스크린을 통해 생생한 장면을 볼 수 있습니다. 어떻게 많은 영상자료들이 남았을까요? 1989년 5월은 역사적인 중소회담을 앞두고 있던 터라 많은 외신기자들이 이미 베이징의 주요 호텔과 거처에 대기하고 있었습니다. 이 다큐멘터리는 서구적 시각이 많이 담겨져 있지만 당시 베이징의 시민들과 학생운동 지도부의 인터뷰도 볼 수 있습니다. 또한 영상에는 4월 22일 7개 요구사항을 쓴 탄원서를 들고 대학생 3명이 인민대회당 앞에서 무릎을 꿇고 청원하는 장면이 나옵니다. 1989년 당시 한국의 주요 대학에서는 중국 학생들의 대자보 내용을 번역해서 교지에 소개하기도 했습니다. 사회주의 체제에서도 권력에 맞서 싸우며 민주를 요구하는 학생들이 있고, 한국과 비슷한 상황이라고 어렴풋이 짐작했습니다. 그러나 중국 대학생들이 정부 관료에게 무릎을 꿇고 호소하는 장면은 마치 왕조시대 신하가 황제에게 상소문을 바치는 장면을 연상시켰고, 이는 한국의 학생운동에서는 상상할 수 없는 완전히 다른 정서였습니다. 당시 한국의 학생운동은 독재정권에 맞서 싸우며 정권 타도를 외쳤던 것인데, 주요 당 지도자에게 하소연하는 중국 학생운동의 목표는 과연 무엇이었을까요?

당시 중국의 대학생들도 민주와 언론의 자유 등을 요구했지만, 이는 어디까지나 사회주의 체제 내에서의 민주적 권리의 개선이었습니다. 사실 학생들은 자신들의 순수하고 정당한 요구와 애국적 행동을

'동란'이라 낙인찍은 사실에 더 격분했습니다. 정부 관료들 역시 학생들과의 대화를 지속적으로 모색했고, 학생들과의 대화 장면이 티브이로 중계되기도 했습니다. 중국 권력의 상징과도 같은 중요한 장소인 천안문 광장을 학생들에게 6주 동안이나 내주었다는 사실은 당시 지도부 내부가 분열되었기 때문이기도 하지만, 미래의 엘리트인 학생들에 대해서는 정부가 비교적 온건한 입장을 취했기 때문입니다. 학생들은 자신들의 행동이 애국적 충정에서 비롯된 것이라는 점을 계속 강조했고, 대중운동으로 확산되는 것에 대해서도 경계했습니다. 노동자를 비롯해 다른 계층이 섞이면 운동의 방향이 혼란스러워지고 그렇게 되면 당국으로부터 얻어낼 것이 없다는 전략적 선택 때문이기도 했습니다. 그럼에도 불구하고 학생들의 민주적인 요구 행동은 매우 진지하고 또 결연했습니다.

알려진 바와 같이 5월 19일의 계엄령 결정에 대해 당시 총서기였던 자오쯔양은 반대 입장이었고, 이후 당을 분열시켰다는 이유로 2005년 사망할 때까지 가택연금을 당합니다. 덩샤오핑의 개혁 노선을 계승할 충실한 후계자였던 자오쯔양은 5월 소련공산당 서기장 미하일 고르바초프와의 회담에서 "당내 중요한 결정은 덩샤오핑이 한다"는 중대한 발언을 합니다. 당시는 학생들의 천안문 광장 시위가 한창 진행되던 때로, 혼란스런 상황에 대한 책임을 모두 덩샤오핑에게 미루는 듯한 발언이었지요. 이 때문에 덩샤오핑과 자오쯔양의 사이가 완전히 벌어지게 되고, 당내 개혁파였던 자오쯔양은 결국 실각하게 됩니다.

천안문 사건 하면 떠오르는 대표적인 이미지 하나는 중국 인민해방군의 탱크를 온 몸으로 막아선 한 시민, 일명 '탱크맨'의 사진이고, 다른 하나는 5월말 베이징 중앙미술학원 학생들이 제작하여 광장에 등장한 '민주 여신상'입니다. 많은 사람들이 이 여신상을 보고 뉴욕의 '자유의 여신상'을 떠올리겠지만, 학생들이 모델로 삼은 것은 소련의 여류 조각가 베라 무히나(Vera Mukhina)의 작품 '노동자와 집단농장의 부녀자'였습니다. 특히 휘날리는 머릿결로 강인한 의지를 표현하고 싶었다고 합니다. 또한 6월초 광장에서 단식을 하며 시위대를 이끌었던 일명 '천안문 사군자(四君子)' 중의 한 명이 바로 2010년 노벨평화상을 수상한 류샤오보(劉曉波)입니다. 물론 중국 당국은 노벨평화상 수여에 '불순한' 의도가 숨겨 있다고 의심하면서 강력히 반발했습니다. 류샤오보는 천안문 사건 이후 주변의 망명 권유에도 불구하고 중국을 떠나지 않고 민주와 인권 개선을 위해 지속적으로 저항해왔고, 투옥 중이던 2017년 7월 13일 간암으로 사망합니다. 떠도는 망명객이 아니라 중국이라는 땅에 뿌리내린 지식인으로 살기를 원했던 것이죠.

광장은 누구나 자유롭게 발언할 수 있는 해방과 자유의 공간입니다. 마찬가지로 당시 천안문 광장에서도 중국 대학생들은 자유를 상징하는 록큰롤 음악을 부릅니다. 조선족 가수 추이젠(崔健)의 '일무소유(一無所有)'라는 노래가 당시 대학생들이 가장 좋아하던 노래였죠. 추이젠이 학생들의 운동을 지지하며 광장에 나타나 공연을 하였습니다.

또한 당시 대학생들의 자유와 민주를 갈망하는 열정과 20대가 갖고 있는 불안과 방황, 치기어린 분노를 동시에 잘 보여주는 영화가 바로 로우예(婁燁) 감독의 '여름궁전'입니다. 여름궁전이란 관광객들이 많이 찾는 서태후의 여름 별궁, 바로 '이화원(頤和園)'이죠. 물론 이 영화가 천안문 민주운동을 직접적으로 다룬 것은 아니고 천안문 사건을 시대적 배경으로 합니다. 그러나 미래를 알 수 없는 청춘들의 불안한 '사랑'과 당시 운동의 좌표를 잃고 표류하던 천안문 광장에서의 '혁명' 상황이 절묘하게 겹쳐져서 우리에게 다가옵니다. 감독 역시 1980년대 대학을 다녔는데, 자신이 갖고 있던 마음의 빚을 영화로 표현했다고 합니다. 이 영화로 인해 로우예 감독은 당국으로부터 제재를 받아 5년간 영화를 찍지 못합니다.

천안문 운동을 바라보는 다양한 시각들

그렇다면 천안문 광장에서의 학생들의 시위를 어떻게 봐야 할까요? 어떤 성격의 운동이었을까요? 중국의 공식 입장은 사회주의에 반대하는 '반혁명운동'이라는 것입니다. 요즘에는 '정치적 풍파'라는 표현을 더 많이 쓰긴 하지만, 공식적으로는 여전히 반혁명운동으로 규정합니다. 미국을 비롯한 서구에서는 자유민주주의를 위한 민주화 운동이나 독재 권력에 맞서 싸운 항거라는 시각에서 해석합니다. 물론 운동을 주도했던 많은 대학생들이 망명을 하면서 이후 자유민주주의자로 사상적 전환을 한 경우가 많습니다. 왕단(王丹)이 대표적인 경우죠. 당시 베이징 대학의 학생이었던 왕단은 천안문 사건 이후 미국으로 망명하여 박사학위를 취득하고 지금은 대만에서 활동하고 있습니다. 왕단이 쓴 중국현대사에 관한 책이 한국에도 번역이 되어 있습니다. 천안문 운동 당시 중국의 대학생들이 언론 자유나 민주를 요구하긴 했지만, 이것이 서구의 대의 민주주의를 의미한다고는 볼 수 없습니다.

오히려 서구로 건너가 혁명적 사회주의자로 변신해 중국의 천안문 사건을 노동자들에 의한 실패한 혁명으로 해석하는 시각도 있습니다. 리민치(李民騏)가 대표적입니다. 학생운동으로 시작했지만 왜 베이징의 많은 노동자들이 시위에 동조하고 참여했는가? 그것은 관료부패 및 물가상승과 함께, 1980년대 중반 이후 본격적인 노동개혁이 이루어지면서 경영자의 권력 강화나 노동시장의 유연화 조치가 이루어졌고 이러한 과정에서 노동자들이 박탈감을 느꼈다는 것이지요. 실제로 공장장 책임제가 실시된 이후 공장장 살해사건이 종종 언론에 보도되곤 했습니다.

문화적인 관점에서 운동의 주체인 학생들의 심리와 태도를 분석한 시각도 있습니다. 학생들이 자신들의 요구를 지도부에 바치는 의식은 황제의 스승이 되고 싶어 하는 유가 전통 지식인의 관습이 남아 있다는 것이지요. 또한 중국 내부의 고위급 인사가 망명하여 광장의 계엄령 선포 결정과정을 폭로한 '천안문 페이퍼(Tiananmen Papers)'라는 책은 권력엘리트 관점에서 중국의 정책결정과정을 잘 보여줍니다.

최근에는 칼 폴라니(Karl Polanyi)의 '이중운동(double movement)'의 시각에서 천안문 사건을 해석하기도 합니다. 폴라니는 근대 자본주의 역사를 한쪽에는 자본의 원리가 강화되는 시기, 즉 시장의 '자기 조정적' 과정, 혹은 '상품화'의 과정이 있고, 다른 한쪽에는 이러한 시장 확대에 저항하는 사회의 '자기보호운동', 즉 '탈상품화'의 과정이 있다고 봅니다. 역사는 이 두 개의 운동이 서로 교차되면서 전개되었다는 것이지요. 사실 물질적 욕망에 따라 돈의 논리를 좇는 것과 이를 거부하고 사회공동체적 가치를 추구하려는 속성이 인간에게 모두 내재되어 있다고 할 수 있습니다. 이러한 폴라니의 개념을 가지고 천안문사건을 해석하면, 과거 사회주의체제에서 살았던 인민들이 개혁 이후 시장논리가 들어오고 상품화가 진행되면서 자신의 권리를 박탈당하게 되자, 일종의 사회적인 자기보호운동으로 대응한 것이라고 볼 수 있습니다.

이렇게 천안문 사건을 바라보는 다양한 시각이 있지만, 당시의 상황을 놓고 볼 때 분명한 사실은 학생운동의 선명한 노선이나 목표가 없었다는 점입니다. 초기 상당기간동안 노동자와의 연대도 거부했고, 사회개혁보다는 학생 자신들의 요구를 들어주길 원했습니다. 뚜렷한 노선이나 목표, 전략의 설정 측면에서 모두 실패한 셈이지요. 따라서 천안문 운동은 중국 지도부 뿐 아니라 지식계를 포함하여 운동의 주요 세력들에게도 치명적인 상처를 남깁니다. 광장에서 민주를 요구하는 과정에서 하나로 단결되지 못했고, 노선이나 전략적 측면에서 우왕좌왕하는 모습을 보였다는 반성과 좌절감이 많이 남아 있습니다.

그럼에도 불구하고 천안문 운동은 민주운동이라고 할 수 있습니다. 비록 학생들과 노동자, 시민 등 각자의 불만과 요구사항이 달랐다 하더라도 사회주의 체제 내에서 더 좋은 사회로 가기 위한 개혁, 각자의 단위나 일터에서 줄어드는 사회경제적 권리에 대한 저항이라는 공통점이 있다는 측면에서 분명 민주적 성격을 갖습니다. 동시에 이른바 '민주주의 이행론'에서 말하는 자유민주주의체제를 향한 민주화 운동이 아닌 것도 분명합니다. 사상적으로 중국의 80년대를 지배했던 것은 자유민주주의가 아니고 계몽주의였습니다.

시위의 폭력적 진압과 신권위주의 체제의 등장

학생들과 밀고 당기는 대치 과정 끝에 당국은 결국 공권력을 동원해 시위대를 무참하게 진압합니다. 그러나 학생들에게는 상대적으로 관용을 베풉니다. 학생운동을 주도했던 학생들이 천안문 운동에 참여했다는 이유로 사형당한 경우는 없습니다. 몇 년간의 실형 정도이지요. 반면 베이징과 각 지역에서 노동자 자치조직을 주도했던 노동자들의 상당수가 사형을 당합니다. 상하이 노동자자치조직의 경우 80~90명 정도의 노동자들이 반혁명죄로 사형을 당합니다. 문혁 조반의 역사를 기억하는 당국으로서는 노동자의 자발적인 조직화의 움직임에 훨씬 더 민감하게 반응했을 겁니다. 어느 체제나 잠재적인 엘리트인 학생들에게는 비교적 관용적인 태도를 보이지만, 노동자나 농민 등 사회적 약자에게는 훨씬 더 불관용적 조치를 내리는 경우가 많습니다. 한국의 민주화운동 과정을 살펴봐도 권력이 노동자나 농민들에게 더 잔인했다는 사실을 알 수 있습니다.

천안문 사건 이후 서방국가들은 중국에 대해 경제제재 조치를 내립니다. 사실 중국을 연구하는 서구학자들 중에서 당시 중국 당국이 천안문 시위를 이렇게 폭력적으로 진압할 것이라고 예상한 경우는 없었습니다. 당시만 해도 개혁개방으로 경제발전을 하게 되면 자연스럽게 정치개혁과 정치참여에 대한 요구가 늘어나고 결국 중국 역시 민주화의 수순을 밟을 것이라고 생각했습니다. 이른바 권위주의적 산업화 이후에 단선적이고 단계적인 정치적 민주화로의 진화과정을 설정하는 헌팅턴(Samuel P. Huntington)으로 대표되는 주류적 근대화론의 시각이지요. 그러나 서구의 희망대로 예단하는 이러한 전망은 천안문사건으로 무참히 깨지고 말았습니다.

그렇다면 중국이 과거 사회주의 계획경제 시기로 회귀한 것인가요? 아닙니다. 몇 년 후 덩샤오핑은 다시 예상을 깨고 남쪽의 경제특구와 상하이 지역을 돌면서 개혁개방은 중단 없이 계속되어야 한다고 설파

하면서 개혁에 대한 강력한 의지를 과시합니다. 이것이 1991년 겨울에 있었던 덩샤오핑의 유명한 '남순강화(南巡講話)'입니다. 일반적으로 중국의 개혁개방이 1978년 11기 3중전회를 기점으로 시작되었다고 얘기하지만, 사실 중국이 실질적인 시장개혁에 나선 것은 천안문 사건 이후인 1990년대 들어서라고 볼 수 있습니다.

천안문 사건으로 1987년 13차 당대회 때 제기되었던 '당정분리'와 같은 많은 개혁 의제들이 후퇴하고 정치적으로는 더욱 보수적이고 권위주의적인 분위기가 강화됩니다. 반면 경제적으로는 개혁의 속도와 개방의 범위를 더욱 확대하며 경제자유화의 길을 열어주게 됩니다. 이른바 '권위주의적인 정치와 시장경제의 결합'이라고 하는 신권위주의적인 성격과 개발독재의 특징이 두드러지게 됩니다. 이러한 특징이 1992년 '사회주의 시장경제'로 정식화되지요. 또한 광장에서 학생들의 목소리를 억압했지만 지식인에 대한 처우를 대폭 개선함으로써 지식인들을 체제 내로 포섭하려는 노력을 기울입니다. 천안문 사건을 딛고 바야흐로 1990년대는 완전히 새로운 시대가 열리게 됩니다.

천안문 사건 이후 중국 당국이 발표한 공식적인 민간인 사망자는 모두 875명입니다. 당시 인민대학 교수였던 딩쯔린(丁子霖)도 아들을 잃습니다. 당시 광장보다는 서쪽 무시디(木樨地) 지역에서 발포를 하면서 많은 사람들이 참사를 당합니다. 당시 희생자 유가족들이 '천안문 어머니회(天安門母親會)'라는 모임을 만들어, 해마다 중국 정부에 명예회복을 요구하고 있습니다. 우리의 '민주화실천가족운동협의회'와 유사하다고 할 수 있죠. 중국과 한국 모두 가족의 힘은 참으로 대단한 것 같습니다. 인터넷에서의 패러디나 풍자를 통해 천안문 유혈진압을 비판하는 일도 계속 이어졌습니다. 레고나 장난감을 활용해 탱크맨을 상징하는 모형을 만들기도 하고, 최근에는 '팔주육사(八酒六四)'라는 천안문 사건을 연상시키는 브랜드의 술을 만든 사람이 체포되기도 했습니다. 이 명칭은 1989년 6월 4일을 말하는데, '아홉 구(九)'와 '술 주(酒)' 자의 중국어 발음이 같아 대체한 것입니다. 작가 위화(余華)가 자신의 책에서 밝히고 있듯이 중국 당국의 인터넷 검열을 피하기 위해 네티즌들은 6월 4일 대신 '5월 35일'을 쓴다고 하지요. 천안문 민주운동은 1990년대를 지나면서 최근의 '신공민운동(新公民運動)'이나 다양한 NGO의 활동으로 이어지고 있습니다.

천안문 광장에서의 진압이 끝나고 각 기관 단위에서는 학생운동을 지원한 행동에 대한 반성문과 함께 준법서약을 쓰게 합니다. 서약서를 쓰지 않은 사람은 소속된 조직 내에서 승진을 제한하는 제재를 당하기도 하였지만, 베이징의 많은 시민들은 아직도 천안문 광장에서의 학생들의 외침을 생생하게 기억하고 있습니다.

■ 더 읽어봐야 할 책

류샤오보 저, 김지은 역, 『류샤오보 중국을 말하다: 인권 사각지대 중국에서 민주화를 향한 십 년간의 기록』 지식갤러리, 2011.

왕단 저, 송인재 역, 『왕단의 중국 현대사』 동아시아, 2013.

위화 저, 김태성 역, 『사람의 목소리는 빛보다 멀리 간다: 위화, 열 개의 단어로 중국을 말하다』 문학동네, 2012.

자오쯔양, 바오푸 저, 장윤미 · 이종화 역, 『국가의 죄수: 자오쯔양 중국공산당 총서기 최후의 비밀 회고록』 에버리치홀딩스, 2010.

7강. 중국 정치체제의 특징 I: 체제 정당성의 논리와 유지

오늘날 한국과 중국이 가장 다른 점이 있다면 아마 정치체제일 것입니다. 세계화 시대 비즈니스나 무역 부분은 거의 표준화되어 있고, 양국은 문화적으로도 공통된 특징이 많습니다. 그러나 중국의 정치체제에 대해서는 잘 알지 못하며, 알더라도 우리 중심적이거나 편향된 기준에서 이해하고 있는 것이 많습니다. 이 강의에서는 중국 정치체제의 특징을 정치제도나 이데올로기, 권력승계, 정치개혁 측면에서 살펴보겠지만, 이러한 이해가 '과정적 관점'에 바탕을 두었으면 하는 바람입니다. '과정적 관점'이 의미하는 바는 우선 공식화된 제도나 발표된 정책이 실제 집행되는 현실과는 다를 수 있다는 것을 염두에 두어야 한다는 것입니다.

이것은 당연한 말이겠죠. 우리 사회에서도 제도가 있지만 그대로 잘 지켜지지 않는 경우가 있고, 정부가 발표한 정책도 제대로 집행되지 않거나 집행되더라도 예상치 못한 결과를 가져오는 경우가 많으니까요. 그런데 굳이 이 부분을 환기시키는 이유는 중국 정치체제나 제도에 관한 지식을 접하는 경우 은연중에 이를 하나의 화석화된 사실로 받아들이는 경우가 많은 것 같다는 우려에서입니다. 다시 말해 중국 정부에 의해 발표된 문건 그 자체를 현실화된 정책으로 생각하는 경향이 있습니다. 중국의 정치를 중국이라는 사회 현실 속에 두고 생각하기 보다는 하나의 대상화된 정보로만 인식하기 때문입니다.

또한 중국 정치를 '과정적 관점'에서 이해한다는 것은 위에서 아래로, 그리고 아래에서 위로의 끊임없는 상호작용의 시각에서 바라보아야 한다는 것입니다. 흔히 중국은 공산당 일당지배 체제이기 때문에 모든 중국인들이 공산당 말에 따르고 사회에 대한 강력한 통제가 이루어질 거라고 생각합니다. 그러나 중국 역시 우리와 별반 다르지 않은 사람들이 사는 사회로, 위에서는 아래로부터 오는 끊임없는 요구에 반응해야 합니다. 모든 체제는 고정된 것이 아니라 끊임없이 변하기 마련이며, 정치는 부단한 상호과정이자 생물처럼 움직이는 것입니다.

하나의 체제가 유지되는 것은 나름대로의 운영 방식과 원리가 있기 때문이며, 또한 이것은 다양한 세력 간의 힘의 관계에 따라 변화하기 마련입니다. 어느 체제나 나름대로의 정당성이 있기 때문에 유지되는 것이고, 또한 취약해진 정당성을 강화시키려는 통치술이 부단히 고안되기도 합니다. 통치계급이 제도나 이데올로기, 혹은 중간계층에 대한 포섭이나 엘리트 충원기제에 대한 독점과 관리를 잘 유지한다면 질서를 세우고 안정적인 체제를 존속할 수 있겠죠. 그러나 기존 체제에 불만을 느끼고 사회를 바꿔나가야겠다고 생각하는 아래에서 위로 가해지는 압력도 있기 마련입니다.

따라서 이 강의에서는 중국의 정치체제를 '위에서 아래로의 질서(안정)유지'와 '아래에서 위로의 체제변혁'이라는 두 가지 서로 다른 방향을 종합적으로 묶어서 이해하고자 합니다. 이데올로기를 비롯하여 통치기제, 정치제도, 관리구조를 살펴보고 다른 한편 아래에서 위로 올라오는 불만과 사회적 저항의 모습을 함께 보면서 중국의 정치체제를 종합적으로 이해하고자 합니다.

당-국가체제(Party-State System)와 체제정당성의 기반인 '인민'

우선 중국 정치체제의 특징에 대해 생각해 봅시다. 중국의 정치체제는 당-국가체제입니다. 레닌의 혁명 이론에 따라 직업혁명가들이 이끄는 공산당이 전위대(前衛隊) 역할을 하며 성공한 혁명을 바탕으로 건설된 국가 체제를 말합니다. 이러한 체제는 일반적으로 국가건설 이후 정당이 만들어진 것이 아니라, 당의 주도적 역할에 따라 국가가 건설된 체제입니다. 즉 당이 먼저 조직되고 나중에 국가가 건설된 체제이지요. 따라서 당은 '제도로서의 정당'이 아니라 그 자체로 체제를 구성하는 주체이며 유일한 집권세력이 됩니다. 그래서 흔히 외부에서는 일당 독재라고 부르지요. 그런데 여기서 당 독재란 구체적으로 어떤 독재를 말하는 것일까요? 우리 사회가 경험한 그 독재를 말하는 것일까요? 독재와 전체주의 국가는 어떤 차이가 있을까요?

중국 현대사의 과정에서 문혁이라는 내전에 준하는 상황도 있었고 천안문 민주운동이라는 사회적 저항도 있었습니다. 결코 순탄하지 않았죠. 그런데 왜 겉으로 보기에 중국체제는 안정적으로 유지되는 것처럼 보일까요? 중국 체제는 어떻게 유지되는 걸까요? 우선 체제 정당성의 측면에서 얘기해 봅시다. 앞의 강의에서 중국의 정식 명칭은 '중화'인민공화국이라고 얘기했습니다. 중화'인민'공화국이기도 합니다. 중국은 선거에 의해 권력이 교체되는 체제가 아닙니다. 공산당이 영도했던 혁명의 역사 그 자체에서 정당성이 나옵니다. 이미 민심을 잃은 왕조를 뒤집고 다시 '인민을 위한' 국가를 만들었다는 승리의 역사 그 자체에서 나옵니다. 3강에서 살펴보았듯이 민본 사상을 깔고 있는 전통적인 '천하위공' 사상이 현대에 와서 사회주의 혁명으로 이어진 것입니다. 물론 공산당이 이러한 '공(公)'의 사상을 이어받았다는 정당성은 공산당이 언제나 인민과 함께 하고 인민을 위한 정치를 한다는 전제 위에서만이 확보될 수 있습니다.

중국에서는 당과 인민의 관계를 배와 물의 관계로 비유합니다. 배는 당이고 인민은 물로, 물은 배를 띄울 수도 있지만 뒤집을 수도 있다는 것이죠. 바로 『순자(荀子)』에 나오는 '군주민수(君舟民水)'의 의미입니다. 한국에서 2016년 박근혜-최순실 게이트 사건을 겪으면서 교수들이 뽑은 올해의 사자성어이기도 합니다. 중국공산당은 성난 민심이 배를 언제든지 전복시킬 수 있다는 점을 잘 알고 있습니다. 최근 10년 동안 사회경제적 격차를 줄이기 위한 정책을 지속적으로 강조해 왔던 것도 다시 민심을 얻으려고 하는 하나의 노력이라고 볼 수 있지요.

물론 중국 체제는 우리와는 다릅니다. 우리의 기준으로 중국 체제를 판단하기 어렵고, 마찬가지로 중국의 기준으로 우리의 민주주의 체제를 판단하는 것도 맞지 않습니다. 한중 양국은 근대의 역사적 과정에서 각기 다른 체제를 형성해 왔고, 각국 구성원들이 이러한 과정에서 어떠한 합의를 통해 이를 받아들였느냐가 중요합니다. 한국은 민주주의 사회로, 스스로 민주주의 국가의 주인이라고 생각하는 사람들은 2016년 최순실 국정농단 사건에 대해 분노와 자괴감을 느꼈습니다. 한국은 선거라는 공정한 절차에 의해 임시 권력이 선출되고 통치자는 국민으로부터 위임받은 권한을 제한된 기간 동안 법에 따라 잘 수행해야 합니다. 그런데 박근혜 정부는 공적 권력을 사적으로 휘두르고 법과 절차를 무시하며 한국의 민주주의 기반을 모두 무너뜨렸습니다.

중국의 경우 당이 인민으로부터 멀어지고 인민을 위한 정책을 펴지 않으면 체제 정당성이 위태롭게 됩니다. 중국공산당은 이미 89년 천안문 광장의 유혈 진압으로 인민을 위한 당이라고 하기에 무색할 만큼 정당성을 잃었습니다. 그래서 1990년대 들어 공산당은 경제발전이라는 성과를 가지고 정당성을 유지해 왔다고 볼 수 있습니다. 이른바 '업적 정당성(performance legitimacy)'이지요. 그런데 경제적 성과로 정당성을 이어가는 것은 경제 침체기에는 유지되기 어렵다는 점에서 한계가 있습니다. 또 뭔가 다른 것이 필요해집니다.

중국 체제의 기반인 '인민'은 '국민'과는 다릅니다. 중국의 양회(兩會)라고 불리는 전국인민대표대회(全國人民代表大會)와 중국인민정치협상회의(中國人民政治協商會議)에는 모두 '인민'이 들어갑니다. 국민이 아니지요. 인민은 영어로 'people'이고 국민은 'nation'입니다. 우리는 이 두 가지 개념을 엄격하게 구분하지 않지만, 중국에서는 인민과 국민을 구분합니다. 1949년 9월에 채택된 임시헌법인 '중화인민정치협상회의 공동강령'에서는 "관료부르주아계급과 토지를 몰수당한 지주계급은...... 인민의 범주에 들어가지 않지만 중국 국민의 일원이기는 하다. 현재 그들에게 인민의 권리를 부여할 수는 없지만 국민으로서의 의무는 지키지 않으면 안 된다"라고 규정하고 있습니다. 당시 중국에서 대자본가와 지주는 인민이 아니라 계급적 관점에서 '인민의 적'이었습니다. 그러나 이들은 국가의 구성원이라는 측면에서 국민에 속합니다.

대한민국 헌법 1조 2항 "대한민국의 주권은 국민에게 있고, 모든 권력은 국민으로부터 나온다"는 조항에서의 '국민'은 바로 'people'을 의미합니다. 국민들의 힘을 보여준 촛불혁명 역시 'people power'라고 하지요. 국민은 국가의 구성원이란 의미로 의무와 책임이 강조되는 반면, 인민은 텅 비어 있는 국가권력을 새롭게 구성할 수 있는 권리주체로 현대국가를 구성하는 정당성의 기반이 되는 개념입니다. 우리의 헌법에서 규정하고 있는 국민은 바로 인민의 의미를 갖지만, 실제로는 인민이라 쓰지 않고 국민이라고 씁니다. 근대시기 일본의 번역 영향을 그대로 받은 점도 있고, 북한이 '인민'이라는 단어를 먼저 썼기 때문에 이념적 이유로 인민이란 단어를 쓰지 않았습니다. 그래서 제헌 헌법 초고에 관여했던 유진오 박사는 '인민'이라는 좋은 단어를 북한에게 빼앗겼다는 말을 한 적이 있습니다.

중국 헌법 제1조에서는 "중화인민공화국은 노동계급이 영도하고, 공농(工農)연맹을 기초로 하는 인민민주전정의 사회주의 국가이다"라고 규정하고 있습니다. 여기서 '인민민주전정(人民民主專政)'이란 무엇일까요? 이는 인민과 인민 사이에는 민주적인 방식으로 정치가 이루어지지만, 인민의 적에 대해서는 전정(專政), 즉 모든 일체의 정치적 권리를 박탈하고 독재를 실행하는 것을 의미합니다. 그래서 일반적으로 '인민민주전정'을 '인민민주독재'라고 번역합니다. 그리고 인민을 영도하는 것은 당이기 때문에 인민민주독재는 현실에서 당 독재라고 불리는 것이지요. 그런데 중국어에서는 독재(獨裁), 전정(專政),

극권(極權)의 개념이 모두 다릅니다.

중국어로 '독재'는 제3세계나 후진국에서 쿠데타로 권력을 탈취한 경우나 형식은 민주주의지만 실제로는 권력 독점이 자행되는 체제를 비판할 때 씁니다. 예컨대 아프리카나 아시아의 군부 독재 국가를 일컬을 때나 러시아처럼 민주선거가 있지만 실제로 독재적인 방식으로 통치하는 경우에 주로 사용하지요. 중국은 자신의 체제는 독재가 아니라 '전정'이라고 합니다. 물론 '전정'은 인민의 적에 대해 독재의 방식을 사용하는 것이지만, 이러한 방식은 어디까지나 '합법적인 독재'의 범주 안에 드는 것이지요. 그런데 우리는 전정과 독재를 모두 '독재'로 번역합니다. 또한 한국은 실제로 군사독재를 경험했기 때문에 독재는 나쁜 것이라는 기억이 깔려 있습니다. 즉 한국 자신의 역사적 경험으로 인해 중국체제를 일당 독재체제라고 부르는 명칭 자체에 이미 부정적인 가치판단이 포함되어 있습니다. 그러나 한국의 군사독재는 무력(武力)으로 정권을 강탈한 불법적인 쿠데타이고, 중국의 인민독재는 헌법에 규정되어 있는 합법적인 것입니다.

'극권(極權)'은 구체적인 정치체제의 형태가 아니라 철학적인 개념으로, 권력이 고도로 집중되어 있는 '전체주의' 사회를 의미합니다. 이런 사회는 좌파 정부일수도, 우파 정부일수도 있습니다. 한국에도 번역된 쉬즈위안(許知遠)이 쓴『독재의 유혹(極權的誘惑)』이라는 책이 있습니다. 원문은 독재가 아니라 '극권'입니다. 독재라고 번역한 것이 꼭 틀렸다고 할 수는 없지만, 우리가 생각하는 독재의 의미는 아닙니다. '극권'을 '독재'라고 번역하게 되면 한국적 상황에서는 공산당 독재를 먼저 생각하고, 이미 나쁜 것이라는 가치판단을 내리게 됩니다. 책의 전반적인 기조에서 보면 중국의 전체론(holism)적 사고의 틀에 대한 성찰과 비판을 담은 철학적인 책인데, 번역된 제목만으로는 현실 체제에 대한 비판으로만 보일 수 있습니다.

마오쩌둥 사상의 핵심: 대중노선(mass line)과 실사구시

다음으로 중국 정치체제의 지도 이념인 '마오쩌둥 사상'에 대해 생각해 보겠습니다. 물론 마오쩌둥 사상이 무엇이냐에 대한 다양한 해석과 쟁점이 있습니다. 현 개혁 지도부가 정리한 마오쩌둥 사상에는 문혁의 사상적 토대가 된 '계속혁명론'이 포함되어 있지 않습니다. 1978년 개혁정책은 일단 문혁에 대한 부정을 통해 정당성을 확보했기 때문이죠. 그렇지만 혁명의 과정에서 형성된 마오쩌둥의 사상은 개혁개방 이후에도 계속 이어나갑니다.

마오쩌둥 사상의 가장 중요한 핵심은 바로 '대중노선(mass line)'입니다. 중국의 대중노선은 소련 사회주의 혁명 경험과 구분되는 가장 두드러지는 특징입니다. 소련은 노동계급을 기반으로 한 볼셰비키(Bolsheviks) 혁명이지만, 중국의 혁명은 농민이 주력세력이 됩니다. 농민이 인구의 대다수를 차지하는 중국의 현실 상황 속에서 진행된 혁명 과정에서 마오쩌둥은 대중 속으로 직접 들어가 농민들과 함께 생활하며 농민들의 언어로, 농민들의 문화 속에서 인민대중의 열의와 지지를 이끌어냅니다. 바로 "모든 것은 군중을 위해 군중에게 의존해서, 군중 속에서 나와 군중 속으로 들어간다"는 것이죠. 당이 혁명을 지도하지만, 인민을 위해 인민의 의견을 경청하고 이를 적극 반영하며 다시 인민이 어떻게 느끼는지를 듣는 부단한 피드백(feedback)의 과정을 말합니다. 마오 사상의 핵심은 바로 '인민대중'에게 있습니다. 지금까지도 중국의 많은 농민들에게는 마오쩌둥이 자신들의 편이었다는 생각이 강하게 남아 있습니다. 이러한 대중노선도 개혁 이후 이미 형식화된 지 오래입니다. 그러나 시진핑 집권 이후 다시 '군중노선'을 강조하며 새롭게 인민을 소환하고 있습니다. 그만큼 중국공산당이 인민대중에게서 멀어졌다는 반증이 아닐까요.

마오쩌둥 사상의 또 다른 핵심은 '실사구시'입니다. 실사구시하면 우선적으로 덩샤오핑을 떠올리는데, 마르크스-레닌주의라는 혁명 이론을 중국의 실제 상황과 결합한 사람이 바로 마오쩌둥입니다. 따라서 마오쩌둥 사상은 태생적으로 현실 지향적이고 목적적이며 실용적입니다. 중국인들은 대체로 '좋다'고 생각하면 실제로 받아들입니다. 현실을 중시하고 이념에 집착하지 않으며 자신에게 이로운지의 여부를 먼저 따져봅니다.

'당정합일(黨政合一)'과 '집단지도체제(集體領導體制)'

중국 정치체제의 또 다른 특징은 정치와 행정이 분리되지 않는 '당정합일체제'라는 점입니다. 당이 모든 정치와 행정을 이끌어나갑니다. 당과 행정이 하나로 결합된 체제는 주요 직책에 대한 인사 겸직을 통해 운영되는데, 예컨대 당 권력 서열 1위인 총서기가 행정수반으로서 국가주석 직을 겸직하고, 서열 2위는 총리를, 서열 3위는 전국인대 상무위원장을, 서열 4위는 중국인민정치협상회의 주석의 직책을 맡습니다. 당의 주요 인물이 겸직을 통해 국가 수장을 맡는 철저한 '당관간부(黨管幹部)' 원칙이라 할 수 있습니다. 이렇게 당이 모든 권력을 독점하고 있지만 정책결정과정에서, 그리고 당 내 계파와 부문 간에 나름대로의 '견제와 균형(checks and balances)의 원칙'이 작동되고 있습니다. 견제와 균형은 권력독점으로 인한 폐해를 막기 위한 것으로 이는 사실 민주주의의 원리이지만 중국의 의사결정과정의 원리에도 활용되고 있습니다. 그러나 공식적인 반대파가 없다는 점에서 민주주의 체제와 다릅니다.

중국은 서구 국가들의 정당 간 경쟁을 기반으로 하는 다당제와 달리 '공산당 영도하의 다당합작제(共産黨領導下的多黨合作制)'로 공산당이 집정당이고, 나머지 소수정당인 8개 민주당파는 참정당입니다. 공산당과 민주당파 간에는 우리처럼 여당과 야당으로 구분되어 주기적인 선거를 통해 정권이 교체되는 것이 아니라, 공산당이 집권을 위한 유일한 당으로 중대한 결정을 내리고 소수정당은 주로 정책 건의를 하죠. 따라서 민주당파에는 전문적인 정책 관련 아이디어를 제기하는 지식인들이 많습니다. 일당체제란 당이 하나 존재하는 것을 의미하는 것이 아니라, 당과 당 사이에 주기적이고 경쟁적인 선거를 통해 권력교체가 가능한지를 놓고 판단하는 것입니다.

또한 중국 체제는 '집단지도체제'입니다. 어느 1인에게 권력이 집중된 형태가 아니라 정치국 상무위원이라는 최고 집단이 권력을 분점하는 형태입니다. 이는 마오쩌둥의 사망이후 덩샤오핑이 권력집중의 폐단을 막고자 도입한 제도입니다. '집단지도체제'는 일종의 합의체제로, '시퉁(系統)'이라고 불리는 서로 다른 정책 라인을 담당하는 7~9명 정도의 상무위원이 분업화된 각 분야에서 최종적인 책임을 맡고 있습니다. 그러나 집단지도체제에서 어떠한 정책을 결정할 때 계파 간의 합의와 설득, 조정 과정이 필수적이라는 점에서 정책결정이 지체되고 추진력이 떨어질 수 있다는 단점이 있습니다. 또한 상무위원 각자가 모두 1/n의 권력을 똑같이 분점하는지, 아니면 최고 지도자인 당 총서기에게 보다 많은 권력이 집중되어 있는지는 알 수 없습니다.

최근 시진핑 총서기에게 '핵심(核心)' 지위가 부여된 것을 놓고 해석이 분분하지요. 앞서 언급한 바와 같이 공산당의 집단지도체제는 내부적 갈등이나 이견이 커질 때 교착상태에 빠질 수 있는 구조적인 문제를 가지고 있습니다. 이럴 경우를 대비해 한 명의 최고 지도자에게 최종 결정을 내릴 수 있는 핵심적 지위를 부여하여 문제를 해결하도록 합니다. 덩샤오핑이 2세대 지도자의 핵심 역할을 했고 3세대 장쩌민으로 그 역할이 이전되었지만, 4세대 후진타오 시기에는 없어졌다가 시진핑 체제에서 다시 부활한 것입니다. 시진핑 1인의 권력 강화 역시 어디까지나 '집단지도체제'라는 구조가 유지되는 틀 내에서의 핵심 지위 강화를 의미합니다.

마지막으로 중국 정치체제의 중요한 작동원리인 민주집중제(民主集中制, democratic centralism)에 대한 이해가 필요합니다. 민주집중제는 공산당의 조직원칙을 의미하기도 하고 의사결정방식을 의미하기도 합니다. 한국과 같은 대의민주제에서의 의사결정방식은 다수결원칙입니다. 표결을 통해 한 표라도 많은 쪽의 의견으로 결정됩니다. 현대문명에서는 구성원의 민주적 합의에 의해 지속적으로 좋은 제도를 만들어가는 것이 중요하고, 민주주의 제도는 인류가 고안해 낸 좋은 제도라고 생각합니다. 가장 덜 나쁜 제도이기도 합니다.

그러나 동시에 제도 자체가 모든 것을 해결해 주지는 않는다고 생각합니다. 왜냐하면 칼 포퍼(Karl Raimund Popper)의 지적처럼 제도는 '요새'이기 때문입니다. 적을 방어하기 위해서는 가급적 튼튼한 요새를 만들어야 하지만, 요새 자체로 완벽한 방어가 되는 것은 아니지요. 요새를 지키는 것은 결국 사람입니다. 민주주의 제도도 마찬가지라고 생각합니다. 현실 정치에서 제도를 부단히 개선해 나가면서 그것을 운영하고 지켜나가려는 인간의 노력이 병행되어야 한다고 생각합니다.

민주주의 제도는 대부분 다수결을 원칙으로 하지만, 다수의 의견이 반드시 정의로운 방향으로 결정되는 것도 아닙니다. 19세기의 아편전쟁, 20세기의 이라크전쟁 모두 의회에서 다수결로 통과된 정의롭지 못한 전쟁이었고, 전쟁이 가능한 국가로의 전환을 목표로 하고 있는 일본의 평화헌법 9조에 대한 개정 역시 민주적 형식으로 추진되고 있습니다. 또한 민주주의 다수결 원칙은 소수파의 의견이 묵살된다는 단점도 갖고 있습니다. 따라서 현실에서 우리는 민주제도의 허점을 보완하기 위해 노력하고 자신이 살아가는 공동체 안에서 민주적 의사결정을 행사하려 노력해야 합니다. 민주주의 제도에는 '민주주의자'가 필요한 법입니다. 또한 민주주의라는 제도 역시 완성의 최종 단계가 아니라 제도 발전의 과정에 있다고 보아야 할 것입니다.

중국은 다수결 원칙이 아니라 민주집중제입니다. 민주집중제란 '민주적 토대 위의 집중'과 '집중이 이끄는 민주'라는 상호 상반된 원칙을 결합함으로써 당의 유연하고 통일적인 조직 운영과 의사결정을 유지하려는 제도입니다. 즉 어떤 의제가 결정되기 전에는 내부적으로 반대의견을 듣고 치열한 토론을 거쳐 서로 다른 의견의 차이를 좁혀갑니다. 지속적인 회의를 통해 모든 구성원이 만장일치할 때까지 상대방을 설득해 의견을 모으고, 이렇게 모은 의견이 결정된 이후에는 만장

일치로 통과시킨다는 것입니다. '민주'와 '집중'의 이상적인 결합이라고 할 수 있지요.

민주집중제가 이상적으로 운영된다면 정말 좋겠지요. 집단적 결정이 이루어지기 전까지 당 구성원들에게 의견을 자유롭게 표출할 기회를 제공하고, 결정된 사항을 집중적으로 집행하면 매우 효율적일 테니까요. 만장일치니까 소수의 의견을 묵살할 필요도, 불만을 갖는 의견도 없을 것입니다. 그러나 현실에서는 대개 소수가 다수의 의견에 따라가거나, 당의 독단적인 결정에 거수기 역할을 하기가 쉽습니다. 그래서 서구에서는 이러한 민주집중제 방식을 두고 '민주는 없고 집중만 있다'고 비판을 하지요.

'엘리트 권위주의 체제': 당원 선발과 엘리트 포섭

중국 체제를 유지하는 핵심적인 당원과 당내 엘리트가 어떻게 선발되는지 이해하는 것도 매우 중요합니다. 중국은 자본주의 시장경제와 사회주의 공산당 지배가 공존하는 체제로, 국정목표를 설정하고 국가계획을 실천해 나가는데 공산당 리더십이 결정적인 역할을 합니다. 공산당 내부를 파헤친 리처드 맥그레거(Richard McGregor)에 따르면 중국의 권력핵심 3백여 명은 모두 붉은 전화기를 설치하여 서로 연결되어 있다고 합니다. 당 고위간부, 국유기업 사장 등 3백여 명이 중국을 움직이는 핵심적인 엘리트지요. 행정부는 이러한 당 조직 아래 있습니다. 중국 대륙 전체에는 당 조직 4백만 개가 포진해 있고, 이들이 서로 네트워크로 연결되어 있는 고도로 집중화된 정치시스템입니다. 그렇다면 누가 당원이 될까요? 중국에서 당원은 어떤 의미를 지닐까요?

개혁 이전에는 주로 노동자와 농민이 당원이 되었습니다. 물론 당시 중국 사회는 '두 계급, 하나의 계층(노동계급과 농민계급, 지식인계층)'으로 비교적 단순한 사회계층구조를 갖고 있었기 때문이기도 합니다. 개혁 이후 특히 1990년대 이후에는 당 규약을 수정하여 전문직이나 지식인, 자본가 등의 엘리트들을 당원으로 포섭합니다. 우수한 인재들이 대거 몰려, 당원이 되려는 경쟁이 매우 치열합니다. 특히 대학생 당원을 충원하는 경우에는 경쟁이 훨씬 치열합니다. 애국교육이나 역사교육을 받아야 하며 공부를 잘하고 모범적이어야 예비당원을 거쳐 정식 당원이 될 수 있습니다. 당원이 되려는 사람 중에는 정말로 국가와 인민을 위해 봉사하겠다는 사람도 있겠지만, 대다수는 당원이 됨으로써 얻을 수 있는 기회를 고려해서 입당합니다. 중국에서 당원이 되면 취업의 기회도 많이 주어지고 각 영역이나 조직에서 리더의 역할을 하게 됩니다.

당원이 되는 과정에서 낫과 망치가 그려진 당기(黨旗)를 보고 다음과 같이 서약을 합니다. "나는 중국공산당 가입을 지원합니다. 나는 당 강령을 옹호하고 당 규약을 준수하며 당원의 의무를 이행하고 당 결정을 집행하며 당 규율을 엄수하고 당의 비밀을 지키며 당 앞에 충성하고 사업을 적극적으로 하여 공산주의를 위하여 종신토록 분투하며 시시각각 당과 인민을 위하여 모든 것을 희생할 각오를 하며 영원토록 당을 배반하지 않겠습니다." 당원이 되면 당에 충성하고 영원히 당을 배반하지 않겠다는 선서입니다. 입당할 때는 인터내셔날가(國際歌)도 부릅니다. 당원이 된다는 것은 잠재적인 차세대 엘리트라는 의미입니다. 당원으로서 얻는 것이 많기 때문에 어려운 과정을 뚫고 당원이 되려는 것이겠죠.

중국에서 정치적으로 출세하기 위해서는 우선 당원이 되어야 하지만, 그렇다고 모든 당원이 높은 자리로 올라갈 수 있는 것은 아닙니다. 자리는 한정되어 있고 사람은 많기 때문이죠. 18차 당대회의 당원은 8천만 명을 넘어선 것으로 알려졌습니다. 이중 핵심엘리트라 불리는 당 중앙위원과 후보위원을 합치면 겨우 370여 개의 자리에 불과합니다. 시진핑이 얼마나 어렵게 최고의 자리에 올라갔을까요? 말단 관료가 되고 최고 자리에 올라가기까지 23년이 걸렸습니다. 중국공산당 조직은 한마디로 피라미드 형태의 권력집중형 조직이라고 할 수 있습니다. 능력이 있고 치열한 경쟁을 뚫고 올라오는 엘리트에 의해 지배되는 체제이지요. '엘리트 권위주의 체제'라고 할 수 있습니다.

중국공산당은 자신들의 생존 비결을 시대의 변화에 따라 진화하면서 끊임없이 학습하는 능력에서 찾고 있습니다. 데이비드 샴보(David Shambaugh) 같은 학자들도 공산당이 변화를 두려워하지 않고 적응을 해 왔기 때문에 백년 정당이 될 수 있었다고 말합니다. 공산당 생존 비결에서도 특히 적대계급인 자본가계급을 어떠한 논리로 포섭했고, 실제로 이들에게 어떤 대우를 해 주었는지를 살펴보는 것이 중요합니다. 공산당은 자본가들이 국가 건설에 얼마나 중요한 역할을 했는지 인정하면서 이들에게 중요한 지위를 부여하며 체제 내로 포섭합니다. 그것을 이론으로 정식화한 것이 바로 '3개 대표론(三個代表論)'입니다. 중국공산당이 선진 생산력과 선진 문화 뿐 아니라 광대한 인민의 근본이익을 대표한다는 이른바 '3개 대표론'은 중국공산당을 모든 계층의 이익을 초월한 절대적 위치로 자리매김합니다.

정치적 프레임의 전환이란 측면에서 3개 대표론은 매우 중요합니다. 즉 공산당 자신의 정체성을 ‘혁명당’에서 ‘집정당’으로 바꾼 것입니다. 공산당이 ‘혁명’을 위한 당이 아니라 ‘집정’을 위한 당이 되었다는 것으로, 더 이상 혁명역사로부터 당의 정당성을 찾지 않고, 집정의 성과로부터 정당성을 구한다는 것을 의미합니다. 이후 중국은 자본가의 입당을 공식적으로 허용하는데, 중국의 이러한 조치는 국내 좌파와 서구 공산당들로부터 대대적인 비판을 받습니다. 공산당은 무산계급의 이익을 대변하는 조직인데 어떻게 자산계급인 자본가의 입당을 허용하느냐는 것이죠. 이렇게 되면 공산당의 존립기반이 붕괴되고 정체성이 변질된다는 비판입니다. 이에 대해 중국공산당의 논리는 시대가 변했고, 자본가들이 중국경제발전에 일정한 역할을 했기 때문에 일정한 정치적 지위를 주어야 한다, 즉 이들의 공헌을 인정해 주어야 한다는 것이죠.

천안문 사건 이후 지식인들도 우선적인 포섭 대상이었습니다. 중국사회에서 상당한 영향력을 갖고 있는 작가 위화 역시 중국 권력에 상당히 저항적이지만, 시진핑 정부 출범 당시만 해도 공산당 주도의 개혁에 상당한 기대감을 보였습니다. 공산당은 거의 70여 년 간 집권해오면서 통제와 관리에 최적화된 조직으로 발전해 왔고, 중국 현실에서 이를 대체할 조직은 사실상 없다고 할 수 있습니다. 지식인들은 공산당 권력 독점에 상당한 우려를 표명하는 동시에 민생을 개선하고 중국이 직면한 많은 문제를 해결할 주체는 공산당 밖에 없다는 현실을 인정합니다.

그러나 시진핑 집권 시기를 거치면서 이들 지식인들이 여전히 공산당에 상당한 기대를 걸지는 두고 봐야 할 것 같습니다. 시진핑 집권 이후 좌우파를 막론하고 사회적 영향력을 지닌 사이트를 모두 폐쇄했고 언론을 더욱 통제하며 인권, 노동, 사회운동 관련 인사들을 계속해서 체포하고 탄압해 왔습니다. 목적과 의도가 아무리 순수하고 정당하다 하더라도 그 과정에서 구성원의 동의를 얻지 못하고 방법이 억압적이라면, 설령 문제가 해결된다 해도 좋은 사회로 가는 것이라고는 할 수 없습니다.

중국의 정치적 권력 주기를 보면 대개 집권 1기 5년 동안에는 선명한 정책을 제시하며 강하게 통제하면서 질서를 잡기 위한 탄압이 심하고, 집권 2기로 가면 사회적 통제가 느슨해지는 경향이 있습니다. 장쩌민이나 후진타오 2기에도 사회적 통제가 느슨해졌고 좀 더 자유로운 사회적 분위기가 이어졌습니다. 따라서 시진핑 집권 1기에는 더욱 강력한 중앙집권적 성향을 보이지만 2기로 들어서면 1기에 다져놓은 안정과 질서유지의 토대를 바탕으로 과감하게 정책을 집행하고 사회에 대한 통제도 느슨해질 것이라는 예측이 있습니다. 시진핑 집권 2기는 2018년부터 2022년까지입니다. 좀 더 두고 봐야 하겠지만, 최근 시진핑 집권 이후 중국이 만들어가는 정치 담론이나 외교적 행태를 보았을 때 향후 중국의 제도나 정책은 지난 과거와는 달리 '중국적인 것'으로 훨씬 선명하게 채워질 것이며, 이에 따라 집권 2기에 가서 사회와의 관계가 어떻게 될지는 여전히 미지수라 하겠습니다.

■ 더 읽어봐야 할 책

리처드 맥그레거 저, 김규진 역, 『중국공산당의 비밀』 파이카, 2012.

모리 가즈코 저, 이용빈 역, 『현대 중국 정치: 글로벌 강대국의 초상』 한울아카데미, 2013.

8강. 중국 정치체제의 특징Ⅱ: 정치권력의 승계와 이데올로기

중국의 지도자가 치열한 경쟁구조 속에서 각 부문 최고의 자리에 올라갈 때까지는 위기상황에 직면했을 때 어떻게 대처하는지 여러 단계에 거쳐 검증됩니다. 이렇듯 중국은 엘리트 선발과정에서 업적에 근거한 국정운영의 검증 단계를 여러 번 거친다는 장점 외에도 정책결정을 할 때 비교적 장기적인 안목과 관점에서 이루어진다는 장점이 있습니다. 권력이 교체되는 것이 아니라 공산당 내에서 전임자에서 후임자로 승계되는 것이기 때문에 정책의 일관성이 보장되고, 정책에 대해 책임을 지는 정책집행의 노력도 강조하고 있습니다. 공산당의 강력한 리더십과 정책의 일관성 및 장기적 목표 설정이 가능하다는 점은 확실히 중국의 당정합일체제가 갖고 있는 장점입니다. 『도올의 시진핑을 말하다』라는 책에서도 이러한 중국의 리더십과 정책결정과정에서의 효율성과 책임성을 높이 평가합니다.

그러나 이는 중국 정책결정과정이 이상적으로 운영된 경우를 상정하고 너무 후한 평가를 주는 경향이 있습니다. 이러한 과정이 현실에서 제대로 작동되느냐는 별개의 문제로, 이는 따로 검토해 봐야 합니다. 물론 도올 김용옥 선생은 한국의 현실을 우회적으로 비판하려는 목적에서 중국 리더십에 찬사를 보내는 것이겠죠. 그러나 중국 체제에서 잘못된 정책이 결정된 경우 견제 기능이 작동하지 않아 그 여파가 걷잡을 수 없는 경우도 있으며 또한 정책을 집행하는 과정에서의 왜곡 현상도 심각합니다. 그런 면에서 중앙 리더십과 함께 지방의 정치, 그리고 민심의 흐름도 함께 살펴봐야 하는 것이겠죠.

위계적인 당 조직 구조와 영도소조(領導小組)

이 강의에서는 공식적인 정치제도에 대해 살펴보기로 합니다. 중국의 주요 정치조직의 기본적인 상황에 대해서는 인터넷을 찾아보면 잘 정리되어 있습니다. 중국의 실질적인 권력 핵심인 당 조직도와 우리의 국회에 해당되는 입법기관이자 헌법상 최고권력기관인 전국인민대표대회, 그리고 중국의 혁명과정에서 만들어진 각 민주당파를 중심으로 구성된 정치협상회의, 중국의 행정부인 국무원의 각 조직도 등입니다. 각 조직의 기능과 역할에 대해서는 잘 정리된 책이나 인터넷 정보를 참고하면 되고, 여기서는 관련된 기본적인 특징을 얘기해 보도록 하겠습니다.

중국의 당 조직은 매우 위계적으로 조직된 피라미드 구조를 갖고 있습니다. 혁명 시기인 1921년 창당되어 처음으로 당대회가 열렸고, 2017년 19차 당대회에까지 이르렀습니다. 혁명 시기와 계획경제 시기에는 불규칙하게 열리다가 매 5년마다 당대회를 정례화한 것은 11차 당대회부터입니다. 즉 마오쩌둥 사망 이후 개최된 1977년 11차 당대회 이후 5년에 한 번씩 당대회의 회기가 바뀝니다. 이를 제도화한 사람은 덩샤오핑을 중심으로 한 개혁파 지도부입니다. 장쩌민 시기부터 핵심적인 지도자의 회기는 10년이고, 이는 다시 집권 1기와 2기로 나뉘집니다. 장쩌민은 14, 15차 당대회, 후진타오는 16, 17차, 시진핑 18, 19차 당대회 회기동안 집권을 하지요. 이에 따라 2018년~2022년은 시진핑 집권 2기가 됩니다. 중간 선거를 거치지는 않지만 마치 미국의 대통령 중임제와 비슷합니다.

거의 9천만 명에 가까운 공산당원이 모두 모여 회의를 개최하는 것은 불가능하기 때문에 전국 각 지역의 대표 2천여 명이 모여 5년에 한 번 당 대회를 개최합니다. 그러나 이 역시 규모가 지나치게 크고 5년에 한 번 짧은 기간 동안 모이기 때문에 구체적이고 충분한 논의를 통해 정책을 결의하기 어려운 구조입니다. 따라서 이들 중에서 다시 정위원과 후보위원 3백 여 명을 선발하여 공산당중앙위원회를 구성합니다. 중앙위원회는 규정에 의해 매년 1회 이상 전체회의를 소집하는데, 이 회의를 '중앙위원회 전체회의', 약칭으로 '중전회'라고 합니다. 첫 번째 회의면 1중전회, 두 번째 회의면 2중전회라고 부르지요. 중전회에서 당과 국가의 주요 정책을 결정하고 공표합니다.

다시 이들 가운데 핵심 엘리트를 선발한 것이 정치국원이고, 다시 추린 것이 정치국 상무위원입니다. 인형 속에 더 작은 인형들이 들어있는 러시아 인형 마트로시카의 구조를 생각하면 될 것 같습니다. 갈수록 작아지지만 핵심에 근접하지요. 역대 정치국 상무위원 수는 정해진 것은 아니고 5명에서 9명으로 다양했고, 18차에서는 7명입니다. 회기마다 조정할 수 있지만 원칙적으로는 홀수입니다. 의견 수렴과정을 거치고 결정을 할 때 홀수로 해야 캐스팅보트(casting vote)의 역할이 발휘될 수 있기 때문이죠. 상무위원의 숫자가 많아진다는 것은 그만큼 권력이 분산된다는 것을 의미합니다.

중국공산당 중앙 조직도

(2012년 11월, 18차 당대회 기준)

중국공산당 전국대표대회(당대회)
(대표: 2,270명)

↓

권한 위임 ↓

중앙위원회(총서기: 시진핑)

정 위 원: 205명
후보위원: 171명

— **중앙 직속기관**
(중앙판공청, 중앙조직부 중앙선전부, 인민일보 등 20개 이상)

↓

중앙정치국
(정위원: 25명)

정치국 상무위원회
(상무위원: 시진핑, 리커창 등 7명)

중앙기율검사위원회
(서기: 왕치산(王岐山))

중앙서기처
(서기: 류윈산(劉雲山) 등 7명)

중앙군사위원회
(주석: 시진핑)

중요한 정책이 대개 중전회에서 발표된다는 점에서 좀 더 살펴보면, 매 중전회가 의미하는 바가 다릅니다. 1중전회는 당대회 개최 이후 바로 개최되며, 주로 당 인사와 관련된 정책을 결정합니다. 2중전회에서는 당 인사를 바탕으로 주요 국가조직의 기관장을 인선합니다. 3중전회는 대개 새로운 지도부가 출범한 뒤 1년 뒤에 개최되는데, 자신의 회기 10년 동안 어떠한 방향으로 국정을 운영할 것인가라는 구체적 전략이나 방침이 담겨져 있습니다. 그래서 3중전회 회의가 매우 중요합니다. 개혁개방이란 정책을 결정한 역사적 회의도 1978년 말 개최된 11기 3중전회였습니다. 시진핑 집권 1기 중국 정책의 기조도 18기 3중전회 문건을 통해 확인할 수 있습니다. 역대 3중전회 모두 당과 국가의 정책목표와 장기적인 전략을 내세웠다는 점에서 매우 중요했습니다.

다음으로 중요한 회의는 5중전회입니다. 5중전회에서는 대개 국가의 5개년 계획이 발표됩니다. 가장 최근에 발표된 5개년 계획은 '13차 5개년 규획'(2016~2020년)으로 이는 18기 5중전회에서 발표되었습니다. 중국은 권력 승계 주기와는 별도로 5개년 계획이 발표되기 때문에 정책의 연속성을 유지할 수 있습니다. 6중전회에서는 그 당시 현안을 논의하는데, 18기 6중전회에서는 '반부패의 제도화'를 논의했습니다. 중요한 변화 중 하나는 바로 시진핑을 '핵심'으로 한다는 표현을 넣은 것이지요. 그래서 후진타오 시기에는 없었던, 1인 체제를 강화하는 변화가 아니냐는 전망도 많습니다. 그러나 기본적으로 '집단지도체제'라는 틀을 유지하면서, 기존 집단지도체제가 갖는 한계를 극복하고 더 효율적인 정책 집행을 하기 위한 권력 조정이라고 보여집니다.

과거와 달리 시진핑 집권 1기 동안에는 반부패 운동을 지속적으로 강력하게 추진해 왔습니다. 주요 목적은 권력의 안정적인 토대를 만들기 위한 것이겠지요. 그런데 왜 이렇게 이례적으로 장기간 장차관급 뿐만 아니라 기존에 금기시하던 정치국 상무위원이라는 당 최고지도자까지 겨냥해 반부패 척결에 매진하는 것일까요?

우선 시진핑이 어떠한 조건에서 권력을 이양 받았는지, 당시의 상황을 이해할 필요가 있습니다. 시진핑이 집권하기 전까지 중국의 상황은 매우 불안했습니다. 2008년 세계금융위기 이후 경제는 근본적인 구조개혁보다는 강력한 경기부양정책으로 떠받치고 있었고, 지방정부 권력과 경제엘리트의 결탁에 의한 부패 현상이 만연했으며, 빈부격차와 사회 불평등 현상은 더욱 심각해졌습니다. 이에 따라 토지수용에 따른 보상이나 노동자 임금체불, 도시개발을 위한 주택 철거 등을 둘러싼 집단시위와 사회적 저항이 급증했습니다. 당 내에서도 이대로 두면 공산당이 망한다는 말이 공개적으로 회자되었고, 부패문제를 해결하지 않으면 심각한 결과를 초래할 수 있다는 위기의식이 공감을 이루었습니다.

가장 심각한 점은 부패문제를 해결하지 않으면 집권의 기초가 무너지고 개혁 정책 자체를 추진할 수 없다는 것입니다. 현재 중국 국가목표의 최우선 과제는 '개혁의 (심화) 완성'인데, 개혁 자체가 지속 불가능한 상황까지 올 수 있다는 위기감이 팽배했습니다. 관료 부패문제를 해결하지 않으면 민심의 불만이 폭발한다는 것이죠. 따라서 시진핑 집권이후 추진된 반부패 운동은 안정적인 권력기반을 마련하기 위한 것이라는 점과 동시에 개혁의 동력을 마련함으로써 근본적인 구조개혁을 진행하기 위한 것이라는 점도 함께 고려해야 합니다. 물론 반부패 운동 자체가 성공적인 구조개혁을 보장하지는 않습니다. 그 과정에서 위기를 어느 정도 선에서 통제하거나 봉합할 수 있겠지만 동시에 동원된 방법과 과정에서 비롯된 새로운 문제점들도 나타나게 될 것입니다. 이러한 역동적인 과정을 세심히 관찰하고 그 의미를 제대로 파악해야 할 것입니다.

그렇다면 중요한 정책을 누가 결정하고, 어떠한 과정을 거쳐 결정될까요? 중국의 공식적인 기관은 아니지만 주목해야 하는 중요한 조직이 바로 '영도소조'입니다. 영도소조란 한마디로 부처 간 협의가 필요한 정책을 논의하는 의사협조기구입니다. 예컨대 삼농(三農, 농촌, 농업, 농민을 가리킴)과 관련된 정책이라면 농업부 뿐 아니라 재정부, 상무부, 국토자원부, 주요 기관장 등과의 협의가 필요하죠. 사실 정책이라는 것이 어느 특정 한 부서에서 결정할 수 있는 것이 아니지요. 또한 정책에는 반드시 정부 재정이 뒷받침되어야 합니다. 이렇듯 특정 영역의 정책과 관련된 기관의 수장과 실무 책임자들이 모여 서로 공조하며 협의하는 기구가 바로 영도소조입니다. 영도소조는 공식적인 기구는 아니며, 특정 임무가 완성되면 해체되는 임시적이고 한시적인 기구이나 중요도에 따라 상설화된 조직도 존재합니다.

모든 영역에 걸쳐 수없이 많은 영도소조가 있습니다. 그런데 최근에는 기존의 중공중앙외사공작영도소조, 중공중앙군사국방공작영도소조, 중공중앙중대결책결정(重大決策決定)공작영도소조 뿐만 아니라 전면심화개혁영도소조나 국가안전영도소조, 심지어 국무원 총리가 담당하던 관례를 깨고 경제, 금융방침, 정책 제정, 대외무역정책, 화폐정책, 외환정책 등의 중요한 경제정책을 결정하는 중공중앙재경(財經)영도소조와 같은 중요한 중앙영도소조의 조장을 모두 시진핑이 맡고 있습니다. 시진핑 1인 권력 강화 현상으로 해석하는 중요한 근거이기도 하죠. 국가안보, 외교, 재경, 사회 및 인터넷 통제와 관련하여 중요한 영도소조는 모두 시진핑이 조장을 맡고 있습니다.

정치세대 구분과 권력승계의 불완전한 제도화

이제 권력승계 문제를 살펴봅시다. 우선 중국은 정치지도자를 '세대'로 나눕니다. 한국 사회에도 세대 개념이 있습니다. 젊은 시절 한 세대가 공통으로 겪은 정치적 사건이나 사회적 경험을 바탕으로 공유하고 있는 정서나 기억 등이 세대를 하나로 묶어주는 기반이 됩니다. 산업화 세대, 민주화 세대, 386세대, 419세대 등 경제적, 정치적 경험을 바탕으로 만들어진 세대 개념이 있습니다. 88만원 세대나 삼포세대, N포세대처럼 사회경제적인 상황을 반영하는 세대 용어도 있습니다. 유럽의 68세대나 미국의 히피세대처럼 어느 나라에나 그 시대를 상징하는 세대 개념이 있지만, 중국에서 구분하는 세대 개념은 정확히 말해 '정치세대'가 아니라 '정치엘리트세대'입니다.

중국에서의 '세대' 개념은 덩샤오핑이 젊고 유능한 간부로의 세대교체를 위한 목적에서 먼저 제기합니다. 마오쩌둥부터 현재의 주요 지도부까지 대략 5세대로 나눕니다. 세대 구분의 기준은 엄밀하지 않고 상호 경험이 겹치는 부분도 있지만 대체적으로 청년시절 겪었던 주요한 역사적 사건과 관련하여 세대를 나눕니다. 이렇게 해서 정치엘리트 1세대는 마오쩌둥을 중심으로 한 대장정 세대, 2세대는 덩샤오핑을 중심으로 한 항일전쟁 세대이며, 3세대는 장쩌민을 중심으로 하여 사회주의 개조의 역사를 경험했습니다. 3세대는 1950년대 청년

시기를 보내며 주로 사회주의 소련으로 유학을 가서 기술을 배워왔습니다. 그래서 이공계 출신이 많지요. 4세대는 후진타오를 중심으로 한 문혁세대, 5세대는 시진핑을 중심으로 한 개혁개방 세대를 말합니다. 사실 시진핑도 하방의 경험을 갖고 있다는 점에서 문혁 세대라고 할 수 있습니다. 한 국가의 지도자가 되기 위해서는 그 나라의 역사적 경험과 시대 인식을 공유하며 이에 대해 책임을 지려는 공적 의지가 있어야 합니다. 후진타오나 시진핑이 직접 문혁을 겪었다는 것은 실제로 농촌으로 내려가 몇 년씩 농민과 함께 생활했다는 것을 의미합니다. 이들 하방된 지식청년들은 농촌생활을 통해 중국의 농촌이 매우 가난하며, 중국이라는 거대한 나라를 운영하기 위해서는 농촌 문제를 해결하지 않으면 안 된다는 공통된 인식을 갖게 됩니다. 이들 세대가 공유했던 역사와 정서가 있고, 이러한 공감은 농촌 중심의 정책을 펴기 시작한 배경이 됩니다.

전반적으로 기존의 1,2세대인 혁명세대에서 3세대 이후에는 기술간부, 즉 테크노크라트(technocrat)로 전환됩니다. 전문적인 능력과 지식을 갖추고 국가를 운영하는 세대를 말합니다. 3세대는 이공계출신이 많은 반면, 4,5세대로 갈수록 경제나 법학 전공자가 많습니다. 이들 모두를 전문 지식을 갖춘 테크노크라트라고 부릅니다. 이러한 정치엘리트 세대가 정치세대는 아닙니다. 사회 민간 영역에서는 다양한 사람들이 있습니다. 시단의 민주 벽을 통해 중국의 '제5현대화'를 주장하다 미국으로 망명한 웨이징성(魏京生) 역시 문혁 세대라고 할 수 있지만 엘리트 후진타오와는 전혀 다른 경험과 정서를 갖고 있지요.

사실 '간부 4화(연소화, 지식화, 전문화, 혁명화)'를 통해 젊고 능력 있는 지도부로 전면 교체한 공로는 덩샤오핑에게 있습니다. 중앙고문위원회라는 자문기구를 만들어 원로 지도자들을 예우해 주는 대신 이들의 현실정치에 대한 개입을 차단합니다. 덩샤오핑 자신도 군을 제외하고는 공식적인 직함을 갖지 않았지요. 아무튼 권력승계의 일정한 제도화를 실현한 공은 덩샤오핑에게 있습니다. 그렇다면 이러한 권력승계나 세대교체가 완전한 제도화를 이루었다고 말할 수 있을까요?

우선 제도화를 이루었다고 평가하는 근거로는 임기제와 연령제한 규정이 있습니다. 한 세대 지도자의 재직 기간을 5년 임기에 연임 가능한 것으로 규정하여 최대 10년으로 제한하고 있다는 점입니다. 차세대 국가 지도자는 한 회기 전에 미리 정치국 상무위원으로 선발함으로써 지도자로서의 경험을 쌓고 자질도 검증하며 예측가능성도 높였습니다. 그러나 연령 제한, 즉 '67세 유임과 68세 퇴임'을 의미하는 '7상 8하(七上八下)'는 2002년 이후에 적용된 것으로 임의적인 성격을 띱니다. 즉 임기제는 명문화된 규정이자 정착된 관례인데 비해 지도부에 대한 연령규정의 구체적인 적용은 엄격하지 않고 상황에 따라 달라질 수 있다는 것이죠. 이러한 측면에서 중국의 권력승계는 완전한 제도화라기보다는 상황에 따라 합의에 의해 바뀔 수 있는 '반(半)제도화'라고 평가할 수 있겠습니다.

사실 몇 가지 알려진 규칙을 제외하고는 어떠한 논의를 거쳐 지도자를 선출하는지는 여전히 잘 알려져 있지 않습니다. 이 과정에서 비공식적인 인적 네트워크인 꽌시나 라인(후견인의 존재)이 상당한 작용을 하는 것도 사실이죠. 따라서 중국의 권력승계와 관련하여 홍콩이나 대만 발 언론보도에는 근거 없는 추측성 보도가 많습니다. 이는 거꾸로 말해 학문적으로 접근하는 데에도 한계가 있다는 의미겠죠.

권력 내부의 비공식적 정치

이렇듯 중국의 권력승계는 완전한 제도화가 아니라 부분적 제도화, 다시 말해 여전히 비공식적인 정치가 작동한다고 볼 수 있는데, 비공식적 정치란 무엇을 의미하는 것일까요? 이를 '꽌시'라고 할 수 있는데, 어느 사회나 인맥은 있습니다. 한국 사회에도 지역, 학벌, 종교, 혈연 등의 고질적인 인맥 네트워크가 정치, 사회, 경제 영역 곳곳에 작동하고 있지요. 중국의 파벌정치를 형성하는 다양한 꽌시 역시 혈연, 지연, 학연, 업연(業緣) 등 다양합니다. '태자당(太子黨)'이나 최근의 신조어인 '혁명 2세대(紅二代)'는 혁명가 출신의 자녀를 일컫는 말로 혈연을 의미하는 단어입니다. 체제와 권력 선출방식은 다르지만, 아시아 주요국 최고 지도자들 가운데에는 정치인 집안의 2, 3세들이 많습니다. 한국의 박근혜 전(前)대통령은 박정희의 딸이었고 중국의 시진핑은 혁명가 시중쉰의 아들이며, 일본의 아베는 전범 기시 노부스케의 외손자입니다. 세습체제인 북한의 김정은 역시 김일성의 손자입니다. 시진핑을 비롯한 중국의 혁명 2세대들은 아버지 세대가 피를 흘리며 세운 강산을 제대로 지켜야 된다는 인식을 서로 공유하고 있습니다.

'상하이방(上海幇)'의 경우는 같은 지역 출신인 지연(地緣)을 의미하는 것이 아니라 그 지역에서 함께 일하면서 형성된 꽌시, 즉 업연을 의미합니다. 공산주의청년단에서 일했던 인맥, 즉 '공청단파(團派)' 역시 업연이지요. 예전에는 태자당, 공청단파, 상하이방 등 중국의 엘리트 정치를 계파정치 구도로 읽고 해석하는 일이 많았습니다. 그러나 시진핑이 같은 태자당인 보시라이(薄熙來)를 숙청하고 계파 별로 뚜렷한 정책적 차이가 없기 때문에 최근에는 파벌정치로 중국 정치를 독해하는 경우가 크게 줄었습니다. 다만 정치인으로 성장하는 과정에서 맺어진 다양한 인연과 꽌시가 여전히 공식적인 정치 뒤에서 작동한다고 보면 될 것 같습니다.

그렇다면 시진핑은 어떻게 최고 지도자의 자리에 올랐을까요? 마오쩌둥과 덩샤오핑은 혁명과 개혁을 주도하면서 그 과정에서 절대적 카리스마를 확보한 지도자입니다. 누구도 도전할 수 없는 위치였죠. 그 다음 3,4세대 지도자는 덩샤오핑이 죽기 전에 이미 최고 지도자로 낙점한 사람들입니다. 장쩌민의 경우 1989년 천안문 사건을 수습하고 후임자를 논의하는 과정에서 중립적이고 정치적 색깔을 드러내지 않은 안정적 태도를 높게 인정받아 '우연찮게' 발탁된 것입니다. 후진타오 역시 원로들이 상의하고 덩샤오핑의 최종적 승인을 거쳐 결정된 지도자입니다. 따라서 장쩌민과 후진타오는 내부적으로 이견이 많다 하더라도 덩샤오핑이라는 최고 권위가 인정한 지도자이기 때문에 그 지위가 흔들리지 않을 수 있었습니다.

이에 반해 시진핑은 처음으로 계파 간의 타협과 협의에 의해 탄생된 지도자입니다. 따라서 이는 두 가지 해석이 모두 가능합니다. 장쩌민과 후진타오의 지위는 안정적이기도 하지만 자신의 뜻과 의지를 펼 수 있는 여지가 그만큼 좁을 수도 있습니다. 반면 시진핑의 경우는 계파 간의 합의에 의한 결과로 선출되었기 때문에 그만큼 취약할 수도 있고, 반대로 자기의 운신의 공간을 만들기 위해 더 강한 힘을 발휘할 여지도 있는 것이지요. 따라서 시진핑 집권 이후의 권력 강화 현상을 두고 두 가지 극단의 전망이 계속 나오는 것입니다. 하나는 시진핑의 권력이 강력하다는 것이고, 반대로 그만큼 취약하다는 반증이라는 것이죠. 내막은 알 수 없지만, 시진핑의 권력 강화 현상은 지금 중국이 직면한 문제나 상황으로 보았을 때 집단 지도부내의 일정한 합의 안에서 이루어진 것으로 보입니다. 체제 안에서 공산당 집권에 대한 위기의식이 뚜렷하게 존재하고 이 위기를 어떻게 수습할 것인가를 논의하는 과정에서 나온 일정한 합의라는 것이지요. 그래서 권력승계와 관련된 부분적 제도화 방침은 얼마든지 상황에 따라 바뀔 수 있다고 봅니다.

중앙과 지방정치의 역학: 정책집행의 왜곡 문제

중국 권력승계 과정의 특징과 관련된 중국 체제의 장점을 얘기하면, 바로 권력이 승계되는 것이기 때문에 결정된 정책의 연속성을 확보할 수 있다는 것입니다. 민주주의 체제에서는 흔히 정권이 바뀐 후 정치적 이념이나 지지세력 등을 고려하여 전(前) 지도자의 정책을 뒤집는 반대 정책을 추진하곤 합니다. 민주주의 시스템 자체가 다원화된 사회를 전제로 하기 때문에 어찌 보면 자연스런 현상입니다.

중국은 새로운 지도부에 따라 새로운 정책이 채택되는 것이 아니라 권력승계와는 무관하게 정책이 이어집니다. 중국의 정책은 대개 장기적이고 연속적인 관점에서 오랜 과정과 절차를 거쳐 결정되지요. 중국은 법안을 만들 때도 굉장히 오래 걸립니다. 기업법이나 노동법도 제정 과정이 10년 이상 걸렸습니다. 초안을 발표하고 다시 여러 차례에 걸쳐 사회 각계각층의 의견을 수렴하고 다시 수정하는 과정을 거칩니다. 정책은 언제나 '국가이익'이라는 총체적 관점에서 결정되기 때문에, 최고 권력이 바뀐다고 바뀌는 것이 아닙니다. 특히 외교 관련 부분이 그렇습니다. 종종 외교적 쟁점을 정쟁의 도구로 삼고 내치에 이용하는 한국의 경우 이러한 특징은 좀 부럽습니다. 2012년 18대 대통령 선거를 앞두고 있었던 '대통령 NNL 발언' 관련 국가기밀 회의록 공개가 대표적으로 정쟁에 이용한 사례라 할 수 있죠. 중국의 관점에서 보면 절대 용납할 수도, 이해도 가지 않는 행위입니다. 적어도 교육과 외교 부문에 있어서만큼은 정권교체와 상관없이 중립적인 위원회나 기관을 두고 장기적인 계획에 따라 정책을 추진할 필요가 있다고 봅니다.

중국의 권력 구조는 긴 안목을 가지고 정책을 제정할 수 있다는 점에서 우리에 비해 장점이라 할 수 있지만, 다른 문제를 안고 있습니다. 과연 제정된 정책이 잘 집행되느냐는 것이지요. 정책을 구체적으로 집행하고 이행하는 것은 중앙이 아니라 지방정부나 기층정부이기 때문에, 집행과정에서 정책의 왜곡현상이 심각하게 나타납니다. 몇 가지 예를 들지요. 중국은 인구 대비 가용 토지가 적기 때문에, 식량주권을 확보할 수 있는 '18억 무(畝) 레드라인'[1]을 설정합니다. 그래도 부족한 식량문제를 해결하기 위해 고안한 방법 중 하나가 바로 이모작 장려입니다. 토지를 넓힐 수 없다면 단위면적당 생산량을 늘려야겠지요. 중앙에서 정책이 결정되면 일정한 목표량이 각 성 정부로 할당됩니다. 성 정부는 다시 각 현 정부에게 목표량을 재할당하고, 현 정부

1) 이 기준은 2006년 10기 전국인대 4차 회의에서 통과된 「중화인민공화국 국민경제 및 사회발전 제11차 5개년 규획강요(中華人民共和國國民經濟和社會發展第十一個五年規劃綱要)」에서 제시된 이후 지금까지 여러 정부 문헌에서 계속해서 등장하고 있다. 1무(畝)는 667제곱미터(약 200평) 정도이다.

는 향 정부에게, 향 정부는 다시 촌으로 지침을 하달합니다. 중앙에서는 이러한 정책을 잘 실시하고 있는 지방 정부에게 인센티브로 보조금을 지원해줍니다. 각 지역의 토지나 인구 상황을 고려하지 않고 하달된 획일적 정책에 대해 기층 정부는 그저 목표량을 채우기에 급급합니다. 중앙의 보조금을 따내기 위해 경쟁적으로 이모작 시범지역을 조성하여, 중앙 지도자가 시찰을 나왔을 때 보여줍니다. 전형적인 전시행정이라 할 수 있지요.

또한 원래 이모작 정책의 목표는 농업생산량을 늘려 식량문제를 해결함과 동시에 농가 소득을 올리기 위한 것이었지만, 지방 정부는 하달된 정책 목표량을 채우기 위해 대개 지방 대자본이나 대농(大農)들과 손을 잡습니다. 이모작 정책으로 이득을 본 일반 농가는 거의 없습니다. 이렇게 되면 중앙에서 원래 목표했던 정책적 효과는 거둘 수 없을 뿐 아니라 중앙에서 지원하는 재정만 낭비하게 됩니다. 전형적인 관료제의 폐단이죠. 중국의 지방에 가면 아파트 앞 쪽에는 페인트로 색칠하여 단장했지만 뒤로 가면 흙벽 그대로인 경우를 종종 목격할 수 있습니다. 지도자가 시찰하는 코스에만 보기 좋게 환경 미화를 해 놓은 것이죠. 2008년 금융위기 당시에도 소비를 촉진하기 위해 농민에게 보조금을 주고 가전제품의 구입을 촉진하는 '가전하향(家電下鄕)' 정책을 썼습니다. 이 정책 역시 실제 집행되는 과정에서 보조금이 농민의 주머니로 들어가지 않았습니다. 농민에게 실제적 도움이 되어야 정책적 효과가 나타나는데, 중간에서 가로채고 착복하는 구조가 있습니다. 이를 일일이 감시하기란 어렵습니다. 통치 비용의 문제이기 때문이죠.

거대한 국가 규모로 인해 대개 현급 아래 정부에 대해서는 자율적으로 알아서 하게 두는 구조가 유지되어 왔습니다. 이 때문에 지방 관료들의 전횡에 의한 부패가 발생하고 중앙에서도 이 문제 때문에 골머리를 앓고 있죠. 사실 이러한 문제를 해결하기 위한 방법은 있습니다. 인민들이 권력을 감시하고 정책결정과정에 참여하는 제도나 기제를 마련하면 됩니다. 더불어 지방 부패를 감시하고 고발하는 언론의 역할을 확대하고, 사회단체를 통한 권력 감시 제도를 확립하면 됩니다. 그러나 이러한 제도 개선은 결국 당의 집정기초를 흔들어놓을 수 있다는 우려가 있습니다. 중앙으로서는 지방 권력을 감시하는 인민의 참여기제를 증가시키는 동시에, 인민을 당의 영도 하에 묶어두는 절묘한 균형점을 찾아야하는 과제가 있는 것이지요.

개혁을 위한 사회주의 이데올로기 재해석

다음은 개혁개방 시대의 중국 이데올로기를 살펴보지요. 개혁개방 정책 추진을 위한 이데올로기의 기초 설계자는 덩샤오핑입니다. 물론 개혁개방이 시작된 지도 이미 40여년이 지났기 때문에 초기와 지금의 상황은 많이 달라졌지만, 지금의 정책기조는 여전히 덩샤오핑이 만든 개혁개방의 이념적 토대 위에 있다고 할 수 있습니다. 따라서 최근 일각에서 제기된 시진핑이 마오쩌둥 시대로 회귀한다는 전망은 강력한 리더십에 대한 것이지 정책적 회귀는 아니며, 기본적으로 시진핑의 정책 역시 덩샤오핑의 개혁개방 이데올로기 안에 있습니다. 덩샤오핑이 만든 개혁개방의 틀 위에서 사회를 안정시키고 정당성을 얻고 효과적인 통치를 위한 수단으로 과거 혁명과정에서 나왔던 방법을 동원하는 것뿐입니다. 이는 노선의 회귀를 의미하는 것이 아니며, 여전히 개혁개방 노선은 중국 지도부의 역사적 사명입니다.

중국 지도부는 현재 자신들이 역사적인 갈림길에 있다고 인식하며, 확고하고 분명한 목표가 있습니다. 중국의 정책이나 전략은 개혁개방의 완수라는 확고한 목표에 모두 맞춰져 있지요. 공산당 창당 100주년인 2021년과 건국 100주년인 2049년이라는 '두 개의 백년'은 개혁개방의 완수와 관련하여 시기적으로 매우 중요합니다. 그동안의 경제성장을 바탕으로 하여 중진국 수준으로 올라가는데 관건이 되는 시기가 2020년까지입니다. 장기적으로는 2050년까지 중국이 선진국 수준으로 올라설 수 있느냐 없느냐를 결정하는 중대한 시기라는 것이죠. 따라서 현재의 안정을 유지하면서 개혁을 추진해야 그 뒤로 사회주의 현대국가를 완수할 수 있다는 생각입니다. 모든 전략과 정책이 개혁개방 노선을 견지한다는 원칙 위에서 이루어집니다.

이러한 원칙은 대외정책에도 영향을 줍니다. 예컨대 중국이 늘 반복하여 강조하는 '한반도 3원칙(한반도에서의 평화와 안정유지, 한반도 비핵화 관철, 외교와 대화의 방식을 통한 북한 핵문제 해결)'이란 것도 결국 자국의 안정적인 개혁개방의 추진을 위한 주변국 관리 차원에서 나온 것이라고 할 수 있습니다. 중국이 어느 정도의 실력을 갖출 때까지는 지속적인 개혁이 필요하고 이를 위해서는 안정이 필수적이며 따라서 주변의 불안한 상황을 방지하고 통제해야 한다는 것이죠. 중국이 가장 우려하는 것은 급변사태입니다. 개혁개방 관련 정책을 21세기 중반까지는 흔들림 없이 확고하게 밀고 나가겠다는 것이 중국 지도부의 공통된 인식이라 할 수 있습니다.

따라서 개혁개방 시기 중국의 이데올로기는 관념적이라기보다는 실제 정책과 상당히 연결되어 있습니다. 대단히 실용적이며, 이를 개혁 지도부는 '실사구시' 정신이라고 합니다. 우선 개혁개방의 목표인 '하나의 중심, 두 개의 기본점(一個中心, 兩個基本點)'이라는 것을 봅시다. 하나의 중심이란 '경제건설'을 말합니다. 기존의 계급투쟁이라는 목표에서 경제건설로 옮겨옵니다. 문혁을 거치면서 당내 지도부에서는 경제건설에 매진해야 한다는 어느 정도의 합의가 이루어졌다고 볼 수 있습니다. 그러나 경제건설에 매진하더라도 어떤 범위에서, 어떤 속도로, 어떤 방식으로 진행할 것인가를 둘러싸고 다시 당내 의견이 분분해집니다. 이를 크게 나눠보면 사회주의 계획경제의 원리를 유지하자는 보수적 입장과 시장을 적극 받아들이자는 개혁적 입장으로 나누어집니다. 이러한 보수파와 개혁파 양쪽을 끌어안으며 내놓은 절충적 방식이 바로 '두 개의 기본점'에 담겨 있습니다. 하나의 기본점은 개혁파의 입장인 '개혁개방 노선'이고, 다른 또 하나의 기본점은 보수파를 달래기 위해 정치적 가이드라인을 정해 놓은 '4개항 기본원칙'입니다. 4개항 기본원칙은 중국이 사회주의를 포기하지 않는 이상, 절대적으로 지켜야 하는 원칙을 말합니다. 사회주의 노선, 인민민주전정, 공산당영도, 마르크스-레닌주의와 마오사상의 견지를 말합니다. 개혁개방의 과정을 거치면서 이 4개항 기본원칙은 내용적으로 형식화되기도 했지만, '공산당영도 견지'라는 원칙은 오히려 더 강력해졌습니다.

덩샤오핑이 제기한 일련의 개혁노선을 '덩샤오핑 이론'이라고 합니다. 대표적인 것으로 '흑묘백묘(黑猫白猫)론'이 있습니다. 흰 고양이인지 검은 고양이인지 색깔이 중요한 것이 아니라 쥐를 잘 잡아야 좋은 고양이라는 것이죠. 즉 사회주의냐 자본주의냐가 중요한 게 아니라 중국을 잘 살게 만드는 것이 중요하다는 것입니다. 이념성보다 실용성을 강조한 것이지요. 이를 위해 사회주의의 본질적인 속성에 대해 유연한 해석을 내립니다. 사회주의의 핵심적 특징 중 하나는 '공유제'이고 다른 하나는 '계획'입니다. 예전에는 사회주의는 계획경제이고, 자본주의는 시장경제라고 인식했죠. 그러나 덩샤오핑은 시장메커니즘을 도입하면서 시장이 곧 자본주의가 아니라, 인류 역사상 자본주의체제 등장 이전부터 시장이 존재했었다는 점을 지적합니다. 시장이 자본주의의 점유물이 아니라면 계획 역시 반드시 사회주의의 것은 아니지요. 즉 시장은 자본주의 산물이 아니라 인류가 생산과 교환활동을 하면서 생겨난 자연스런 기제로, 필요하다면 자본주의 체제 뿐 아니라 사회주의 체제에서도 쓸 수 있는 하나의 수단이라는 것입니다. 사회주의의 또 다른 특징인 공유제에 대해서도 개혁 초기에는 공유제를 유지한다고 했지만, 1990년대 들어 개혁이 본격적으로 진행되면서 공적으로 소유한 부분이 절반이 넘으면 공유제로 본다는 유연한 해석을 내립니다.

이처럼 개혁 이데올로기는 한마디로 기존 사회주의에 대한 재해석의 과정으로 볼 수 있습니다. 이는 곧 '중국 특색의 사회주의'를 만들기 위한 하나의 과정이라 할 수 있지요. 특히 천안문 사건 이후 당의 지지기반인 인민에게 총을 겨누면서 공산당은 정당성을 상당부분 상실하게 됩니다. 덩샤오핑이 개혁에 더욱 더 매진하게 된 이유 중 하나는 경제적 성과로 정치적 정당성을 보완하려는 것으로 볼 수 있습니다. 종합국력, 생산력, 그리고 인민생활수준의 향상이 정책의 중요한 기준이 되어야 한다는 이른바 '삼개유리점(三個有利點)' 역시 이러한 맥락에서 읽을 수 있습니다. 모든 정책의 기준을 경제, 생활수준, 성과에 맞춰 정치적 정당성을 확보하겠다는 것입니다.

'선부론(先富論)'도 이러한 목적에서 나온 이론이라 할 수 있습니다. 선부론이란 자격과 조건을 갖춘 특정 계층과 지역에게 먼저 부자가 되는 것을 허용하자는 것입니다. 중국은 너무 광활하고 많은 사람들이 살고 있기 때문에 현실적으로 동시에 똑같이 잘살게 만들 수는 없다는 것이죠. 언뜻 보면 차별을 인정하는 전략처럼 보이지만, 선부론의 궁극적 목적은 결국 다 같이 잘 살게 만든다는 '공동부유(均富論)'입니다. 그러니까 먼저 부자가 된 계층과 지역이 후발 지역과 계층이 발전하도록 도와주어 결국에는 모두가 잘 사는 사회를 만든다는 것이죠. 일종의 '낙수효과(落水效果, trickle-down effect)'라고 할 수 있습니다.

그러나 먼저 부자가 된 지역이나 계층이 과연 자신의 이익을 양보하고 나누려고 할까요? 개혁 40년의 과정을 지나면서 중국에도 개혁 과정에서 이익을 얻은 기득권층이 생겼습니다. 정치정보와 경제자본을 독점한 세력이 결탁한 이른바 '권력귀족(權貴)' 세력이죠. 개혁초기의 조건이나 환경과는 완전히 다르게 직면한 또 다른 문제입니다. 개혁 과정에서 먼저 발전한 연해지역이나 도시 중산층, 관료 기업가 등은 자신의 기득권을 절대 포기하지 않으려 하고, 부 또한 나누려 하지 않습니다. 따라서 지금의 중국 개혁이 직면한 문제는 바로 어떻게 이러한 기득권 이해구조를 깨고 개혁개방 정책을 지속적으로 추진해 나가느냐는 것입니다. 이는 생각보다 훨씬 어려운 일입니다. 이미 2천년대 초반부터 중국 지도부는 경각심을 갖고 이러한 기득권 구조를 바꾸려 노력해 왔지만 생각대로 되지 않았습니다.

결국 중국 경제개혁의 시작이 정치적인 논리에 의해 추진된 것처럼,

현재 고착 상태에 머물러 있는 개혁 역시 정치적인 힘으로 돌파해 나갈 수밖에 없습니다. 언급한 바와 같이 시진핑 체제 들어 강력하게 추진하고 있는 반부패운동 역시 이러한 문제를 정치적으로 해결하려고 하는 측면이 있습니다. 예컨대 '석유방(石油幇)'처럼 오랫동안 에너지 분야에 대한 독점적 권력을 행사하며 형성된 기득권 세력의 이해구조를 반부패 운동으로 한방에 해결하려는 것이죠. 그래서 반부패 운동이 여러 가지 부작용에도 불구하고 민심을 얻는 측면도 있습니다. 그러나 '문제 해결을 위한 단기적 처방'과 '더 좋은 사회로 가기 위한 장기적 전략'은 별개의 것입니다. 다시 말해 반부패 운동으로 단기적 목적을 해결할 수 있다 할지라도, 반부패 운동이 남긴 부작용은 중국 사회에 또 다른 문제를 초래할 수 있습니다.

이러한 측면에서 중국의 개혁 이데올로기는 가치 목표를 지향하거나 일정한 청사진을 갖고 제시된 것이 아니라, 개혁 과정에서 나타나는 그때그때의 문제를 해결하면서 제시된 '임시방편적인 이론의 종합세트'라고 할 수 있습니다. 어쩌면 실용주의적 이데올로기가 갖고 있는 한계이기도 합니다. 실용주의라는 것이 목적을 실현하기 위해 수단을 정당화하는 것인데, 그 과정에서 근본적인 것에 대한 성찰을 하지 않으면 종종 수단 자체가 목적이 됩니다. 즉 중국에는 사회주의 현대화 국가의 완성이라는 목표와 이를 가능하게 하는 경제발전이란 수단이 있는데, 경제발전 그 자체가 목적이 되면서 결국 무엇을 위한, 누구를 위한 개혁을 하는 것인지 길을 잃게 되는 것이지요.

어쨌든 개혁 이데올로기의 사상적 기반을 제공함과 동시에 사회주의에 대한 끊임없는 변용과 변주의 가능성을 열게 된 것도 모두 실용주의적인 덩샤오핑 이론 안에 내장되어 있습니다. 1980, 90년대 제기되었던 이론들, 예컨대 '사회주의 초급단계론'이나 '사회주의 시장경제론' 등은 모두 '사회주의'의 속성과 외연을 끊임없이 확장시키며 제기된 이론이며, 이는 결국 '중국특색 사회주의'로 나아가게 됩니다. 물론 중국특색의 사회주의라는 개념이 처음 제기된 것은 1982년이지만, 개혁을 뒷받침하는 '덩샤오핑 이론'으로 정식화된 것은 결국 이러한 과정을 거친 이후입니다. 개혁개방의 논리를 합리화하고 정당화하기 위한 이데올로기 구축의 과정이라고 할 수 있지요.

중국공산당 당헌(黨章)에 따르면 "마르크스-레닌주의, 마오쩌둥 사상, 덩샤오핑 이론, '삼개 대표' 중요 사상 및 과학발전관을 자신의 행동지침으로 삼는다"고 규정합니다. 덩샤오핑 이론을 포함하여 이후 제기된 '삼개대표론'이나 '과학발전관'은 모두 개혁을 위한 이론들입니다. 여기에 시진핑이 제기한 '4개 전면(四個全面)' 역시 전인대에서 공식화했습니다. 이는 4가지 사항을 전면적으로 추진하자는 것인데, 바로 '소강(小康) 사회건설, 전면적 개혁심화, 의법치국, 엄격한 당 관리'를 말합니다. 각 세대의 최고 지도자들은 자신만의 고유한 이론을 공산당 당헌에 넣고 싶어 하겠죠. 그러나 지도 사상의 내용이 많아지고 길어질수록 이론으로서의 권위가 떨어지고 형식화될 가능성이 큽니다.

시진핑의 4개 전면을 좀 더 자세히 살펴볼까요? 우선 '전면적 소강사회건설'에서 소강이란 과연 무엇일까요? 중국의 경제 목표에는 단계마다 달성해야 할 GDP 목표가 있습니다. 그러나 중국은 경제적 목표만이 아닌 정치사회적 내용이 함께 담긴 '소강'이라는 매우 중국적인 개념으로 표현합니다. 소강이라는 말은 중국의 오경(五經) 중 하나인 『예기(禮記)』「예운편(禮運篇)」에 나오는 말로, 누구나 배불리 먹고 누구나 하고 싶은 말을 할 수 있는 수준의 사회를 말합니다. 2천여 년

전의 경전 구절을 현대사회의 정치적 슬로건으로 쓰고 있는 셈이죠. 이처럼 중국은 구체적인 경제 목표나 전략을 제시하면서도 과거 자신들의 경전과 자신들의 언어를 사용함으로써 자체적인 표준을 만들어 나가는 제국적 특성을 보이고 있습니다. 스스로의 문명에 대한 자부심의 발현이기도 합니다.

'4개 전면' 중의 하나인 '의법치국(依法治國)'은 '법에 의한 통치'를 말합니다. 이는 우리가 아는 민주주의 체제에서의 '법치사회'와는 다릅니다. 법치사회란 정치권력 역시 법의 지배를 받는다는 의미를 포함하고 있지만, 중국에서 말하는 의법치국은 정치는 당이 영도하고 통치는 법에 근거해서 이루어진다는 의미로, 법은 통치 수단에 불과합니다. 다시 말해 의법치국은 '법치(rule of law)'가 아닌 '법제(rule by law)'라 할 수 있죠.

중국은 과거 제국이었을 때도 강력한 황제권과 동시에 법률에 따라 통치하는 '율치(律治)'의 전통이 있었습니다. 왕 역시 자기 마음대로 하는 것이 아니라 "너를 국법에 따라 처형하노라"라는 말처럼 일정한 절차와 법에 따랐죠. 의법치국은 이러한 중국의 법 전통을 이어받은 것이라 할 수 있습니다. 그러나 현대사회에서 법은 양면적입니다. 즉 질서를 유지하는 효율적 통치를 위한 것이기도 하지만, 인민주권을 보장하고 행사할 수 있는 정당한 근거이기도 합니다. 의법치국을 표방함과 동시에 중국 사회에서도 '법에 의한 권리보호(依法維權)'의 행동이 급증한 이유이기도 하지요. 그러나 이러한 법 권리 행사가 당 권력에 도전하는 것에까지는 미치지 않습니다.

민주주의와 '중국식 민주'는 어떻게 다른가?

기본적으로 중국 개혁 이데올로기는 '덩샤오핑 이론' 안에서 설명할 수 있고, 달리 표현하면 '중국특색 사회주의'라 할 수 있습니다. 그러나 '중국특색'적인 사회주의의 내용이 무엇인지에 관해서는 아직 모호합니다. 기본적으로 공산당이 모든 것을 영도하고 시장메커니즘을 강조하며 외부의 간섭을 받지 않고 독립적인 노선을 유지한다는 정도의 내용을 포함하지만, 이러한 특성은 권위주의적인 성격을 가진 다른 체제나 국가들과 별다른 차이가 없습니다. 그럼에도 불구하고 현재 '중국특색 사회주의'의 내용을 만들어가는 기준은 과거와는 분명 달라졌습니다. 우선 '무엇이 아닌 것'으로 그 내용을 채워나가고 있습니다. 대표적인 것이 2011년 우방궈(吳邦國)가 제기한 '다섯 가지를 하지 않는다'는 일명 '오불고(五不搞)'입니다. 중국이 정치개혁을 하더라도 '다당제, 지도사상의 다원화, 삼권분립과 양원제, 연방제, 사유화' 등 다섯 가지 제도는 실시하지 않는다는 것이죠. 대신 '공산당 영도하의 다당합작제', '마르크스-레닌주의와 마오쩌둥 사상, 덩샤오핑 이론, 삼개 대표 중요사상의 지도적 지위 확립', '인민민주전정과 인민대표대회 제도', '민족구역자치제도', '공유제를 주체로 한 다종소유제경제'의 확립이 중국적인 제도라고 밝힙니다.

이 내용을 보면 민간에서의 다양한 학술적 논의는 허용되지만 지도사상은 일원화한다는 것을 알 수 있습니다. 또한 중국 나름대로의 '민주관'을 보여줍니다. 1990년대 '민주'나 '인권'은 주로 서구에서 중국을 압박하는 수단으로 사용되어 왔습니다. 중국 역시 자신들 나름대로의 체제 특성이 있다고만 강조할 뿐 이에 대해 적극적으로 대응하지 않았습니다. 그러나 중국경제의 부상과 함께 2천 년대 이후에는 이러한 서구의 공세에 맞서 적극적으로 대응합니다. 2005년 처음으로 '민주백서'를 작성하며 중국의 민주를 논하기 시작했고 인권 관련 백서도 출간했습니다. 이를 '사회주의 민주'로 정식화합니다.

사실 중국체제에서 '민주'는 중요합니다. 1980년대에는 사회주의 민주체제를 건설하기 위한 당 안팎의 논쟁이 뜨거웠습니다. 후진타오나 원자바오 등 중국의 역대 정치지도자들 역시 민주 건설을 지속적으로 강조해 왔으며, 중국의 학자들도 '민주는 좋은 것(民主是個好東西)'이라며 민주적 참여를 정치개혁의 중요한 특징으로 보았습니다. 그런데 중국에서 말하는 '민주'는 무엇일까요? 우리의 '민주'와 무엇이 다를까요? 중국인들은 이른바 '중국식 민주'에 대해 어떻게 느낄까요?

한국을 포함해서 서구식 자유민주주의는 1인 1표의 선거권이 있습니다. 모든 구성원이 정치적으로 평등하다는 전제 위에서 동등한 투표권을 갖으며, 형식적, 절차적 과정이 굉장히 중요합니다. 선거는 반드시 공정한 절차를 통해 합법성을 확보해야 합니다. 중국에서는 최고 권력을 선출하는 선거는 없지만, 기층 자치조직의 대표나 현급 이하 행정의 장을 선출하는 선거는 있습니다. 그러나 중국에서는 선거권이 곧 민주를 의미하는 것은 아니며, 민주란 '인민이 주인 되는 것(人民當家作主)'입니다. 인민이 주인 된다는 것, 우리 입장에서는 당연한 말 같기도 하지만 한편으로 참 애매하고 추상적입니다. 스스로 주인이라는 것을 언제, 어떻게 느낄까요? 또한 주인으로서의 권리는 어떻게 행사하는 것일까요?

중국에서 민주는, 주인으로서 인민이 모두 다 잘 사는 것을 의미합니다. '민생' 혹은 '경제적 민주'를 말합니다. 서구의 민주가 '기회의 평등'을 중시하는 것에 반해, 중국은 실질적이고 결과적인 평등을 중요시합니다. 모든 인민에게 혜택이 골고루 돌아가야 한다는 것이죠. 따라서 정치과정에서 투입(input) 보다는 산출(output)을 중시합니다. 우리는 주인으로서의 권리를 행사할 수 있는 국민의 정치 참여를 매우 중시하지만, 중국은 인민을 위한, 민생을 챙기는 정치를 강조합니다. 이는 인민을 근본으로 삼는다는 '민본(民本)' 사상으로, 밥이 곧 정치라는 것이죠.

흔히 민주주의의 본질을 가장 잘 표현했다는 링컨(Abraham Lincoln)의 게티즈버그(Gettysburg) 연설을 아실 겁니다. "국민의(of the people), 국민에 의한(by the people), 국민을 위한(for the people)" 정부와 정치를 말합니다. 중국의 경우 근대로의 전환 시기 쑨원이 제기한 '삼민주의(三民主義)'가 있습니다. 민족주의(民族主義), 민권주의(民權主義), 민생주의(民生主義)를 말합니다. 동서양 모두 근대정치의 핵심적 특징인 '주권재민(主權在民)'사상을 '민권주의'와 'of the people'에 담고 있습니다. 쑨원의 민생주의는 링컨의 'for the people'에 해당합니다. 그러나 차이가 있습니다. 쑨원의 삼민주의에는 국민의 참여를 의미하는 'by the people'이 없고 대신 '민족주의'가 있습니다. 왜 그럴까요?

대부분의 아시아 국가의 경우 근대화는 서구에 의한 식민의 상황에서 수동적으로 시작되었습니다. 부패한 절대 봉건왕조에 맞서 싸워야 할 뿐 아니라 외부의 제국주의 세력과도 싸워야했죠. 즉 근대 사상인 주권재민이란 지배 권력으로부터의 억압에서 벗어나 인민이 역사의 주체로 거듭나는 것을 의미할 뿐 아니라, 외부의 적, 즉 외세로부터의 주인됨을 포함합니다. 근대정치의 주체인 인민은 반(反)봉건과 동시에 반(反)제국주의적인 저항을 통해 자각의 과정을 겪습니다. 이에 따라 중국 역사에서 민주, 즉 '인민의 주인됨'이란 인민의 자주권을 의미하며 이는 외세에 대한 국가의 자주권을 의미하기도 합니다. 여기서 국가란 인민의 권리를 실현시켜줄 대리인이며, 중국 역사 속에서 공산당은 인민의 주인됨을 실현시켜줄 수 있는 대리인으로 정당화되어 왔습니다. 우리는 중국의 혁명 자체가 관료주의와 봉건주의 뿐 아니라 제국주의와의 투쟁 과정 속에서 형성되어 왔음을 상기할 필요가 있으며, 이렇게 외세에 맞서 투쟁하는 과정에서 당의 영도와 결합된 정치적 주체, 즉 근대적인 새로운 '인민'이 탄생했다고 볼 수 있습니다. 중국에서 '인민'은 그 탄생부터 사회주의의 주체인 동시에 '애국'의 주체였던 것입니다.

앞에서 언급한 바와 같이 중국에서 민주는 곧 민생이라 했습니다. 그런데 지금 중국의 현실은 어떨까요? 빈부격차가 미국만큼 심하고 사회 구조와 원리가 위계적이고 불평등합니다. 이에 대해 중국 정부는 공동부유로 가는 과정이고 과도기적인 불평등으로, 이는 불가피한 현상이라고 봅니다. 정부에 대한 민심은 어떨까요? 몇 년 전 아시아 각국을 대상으로 실시한 민주화 정도와 정부에 대한 신뢰도 조사를 보면, 중국이 다른 국가들에 비해 상당히 높게 나왔습니다. 물론 여론조사라는 것이 당시 정세에 따라 달라지게 마련이지만, 중국인들의 정부에 대한 신뢰도는 여전히 높은 편입니다. 자연재해나 큰 사건이 발생하면 지도자가 달려와 해결해 줄 것이라는 믿음이 있습니다.

대표적으로 2008년 쓰촨 대지진 당시 온자바오(溫家寶) 총리가 바로 현장으로 달려갔는데, 도로를 가로막은 바위들 때문에 마을로 들어가지 못하는 답답한 상황이었습니다. 이때 온자바오가 전화기를 내던지며 "인민이 기다리고 있다"는 발언을 합니다. 어떻게든 당장 헤치고 나가 한 명이라도 더 살려야 한다는 메시지겠죠. 우리 시각에서는 정치쇼 같아 보이기도 하지만, 그게 '호응'이라는 겁니다. 인민이 부르면 달려가서 최선을 다한다는 것을 보여주어야 합니다. 물론 최근에는 특권층에 의한 부와 권력의 독점과 관료 부패현상의 심화로 인해 민심이 매우 좋지 않습니다. 그러나 중앙 지도자에 대한 이미지는 아직까지 강한 신뢰감이 남아 있습니다. 이게 민주냐 아니냐는 물론 논쟁적이지만, '인민을 위한' 정치를 한다는 것이 중국 민주의 중요한 내용입니다.

민주주의가 과연 무엇이냐? 우리는 흔히 경제가 발전하면 사회적 이익이 다원화되고 정치참여 요구가 늘어나게 되면서 정치 제도화, 민주화가 이루어진다고 봅니다. 근대화 이론에 바탕을 둔 매우 단선적인 역사관입니다. 그래서 1980년대 한국과 대만의 1인당 GDP가 7~8천 달러에 이르렀을 때 민주화된 것을 기준으로 중국 역시 그러한 경로를 걸을 것이라고 예측해 왔습니다. 그러나 중국에서 1인당 GDP 만 달러가 넘는 도시는 이미 10개 이상입니다. 급속한 경제성장에도 불구하고 권위주의적인 일당 체제는 흔들림이 없어 보입니다. 아니 오히려 먼저 부자가 된 중산층들과 신흥사회세력들이 공산당에 대한 확고한 지지의 태도를 보이는 것 같습니다.

이러한 중국의 현상으로 인해 기존 사회과학의 민주 관련 쟁점들이 도전을 받고 있습니다. 대표적인 것이 민주주의와 경제성장의 관계입니다. 민주주의를 연구하는 학자들은 경제성장이 민주화를 가져오고, 민주주의가 안착되어야 지속적인 경제성장을 할 수 있다고 주장합니다. 민주주의를 채택해야 경제성장을 할 수 있는 것일까요? 필리핀은 오래전부터 민주주의 제도를 실시해 왔지만 경제성장에는 실패했습니다. 그렇다면 강력한 리더십에 바탕을 둔 권위주의 정치를 해야 경제성장을 할 수 있는 것일까요? 과거 한국과 같은 독재정권에서 경험한 개발독재 모델이죠. 그러나 권위주의 독재를 해야 잘 살 수 있다면 왜 독재정권이 통치하고 있는 일부 아프리카나 아시아의 국가들은 여전히 빈곤할까요?

사실 정치와 경제의 관계는 그렇게 단순하지 않습니다. 우리가 살아왔던 박정희 시대 역시 권위주의 독재 때문에 잘 살게 된 것이 아니라 당시 냉전이라는 국제정세와 지정학적 위치, 노동자들의 헌신적인 노력과 희생 등이 있었기 때문에 발전할 수 있었던 것입니다. 사실 오늘날 한국사회의 많은 부조리와 불평등, 관습처럼 굳어진 정경유착 역시 권위주의 유신체제에 기원을 두고 있습니다. 아무튼 중국은 공산당의 강한 지도력으로 성공적인 경제성장을 할 수 있었다는 점을 강조하고 있습니다. 그러나 권위주의체제여서 경제성장을 했다기보다는, 경제성장을 해서 권위주의체제가 유지된 것이라고 봐야겠죠. 중국 경제성장의 원인 역시 세계경제 환경의 변화 등 여러 가지 요인을 종합적으로 고려해 봐야 합니다.

한국은 2016년에 드러난 '국정농단'이라는 초유의 사건을 겪으면서 민주주의란 과연 무엇인지에 대해 다시 생각해 봐야 하는 상황이 발생했습니다. 선거에 의한 권력교체만이 민주주의일까요? 합의에 의해 제도를 만들어놓기만 하면 자동적으로 민주주의가 실현될까요? 몇 년 전부터 미국이나 한국과 같이 민주주의 체제의 위기를 겪고 있는 나라들을 두고 중국은 오히려 이를 자국 체제의 우수성을 알리는데 정치적으로 이용해 왔습니다. 서구가 자랑하는 민주적 절차에 의해 선출된 최고 지도자의 자질과 능력이 의심스럽다는 것입니다. 대만의 국회의원들이 몸싸움하는 상황을 보여주면서 민주주의 하면 혼란스럽다는 이미지도 만듭니다. 중국은 자신들이 엄밀하고 체계적인 검증의 단계를 거쳐 능력 있고 책임감 있는 지도자를 선출할 수 있고, 합의와 설득을 거쳐 효율적인 정책결정을 내릴 수 있는 시스템이라는 것을 은근히 대비시킵니다.

그렇다면 정치적 혼란을 막고 효율적 정책결정을 위해 우리가 민주주의 체제를 버리고 다시 권위주의 시스템으로 회귀해야 할까요? 민주주의 자체가 효율성을 담보하지는 않으며, 대리되는 것도 아닙니다. 민주주의는 스스로 주인임을 자각하며 끊임없이 주인으로서의 권리를 행사하는 과정입니다. 선거에 의한 권력 교체만이 민주주의일 수 없습니다. 어쩌면 그동안 우리는 '민주주의자'없이 민주주의를 유지해 왔던 것일 수 있습니다. 민주주의 제도가 유지되려면 민주적 교육을 통해 건강하고 비판적인 시민을 길러내야 합니다.

역사학자 홉스봄(Eric Hobsbawm)의 말처럼 세상은 저절로 좋아지지 않습니다. 권력의 속성은 어느 체제에서나 본질적으로 똑같습니다. 민주주의는 마치 강을 거꾸로 거슬러 올라가면서 계속 노를 저어야 하는 상황에 비유할 수 있습니다. 우리가 권력에 의한 일방적이고 강압적인 지배를 받지 않으려면 권력을 견제하고 감시하며 스스로 자각하고 연대해야 합니다. 잠시 쉬면 한순간에 뒤로 밀려나게 됩니다. 중앙정치 뿐 아니라 자신이 속해 있는 작은 공동체, 가정, 학교, 직장에서부터 차별과 편견에 맞서 작은 문제제기부터 시작해야 합니다.

우리 스스로 바뀌지 않으면 우리로 구성된 사회 역시 좋아질 수 없을 테니까요.

■ 더 읽어봐야 할 책

쉬즈위안 저, 김택규 · 이성현 역, 『저항자』 글항아리, 2016
이희옥, 『중국의 새로운 사회주의 탐색』 창비, 2004
이희옥, 장윤미, 『중국의 민주주의는 어떻게 가능한가: 중국의 논의』 성균관대학교출판부, 2013
조영남, 『중국의 꿈: 시진핑 리더십과 중국의 미래』 민음사, 2013

9강. 중국 사회구조의 변화와 저항: 노동 이슈와 쟁점

이제 위에서 아래로가 아니라 아래에서 위로 올라오는 힘들을 봅시다. 중국의 언론매체에서는 민감한 이슈에 대해 잘 보도하지 않기 때문에 중국이 표면적으로는 통제가 잘 되는 사회처럼 보이지만 실제로는 그렇지 않습니다. 사회나 민간영역의 자율성이나 지방의 독자성 그리고 지식인, 노동자, 농민, 농민공(農民工) 등의 비판적 목소리들이 곳곳에 존재하고 있습니다. 중국사회에는 언제든지 폭발할 수 있는 민감한 문제들이 많습니다. 토지분쟁이나 노동자 파업 뿐 아니라, 중산층이 관심을 갖는 먹거리, 안전, 생명, 환경 문제 등도 중대한 문제입니다. 공공지식인, 기자, 인권변호사나 노동활동가들에 대한 정치적 탄압도 갈수록 커지고 있습니다.

중국의 개혁과정에서 등장한 문제의 해결을 둘러싸고 자생적으로 커진 사회적 힘이 있고, 천안문 사건 이후 해외에 기반을 두고 중국의 인권 개선이나 언론자유를 요구하는 움직임도 있습니다. 이 강의에서는 기본적으로 중국 사회 내부에서의 변화를 이해하는 데에 중점을 두고, 개혁 이후 중국 도시에서의 사회구조 변화와 노동 영역의 쟁점을 살펴보도록 하겠습니다.

두 개의 노동계급과 사회구조의 변화

중국 헌법에서 규정하고 있듯이 사회주의 중국의 노동계급은 '영도계급'입니다. 다시 말해 다른 계급을 지도하고 이끄는 국가의 주인이자 공장의 주인이라는 것이지요. 이론대로라면 중국의 노동자들에게 기업이나 공장은 돈을 벌기위한 장소가 아니라, 주인으로서의 권리와 책임을 다하는 삶의 터전이라고 할 수 있습니다. 우리와 같은 자본주의 사회에서 노동자로 살아간다는 것은 무엇을 의미하는 걸까요? 자본주의 사회에서는 자본이 곧 힘이고 계급입니다. 개별 노동은 자본 앞에 무력하고 그대로 두면 약육강식의 사회가 됩니다. 따라서 자본과의 비대칭적인 힘의 균형을 맞추기 위해 노동자들의 노동3권을 법으로 보장해줍니다. 즉 단결권·단체교섭권·단체행동권을 통해 노동을 법적 틀 내에서 보호하는 것이지요. 물론 이러한 법이 현실에서 잘 지켜지는지의 여부는 결국 각 국가의 사회적 합의와 정치적 힘의 관계에 따라 매우 다른 양상으로 나타납니다.

사회주의는 사회의 공동체적 원리가 중시되는 사회입니다. 원칙대로라면 자본에 대해서도, 권력에 대해서도 사회가 갖고 있는 공동체적 가치가 우위를 발휘해야 합니다. 따라서 국가의 주인이라고 하는 노동자들이 주체로서의 권리를 행사하고 사회적 논의에서 주도적인 힘을 발휘해야 하는데, 과연 현실은 어떨까요?

이러한 기존 사회주의 체제 안에서의 전통적인 노동자 이외에도 중국에는 시장화 개혁 이후 등장한 새로운 노동자들도 있습니다. '체제밖'이라고 불리는 영역에서 활동하는 기업에서는 일자리 배분이 아니라 시장을 통해 노동력의 수급이 이루어지고, 과거 사회주의 시기에는 없었던 자본-노동 간의 갈등이 나타납니다. 이러한 도시 산업화 과정에서 농촌에서 올라온 이주노동자들을 중국에서는 '농민공'이라고 부릅니다. 농민 노동자라는 뜻이죠. 즉 호적은 농촌에 있지만 도시에 와서 노동을 통해 생계를 유지하는 계층으로, 예전 사회주의 시기의 노동자와는 다른 계층으로 분류됩니다. 농민공은 호구제도의 유지로 인해 도시로 이주했지만 도시민으로 인정받지 못하는 중국에만 존재하는 특유의 계층입니다. 개혁개방 건설의 주력군인 이들은 2016년 약 2억8천만 명 정도의 규모에 달합니다. 이들 농민공은 어떻게 형성되었고 이들이 안고 있는 문제는 무엇일까요?

농촌 출신이라 농민노동자라고 부르는 것인데, 농촌 출신의 대학생을 농촌대학생이라 부르지는 않습니다. 호칭 자체에 명백히 농촌을 무시하며 낮춰보는 도시 중심의 편견이 담겨 있습니다. 이들은 도시 노동자와 동일한 일을 하지만 차별적 대우와 시선을 받습니다. 2014년 개봉한 중국의 유명한 6세대 감독 지아장커(賈樟柯)가 만든 '천주정(天注定)'이라는 영화를 보면 농민공에 관한 일화가 나옵니다. 지아장커 감독은 신문매체에 보도된 네 건의 실제 사건을 영화의 소재로 삼았다고 하죠. 그중 한 에피소드가 2010년 폭스콘(foxconn) 공장 노동자들의 연쇄자살 사건을 다룹니다. 폭스콘은 다국적 기업의 주문을 받아 값싼 노동력을 이용해 부품을 생산하는 세계 최대 조립가공 공장으로 중국 각지에서 고용하고 있는 규모가 거의 백만 명 정도에 이릅니다. 2010~2012년 광둥 지역을 중심으로 노동자들이 연쇄적으로 기숙사에서 투신해서 자살하는 사건이 일어나 사회적 파장을 일으켰습니다. 이들이 바로 돈을 벌기 위해 도시로 들어온 농민공들입니다.

중국 노동자들의 문제를 얘기하기 전에 우선 중국 사회구조의 특징과 개혁 이후의 변화를 살펴봅시다. 중국 정치나 경제에 관한 소식은 언론매체에 많이 보도되지만 그것만을 가지고 중국사회를 이해하기는 어렵습니다. 중국의 기본적인 사회구조가 어떠한지에 대한 갈피를 잡고 있어야 중국 전체를 시야에 넣고 이해할 수 있습니다. 1978년 말 개혁개방정책이 결정되고 시행된 시점을 기준으로 그 전후의 사회구조 변화를 살펴보도록 하겠습니다.

우선 개혁 이전에는 시장이 없는 '사회주의계획경제' 시스템이었습니다. 혁명을 거쳐 새로운 국가를 건설했지만 당시 중국은 매우 가난한 농업대국이었습니다. 모든 사람들에게 골고루 혜택이 돌아가는 평등한 복지와 민생 등 사회주의적 약속을 실현시킬 수 있는 국가 재정이 존재하지 않았습니다. 또한 공업화 추진을 통해 근대적 국가경제를 건설하는 것도 시급한 과제였습니다. 이러한 조건에서 중국은 도시 노동자들에게 일자리를 배분하고 단위(單位)체제를 통해 노동력을 관리하는 시스템을 만들고, 나머지 90%의 농민들에게는 토지를 집단소유하게 함으로써 자체적으로 생산과 분배의 문제를 해결하도록 합니다. 그리고 농촌에서 도시로의 이주를 제도적으로 금지하는 '호구(戶口)제도'를 시행함으로써 농촌과 도시는 점차 완전히 분리된 '도농이원구조'를 형성하게 됩니다.

물론 건국 초기부터 노동력의 이동이 불가능한 것은 아니었지만, 1950년대 많은 인구가 점차 도시로 몰리면서 이를 제한하기 위해 1958년 '호적등록제도'를 실시합니다. 전체 인구를 '농업인구'와 '비농업인구'로 나누어, 농촌에서 태어나면 농업인구, 도시에서 태어나면

비농업인구로 분류합니다. 아버지가 농민이면 자녀의 호구도 농촌에 두고, 아버지가 도시 노동자라면 자녀도 도시 호구를 갖는 세습적 성격을 띱니다. 사회주의 근대국가임에도 불구하고, 부모의 신분을 물려받는 봉건적 특징이 지속되어 나타납니다.

도시 호구가 있고 없고의 가장 큰 차이는 공공재에 대한 접근권에 있습니다. 도시 호구를 가진 사람은 자신이 속한 일정한 기업 혹은 사업 단위에서 제공하는 주택, 의료, 교육의 혜택을 제공받습니다. 건국 초기 중국경제는 소비에트 모델을 따라 중공업 우선발전전략을 채택합니다. 당시 자본과 기술이 없고 노동력이 풍부한 중국의 조건에서는 경공업 발전모델이 적합한 전략이었지만, 현실 정책은 그 반대였죠. 오히려 자본, 기술 집약적인 중공업 발전전략을 추진합니다. 왜 그랬을까요?

냉전이라는 국제환경 속에서 먼저 군수산업을 발전시켜야 할 이유도 있었고, 또한 앞서 나간 사회주의 국가건설 모델이 소비에트모델밖에 없었습니다. 소련의 자본과 인적, 기술적 지원을 받아 산업화를 추진합니다. 중공업 발전모델은 자본집약적 특성으로 인해 고용 창출에는 한계가 있었기 때문에, 농민을 토지에 묶어두고 도시로의 인구 이동을 막는 제도적 장치가 필요했습니다. 농촌에서는 점차 농업의 집단화가 진행되어 인민공사(人民公社)의 형태로 생산단위를 조직했고, 농촌 자체의 공업화 전략을 추진합니다. 도시는 소속 단위를 통해 안정적인 고용과 임금, 그리고 의료, 교육, 주택 등의 복지를 제공하는 '단위체제'를 점차 형성해 나갑니다. 지속적인 공업화를 추진해 나가기 위해 도시 기업단위에서 저임금 체제를 유지했고, 대신 국가가 식량을 수매해서 도시 노동자들에게 싸게 공급하는 '식량배급제도'를 실시합니다. 단위에 속한 간부와 노동자들에 대한 인사관리시스템인 '당안(檔案)제도' 역시 도시를 관리하고 통제하는 중요한 제도 중 하나였습니다.

개혁정책이 시작되면서 시장시스템이 부분적으로 도입됩니다. 이는 기존의 계획 부문에서 필요한 재화와 서비스를 공급받는 것 외에도 시장에 가서 필요한 물건을 살 수 있다는 것을 의미합니다. 기존 식량배급시스템 안에서는 농민이 도시에 왔을 때 식량을 구할 수 없었지만, 시장이 생겨나면서 이것이 가능해졌고 비공식적인 이주가 가능해집니다. 문혁이 끝나고 하방되었던 대략 1,500만~2천만 명의 청년들이 도시로 돌아오지만, 도시는 이미 포화상태로 이들에게 배분할 수 있는 충분한 일자리가 없었습니다. 이에 따라 당국에서는 어쩔 수 없이 개인의 자력으로 일자리를 구하고 생계를 유지하는 방식을 인정하게 됩니다. 점차 시장이라는 기제를 통해 취업하는 사람들이 늘어나고 자영업자(個體戶)도 급증합니다. 기존 사회주의 체제 밖 영역에 종사하는 노동력이 증가하기 시작합니다.

농촌의 일부 지역에서는 생존을 위해 당국의 허락을 받지 않고 자발적으로 집단농장 체제에서 가족농 방식으로 바꾸었고, 이러한 생산조직방식의 변화에 따라 인센티브가 증가되어 생산량이 급증합니다. 이에 따라 당국은 가족 단위로 토지를 도급하여 농산물을 생산하는 '농가생산책임제'를 승인하게 됩니다. 이후 각 농가는 30년간 토지를 도급받아 사용할 수 있는 권한을 갖게 되고, 농촌 토지를 개발하는 권한은 지방정부가 가지게 됩니다.

그러나 1980,90년대 노동개혁이 추진되면서 도시에서의 단위체제가 해체되기 시작합니다. 기존의 '철밥그릇(鐵飯碗)'으로 상징되는 완전고용이 노동계약제로 바뀌고, 의료나 주택, 교육 등의 복지도 점차 개인의 부담이 늘어나는 형태로 상품화·시장화 됩니다. 특히 주택의 경우 1998년 전면적인 시장화 정책이 이루어지면서, 기존 단위로부터 무상 분배받았던 주택을 저렴한 가격으로 구매하는 주택 상품화 정책이 시행됩니다. 이때 단위로부터 저가로 주택을 구입했던 사람들은 2천 년대 이후 전세계적인 부동산 가격 상승에 따라 도시 중산층으로 진입하게 되지만, 당시 단위주택을 구매할 시기를 놓친 사람들은 이후 천정부지로 오르게 된 주택 가격을 감당하기 힘들어집니다.

대학생들에게 일자리를 배정하는 정책도 1993년에 폐지됩니다. 그 이전에는 대학 단위에서 학생들에게 일자리를 배분해 주었지만, 이제는 시장에서 자유롭게 직업을 선택할 수 있게 된 것입니다. 그러나 1999년도부터 대학모집정원을 확대하고 대학 진학률이 상승하면서 취업 시장에서의 경쟁이 치열해졌습니다. 현재 중국의 대학생들도 안정적이고 좋은 일자리를 구하기 어려운 상황에 놓여있습니다. 공무원 시험에 엄청난 사람들이 몰리면서 경쟁률이 치솟는 현상은 이제 중국이나 한국이나 비슷합니다.

개혁정책은 대외 개방과 동시에 이루어졌고, 이에 따라 일부 연해 지역을 중심으로 특구(特區)가 설립되면서 외자기업과 화교자본이 중국 동남부 지역으로 들어오게 됩니다. 때마침 자국의 치솟은 인건비를 피해 더 낮은 임금 지역을 찾던 노동집약적 산업들이 중국 연해로 들어오게 된 것이죠. 부품을 단순조립, 가공해서 다시 외국으로 수출하는 기업들로서는 값싼 노동력이 필요한데, 이러한 기업들의 인력은 중국 농촌 노동력으로 채워지게 됩니다. 농촌을 벗어나 도시로 이동했지만 호구제도로 인해 호구는 여전히 농촌에 두고 도시에 와서 일하는 농민공이 형성된 것이죠. 경제발전 과정에서 농민공의 중요성이 커지면서 농민공 문제에 대한 합리적이고 이성적인 접근이 필요해졌고, 이후 도시에서 생활하는 농민공들을 위한 다양한 복지정책이 조금씩 확대됩니다. 점차 이들 농민공을 도시에서의 시민으로 인정해 주고 대우해 주는 제도를 마련하게 된 것이죠. 호구제도도 점차 완화되거나 폐지되는 방향으로 개혁되었습니다. 이렇게 해서 중국의 사회구조는 기존의 '도농이원구조'에서 점차 '도농통합'이라는 새로운 형태로 나아간다는 방침입니다. 그러나 이는 매우 기나긴 시간이 필요한 과정이라 할 수 있습니다. 빠른 시간 내에 이러한 정책을 안착시키기에는 인구도 많고 재정문제도 한계가 있기 때문에 쉽게 진행되기는 매우 어렵습니다.

사회주의 노동계급: '공장의 주인에서 주변 노동자로'

중국의 사회구조 변화에 대한 간단한 소개를 마치고, 개혁 이후 노동의 문제를 살펴보겠습니다. 우선 노동의 주체인 노동자를 두 개의 범주로 나누어 살펴볼까 합니다. 하나는 사회주의 시기에 형성된 전통적인 국유기업 노동자입니다. 다른 하나는 개혁개방 이후 도시에서 필요한 노동력을 공급하기 위해 농촌에서 이주한 새로운 노동자들, 바로 농민공들입니다. 전자는 '사회주의 노동자' 혹은 '구노동자(老工人)'로, 후자는 '농민공' 혹은 '신노동자(新工人)'로 불립니다. 사실 하는 일이 같은 노동계급이지만 역사적, 정책적 이유로 명칭을 따로 불러 왔습니다.

우선 국유기업은 '전인민소유제' 형태의 기업으로 이론적으로 말하자면 이 기업에서 일하는 직원들은 관리직이든 생산직이든 상관없이 모두 기업에 대한 소유권을 갖고 있습니다. 특히 과거 사회주의 시기에는 노동자가 경영에 참여하는 각종 제도나 정책들이 있었고 영도계급이라는 정치적 지위가 부여되면서 노동자들은 상당한 자부심을 갖고 있었습니다. 그러나 개혁 이후 중국 경제상황의 변화와 산업 구조조정이 이루어지면서 기존의 국유기업들은 경쟁력을 잃게 됩니다. 또한 노동정책의 변화로 기존의 평생직장 개념이 깨지고, 고용형태도 점차 노동계약제로 바뀝니다. 시장 상황에 적응하지 못한 많은 국유기업들이 문을 닫거나 대대적인 구조조정을 진행하면서 노동자들도 대량 해고라는 상황을 맞게 됩니다. 국유기업 분야에서 노동의 첫 번째 위기는 1990년대 말에서 2천 년대 초반 사이에 발생합니다. 그런데 경제적 효율과 시장 논리에 따라 국유기업 공장 설비의 감축과 함께 대대적인 인력 해고가 이루어지는 것이 당연한 일일까요?

사실 중국에서 국유기업은 단순히 경제활동의 행위자가 아니라 정치적 통제와 사회적 안정을 유지해 나가는 중요한 기반입니다. 국유기업 노동자들은 예전 사회주의 시스템에서 저임금을 받고 일했는데, 이러한 저임금 체제의 유지가 가능했던 것은 퇴직 이후 안정적인 노후 보장을 받을 것이라는 미래에 대한 약속이 있었기 때문입니다. 저임금 체제 속에서도 노후 보장과 사회주의 건설을 위해 청춘을 바쳐 일한다는 자부심으로 일해 왔는데, 세상이 바뀌었다고 해서 이들을 해고한다면 당장 폭동이 일어나겠죠.

이에 따라 중국 정부는 노동자들에게 기업과의 노동관계를 완전히 끊는 것이 아니라 '면직(下崗)'이라는 과도기적 고용형태를 줍니다. 즉 공장이 문을 닫게 되어 더 이상 일을 하지 못하는 경우 곧바로 실업자가 되는 것이 아니라 일정기간 보조금을 받으면서 기존 사회주의시스템에서 제공받던 교육, 의료, 주택의 혜택을 지속적으로 보유하게 되는 것이죠. 이러한 정책에 필요한 재정은 국유기업이 소속된 각 지방정부나 중앙정부의 보조금으로 충당합니다. 국유기업은 건국 초기 소련의 지원을 받아 산업기반을 건설한 동북지역이나 제국주의로부터의 위협을 피하기 위한 '3선건설(三線建設)' 정책에 따라 산업기지를 내륙으로 옮긴 산시(陝西), 허난(河南), 쓰촨 등의 지역에 집중되어 있습니다.

이렇게 국유기업 노동자들은 사회주의 국가의 주인이라는 자부심으로 평생을 일해 왔지만, 개혁과 함께 자신이 속해 있던 산업과 기업이 쇠락하고 정리되면서 시장체제의 주변자 또는 낙오자라는 상실감을 겪게 됩니다. 지아장커 감독이 만든 영화 '24시티(City)'를 보면 이러한 노동자들의 심정을 절실히 느낄 수 있습니다. 이 영화는 1958년 국가 주도로 세워진 국유공장이 개혁 이후 시장화 과정에서 적응하지 못하고 문을 닫고 그 일대가 재개발되는 과정을 그립니다. 이 과정에서 일자리를 잃은 사회주의 노동자들의 절망감을 노동자들과의 직접 인터뷰를 통해 담아냅니다. 사회주의 체제에도 불어 닥친 자본과 개발의 논리 속에서 예전의 영광스런 노동계급의 극적으로 변화된 처지와 이들의 불안한 마음을 생생하게 그려냅니다.

국유기업 노동자들은 그저 절망과 상실감에 머무르지 않고 현실에서 노동자 집단행동으로 불만을 표출합니다. 첫 번째 대대적인 시위의 물결은 2002~2003년에 일어났습니다. 대표적으로 2002년 3월 베이징에서 양회(兩會)가 열리는 동안 랴오닝성(遼寧省) 랴오양(遼陽)에서는 철합금 공장의 노동자들을 중심으로 대규모 노동자 시위가 발생합니다. 십여 개 공장의 수만 명의 노동자들은 마오쩌둥의 초상화를 어깨에 메고 "궁상우(龔尙武, 당시 랴오양시 당서기) 파면, 랴오양시 해방", "우리는 밥을 원한다! 빚진 돈을 갚아라!" 등의 플래카드를 높이 들고 지방 부패관료의 처벌과 국유자산 보호, 노동자 기본 권리의 보호 등을 요구합니다. 9일 동안 지속된 노동자들의 시위는 결국 정부의 폭력 진압으로 끝났고 시위를 주동했던 4명의 노동자 대표가 잡혀갔으며 그중 2명이 '국가 전복죄'로 실형을 선고 받습니다.

국유기업 노동자들의 시위는 이후 지속되다가 2009년 퉁강(通鋼)사건으로 정점에 이릅니다. 2009년 7월 지린(吉林) 퉁화시(通化市) 국유기업 퉁화철강의 노동자 수만 명이 회사의 민영화 방침에 반대하며 시위를 벌이다가 이 회사를 인수·합병하려던 사영기업 젠룽(建龍)철강의 임원 천궈쥔(陳國軍)을 구타해 숨지게 한 사건입니다. 퉁화철강 사건이 발생하고 나자 전국의 국유기업 노동자들은 뜨거운 반응을 보였고, 허난에 있는 한 국유기업에서는 "퉁강 노동자 형님들로부터 배우자", "마오쩌둥 사상으로 우리의 진지를 점령하자"라는 플래카드를 내걸기도 합니다. 퉁화철강 사건 이후 전총(전국 노조)에서는 직공대표대회(국유기업 내 경영진, 직공대표, 노동조합으로 구성된 삼자협의기구)의 동의를 얻지 못한 구조조정은 무효라고 발표합니다. 국유기업 구조조정을 할 때는 반드시 노동자의 의견을 묻도록 한 것이죠.

최근 시위로는 2016년 3월 헤이룽장성 쐉야산(雙鴨山) 룽메이(龍煤)그룹의 노동자들과 가족들이 임금과 연금 체불에 항의하며 벌인 대규모 시위가 있습니다. 쐉야산 지역 노동자 시위에서는 “우리는 살고 싶다, 밥을 먹고 싶다”라는 구호 외에도 “부패범죄분자를 타도하자”, “공산당은 돈을 돌려 달라”는 플래카드가 등장합니다. 룽메이 그룹의 또 다른 광산이 위치한 허강(鶴崗)과 치타이허(七台河) 지역에서도 4월 퇴직노동자들이 연금 삭감과 난방비 미지급에 대해 항의하며 시위를 벌이지요. 최근 에너지 의존 산업은 모두 어려움을 겪으며 대대적인 구조조정이 진행 중입니다. 세계시장 수요가 줄어들었기 때문이죠. 그러나 노동자들은 시장 수급상황의 변화로 인한 적자는 어쩔 수 없는 현실로 받아들이지만, 관료들의 부정부패에는 분노합니다. 2000~2012년 시장 호황의 기간 동안 발생한 그 많던 이익은 누가 가져갔느냐는 것이죠. 이처럼 현재 중국은 대대적인 제2차 해고의 물결에 직면해 있습니다. 한국 역시 1997년 IMF 구제금융 사태 이후 2차 대량 해고사태에 직면해 있습니다. 특히 조선업은 세계시장의 수급상황의 변화로 인해 대폭적인 구조조정이 필요하며, 산업이 회복되기 위해서는 상당한 시간이 필요할 것으로 예상됩니다. 설비 감축 외에도 현재 업계 노동자들이 차례대로 감원되고 있습니다. 정부는 순차적으로 해고를 하면서 특별고용지원을 해 주지만 이는 일종의 버티기 작전으로 근본적인 해결책은 아닙니다.

중국 국유기업 노동자들은 퇴직 이후 연금을 받지만, 치솟는 집세와 물가를 감당하기 어렵습니다. 이들의 불만의 목소리는 엄청나게 높지만 이들에겐 조직이 없습니다. 대개 기업 단위 안에서 불만을 토로하고 지방정부가 성의를 갖고 문제를 해결해 주길 바랍니다. 조직적 힘은 없지만 사회주의 체제에서의 경험과 기억이 이들의 행동을 정당화하는 중요한 자원이 됩니다. 노동자가 주인이라고 선전되던 과거의 기억을 오늘날 주변으로 밀려난 현실과 대비시킵니다. 사회주의 원리를 가지고 공산당을 비판하는 것이지요. 그래서 당국에 항의할 때마다 마오쩌둥의 초상화를 내걸고 부패분자를 타도하자고 외치는 겁니다. 그러나 이들의 주장은 전체 공산당을 겨냥한 것이 아니라 당내 자산계급을 몰아내고 초기의 공산당으로 돌아가야 한다는 것입니다. 외신 보도처럼 독재정권을 전복하고자 하는 그런 운동은 아닌 것이지요.

그렇다고 중국 사회가 안정적인 것은 아닙니다. 중국 지도자들도 이들의 불만이 어느 상황 이상으로 터져 나오면 체제 자체의 위험요인으로 촉발될 수 있다는 점을 잘 인식하고 있기 때문에 이들의 불만이 집단행동으로 분출되는 것을 엄격하게 통제하고 있습니다. 중국의 고민은 연해지역과는 너무 다른 이들의 정서와 요구를 어떻게 해결하고 수용하느냐에 있다고 볼 수 있습니다. 이들의 목소리는 2013년 일본 NHK 방송사에서 제작한 다큐멘터리 '모택동의 유산'에 보면 잘 나타나 있습니다. 허난 정저우시(鄭州市) 국유공장의 노동자들이었던 이들은 "우리는 마오 시대의 공산당이 그립다"고 외칩니다.

신자유주의 세계화와 중국 농민공의 성장

다음으로 농민공들의 문제를 보도록 하지요. 우선 농민공이라는 거대한 유동인구가 생겨나게 된 국내외적 환경 변화를 살펴보겠습니다. 국내적 차원에서 보면 농민공은 개혁개방이라는 발전노선에 따른 산업구조 변화와 도시산업화 과정에서 형성된 것이라고 볼 수 있습니다. 또한 외부적 환경에서 보면 세계적인 구조조정의 과정이 있었기 때문에 이러한 산업화 전략 역시 가능했다고 볼 수 있지요. 개혁개방의 시기가 왜 1960, 70년대가 아니라 1970년대 말에서 1980년대 초반인가는 중국의 개혁시기와 세계경제 환경의 변화가 맞물려 있었기 때문이었다고 볼 수 있습니다. 1970년대로 들어서면서 기존의 자본주의 세계체제의 수익구조가 한계에 달합니다. 뭔가 변화되지 않으면 지속적인 이윤축적은 불가능하게 되죠. 성장과 이윤축적이 둔화된 상태에서 기업들은 무엇을 생각할까요?

지난 120여 년 간의 자본주의 노동운동 역사를 분석한 비버리 실버(Beverly J. Silver)의 『노동의 힘』이라는 책을 보면, 자본가들이 축적의 위기를 맞으면 언제나 변신을 꾀한다는 것을 알 수 있습니다. 실버는 이를 '재정립(fix)'이라는 용어로 개념화합니다. 4가지 형태의 재정립을 통해 축적의 위기를 모면하면서 자본주의 형태를 지속적으로 확장해 올 수 있었다는 것이죠. 첫 번째는 '공간적 재정립'입니다. 임금이 더 싼 지역으로 생산기지를 옮기는 것이죠. 미국이나 일본에 있었던 제조업이 1960,70년대 한국으로, 다시 임금이 오르니까 1980년대 중국으로, 다시 최근에는 중국 내륙이나 동남아로 지리적 재배치를 통해 이윤을 확보하는 것을 말합니다.

두 번째는 '과정의 재정립'입니다. 생산 자동화나 고용관계의 변화를 통해 노동비용을 절감하는 형태를 말합니다. 그중 하나가 하청시스템을 만들어 고용에 대한 기업 부담을 털어버리는 방식입니다. 수익의 한계에 도달한 자본가들이 비용을 절감할 목적으로 직접고용을 간접고용형태로 전환하고, 이를 노동시장의 유연화로 포장한 것입니다. 이에 따라 비정규직 고용형태가 등장하게 되고, 다층적인 하청

시스템이라는 생산방식도 출현하게 됩니다. 이에 따라 다국적 기업의 본부는 선진국에 있고 공정의 일부를 떼어내어 인건비가 싼 지역에 주문생산을 맡깁니다. 연쇄적인 생산사슬로 '생산의 지구화'가 전개되며, 전체 과정을 다국적기업이 통제하게 되지요. 생산 공정의 일부가 중국으로 들어오면서, 1980~90년대 중국은 조립, 가공을 기반으로 한 '세계 공장'으로 떠오르게 된 것입니다.

나머지 두 가지 재정립의 형태는 '제품 재정립'과 '금융 재정립'입니다. 제품 영역에서 수익이 없으면 금융업으로 변신하여 이윤을 확보합니다. 금융화 단계로 가면 지표상으로는 성장하지만 고용이 창출되지 않는 '고용 없는 성장'이 빠르게 진행되며, 일반 노동자들에게는 이윤의 혜택이 돌아가지 않습니다.

1970년대 말과 1980년대 초반은 바로 '생산의 지구화'와 '신자유주의 금융화'가 시작된 시기이며, 중국의 개혁은 이러한 세계경제의 구조적 변화에 따라 가능해집니다. 중국은 이미 대중교육의 보급으로 일정한 교육을 받은 저렴하고 질 좋은 노동력을 갖추고 있었고, 개방 초기 화교자본이 중국 대륙으로 유입되면서 초기자본을 마련할 수 있었습니다. 그러나 생산사슬의 말단에 위치한 중국에서 자본의 이익추구란 거의 노동비용을 절감하는 방법을 통해 이루어졌기 때문에, 하청에 재하청을 거치는 끝없는 '바닥으로의 경주(race to the bottom)'가 펼쳐집니다.

2015년에 제작된 중국 다큐 〈폭스콘: 하늘에 발을 딛는 사람들, 飛昇〉에서는 "2010년 아이폰 한 대당 이윤의 58.5%는 애플사가, 21.9%는 원자재 공급업체가, 4.7%는 한국이 가져가고 나면 폭스콘에 남는 몫은 2%에 불과했다"고 폭로합니다. 아이패드 한 대당 애플은 150달러(30%)를 가지고 부품공급으로 한국이 34달러(6.8%)를 가져갈 때, 중국 조립라인의 노동자는 겨우 8센트(1.6%)를 월급의 형태로 가져간다고 합니다. 생산사슬 위쪽에 위치한 다국적기업의 독점적 이윤을 보장하고 있는 지독히도 모순적인 수익분배구조가 폭스콘에서 일하는 노동자들을 절망의 하루하루로 몰아넣어 왔습니다. 이에 따라 중국 농민공들의 임금은 2010년 이전까지 거의 20년간 아무런 변화가 없었습니다. 물론 이들에게 도시민으로서의 혜택을 누릴 수 있는 도시 호구도 주지 않았지요.

개혁 이후에도 호구제도를 폐지하지 않고 유지하면서 값싼 노동력을 지속적으로 제공할 수 있는 저임금 구조를 계속 유지합니다. 노동수요가 있을 때는 도시에서 일하다가 도시 경기가 좋지 않아 일거리가 없을 때는 다시 농촌으로 돌아가라는 것이죠. 중국 경제학자 원톄쥔(溫鐵軍)의 지적처럼 제도비용과 희생을 농촌과 농민들에게 전가하는 것입니다. 중국 경제성장의 주요 원인이 무엇인가에 관한 많은 논쟁이 있지만, 농민공들의 엄청난 희생과 공헌이 있었기 때문에 경제성장이 가능했다는 사실을 잊지 말아야 합니다. 2008년 베이징 올림픽의 주경기장과 전국 대도시의 랜드마크 건물들은 모두 농민공의 손을 거치며 이들의 피와 땀으로 건설된 것입니다.

2015년 농민공 조사에 따르면 농민공은 모두 2억 7,747만 명입니다. 2014년 중국 전체 인구 13.6억 명 가운데 도시 호적인구는 4.6억 명이지만, 거주기준으로 하면 7.4억 명입니다. 도시 거주인구와 도시 호적인구의 차이가 바로 도시에서 거주하지만 도시 호구를 갖고 있지 않은 농민공의 숫자입니다. 중국 농민공들은 다양한 이름으로 불리며 차별을 받아왔습니다. 도시로 밀려드는 맹목적인 유입자라는 뜻의 '맹류(盲流)'라는 표현은 떼거지처럼 도시로 몰려드는 사람들이라고 비하하는 호칭입니다. 도시에서 일하면서 살고 있지만 시민으로서의 권리와 혜택을 누리지 못하는 '2등 시민'과도 같은 처지에 있는 사람들, 이들은 한국의 외국인 노동자들의 처지와 비슷합니다. '공돌이(打工仔)', '공순이(打工妹)'라는 호칭도 있습니다. 마치 1960,70년대 한국에서 가족들과 대학생 오빠를 부양하기 위해 서울로 올라와 공장에서 일하던 가난한 여동생들과도 같습니다. 이들이 사회적 이슈가 된 것은 1993년 선전시(深圳市)의 한 외자기업인 장난감 공장의 화재 사건이 계기가 되었습니다. 열악한 작업환경과 엄격한 감독시스템에 의해 희생된 여공들 87명의 일기와 부치지 못한 편지들이 발견되어 사람들의 마음을 안타깝게 했습니다.

청바지를 생산하는 선전시의 한 하청공장에서 10대 여공들의 일과 생활을 찍은 2005년 다큐 〈차이나 블루(China Blue)〉를 보면 당시 농민공들의 생활을 엿볼 수 있습니다. 주문량이 많아 일이 많을 때는 거의 잠을 자지 못하면서 작업을 하고, 여공 8명이 비좁은 방에서 함께 생활하며 작업장은 CCTV로 24시간 감시됩니다. 쓰촨에서 온 17세 소녀 샤오리는 청바지 실밥을 뜯어내는 작업을 하는데, 한 벌 작업을 완성하는데 소요되는 시간은 30분이고 수당은 5마오(毛)입니다. 하루에 10시간 정도 일하면 10위안(元)을 버는 셈이죠. 12~15시간 정도 일을 해야 최소한의 생활비를 벌 수 있습니다. 작업장 벽에는 "오늘 열심히 일하지 않으면, 내일 열심히 일 찾으러 다닌다(今天不努力工作, 明天努力找工作)"는 협박성 문구도 붙어 있습니다.

이렇게 노동자들의 피와 땀을 짜내어서 만들어진 청바지는 나이키, 리바이스 등의 상표를 달고 세계 각국에서 수십 달러에서 수백 달러의 비싼 가격으로 팔립니다. 우리가 입는 옷과 신발이 전지구적인 생산사슬의 말단에 위치한 제3세계 노동자들의 희생과 땀으로 만들어진 것이라는 점을 알아야 합니다. 노동자들의 노력만큼 과연 그들에게 정당한 몫의 대가가 돌아갔는지에 대해서도 관심을 기울어야 합니다.

신노동계급, 농민공의 상황과 저항

중국 농민공 역사에서 농민공 인권 문제를 대중적으로 환기시킨 계기는 2003년 3월에 발생한 쑨즈강(孫志剛) 사건입니다. 후베이(湖北) 출신의 디자이너인 그는 선전시라는 대도시에 와서 일을 했습니다. 당시만 해도 타지 출신이 해당 도시에 거주하려면 임시 거류증을 만들어야 하고, 만약 이를 소지하지 않으면 불시검문을 통해 강제로 구류하고 송환시키는 법이 있었습니다. 쑨즈강도 불시검문에 걸려 구치소에 갇혔다가 공안에 의해 구타를 당하고 죽게 됩니다. 이 사실이 인터넷을 통해 신속하게 알려졌고, 중국 여론을 움직이며 오프라인 언론매체에서도 잇달아 보도하면서 사회적 이슈가 됩니다. 이 사건이후 중국 정부는 강제 구류 및 송환금지법을 전인대에서 통과시킵니다. 이 사건은 농민공에 대한 차별과 인권유린을 단적으로 보여주는 사건으로 이후 농민공 인권 개선과 호구제도 개혁을 위한 중요한 계기를 마련하게 됩니다.

중국 동남연해지역의 비공유부문, 즉 외자기업이나 사영기업 부문에서 장시간 노동과 열악한 노동조건에 시달리는 농민공들의 주요 노동이슈를 살펴봅시다. 우선 임금체불 문제가 심각합니다. 제조업과 건설업이 임금체불 전체의 70%를 차지하며 경기가 좋지 않을 경우에는 더욱 심각합니다. 특히 건설업의 경우 십장(包工頭)이 자기 동향인들을 데리고 다니는데, 이들 십장이 중간에서 임금을 착복해서 도망가는 사건이 많습니다. 대규모 건설사업의 경우 건설사가 하청업체에 업무를 도급하고, 하청업체는 다시 재하청을 거쳐 마지막 십장에게 현장 일을 도급하는데, 건설사는 노무관리비용을 아끼기 위해 십장에게 임금, 고용, 노동관리 등 모든 권한을 부여합니다. 대개 건설업은 분기별로, 혹은 완공이 되면 십장을 통해 임금을 지급하기 때문에, 한꺼번에 많은 돈을 받은 십장이 도주하는 일이 빈번하게 일어나는 것이죠. 임금을 떼인 농민공들은 다양한 방식으로 임금을 돌려받고자 합니다. 무릎을 꿇고 애걸도 하고 정부 청사를 찾아가 청원도 하며 풍자 형식으로 항의도 합니다. 그러다 받을 가능성이 없다고 생각되면 절망감에 빠져 건물에서 뛰어내려 자살도 합니다.

2010년 언론을 통해 노동자 연쇄자살 사건으로 알려진 폭스콘 공장의 경우 다른 공장에 비해 임금 조건이 상대적으로 좋다고 알려져 있지만, 마치 군대와도 같은 엄격한 작업장 규율과 비인간적인 감시 시스템을 갖춘 작업환경이 밝혀졌습니다. 같은 작업장에서 일하는 동료 이름조차 알 수 없을 만큼 아무 대화도 없는 침묵의 공간이었습니다. 연속해서 자살 사건이 발생하자 사측에서는 기숙사 건물 아래 그물망을 쳐서 떨어져도 살 수 있게 하는 임시방편을 대책이라고 내놓았죠. 폭스콘에서 일했던 노동자 시인 쉬리즈(許立志) 역시 2014년 자살을 하는데, 그가 남긴 시가 인터넷을 통해 알려지면서 사람들을 울렸습니다. “눈앞의 종잇장 하늘이 노래진다.”라는 시구로 시작되는

〈그렇게 서서 잠이 든다〉라는 시와 〈작업장, 나의 청춘이 여기서 좌초되다〉, 〈생활에 매장된 마음〉 등을 읽다보면 공장에서의 애환과 빛바랜 청춘의 절망감과 슬픔이 느껴집니다.

이러한 개인적이고 수동적인 저항 이외에 농민공들의 적극적인 집단행동도 급증했습니다. 대표적인 사례가 2010년 5월 난하이(南海) 혼다자동차 파업입니다. 폭스콘의 경우처럼 전자제품의 부품 조립은 원자적, 고립적인 작업 성격의 특징으로 인해 노동자가 조직되기 매우 어려운 환경이지만, 자동차 산업의 경우 컨베이어벨트가 어느 한 곳에서 멈추어버리면 전체 작업이 가동을 멈추기 때문에 생산공정 전체에 영향을 미치게 됩니다. 노동자들이 집단적으로 행동하여 자신들의 권리와 이익을 얻어내기 위한 협상력을 발휘할 수 있는 작업구조입니다. 1980년대 한국 남성노동자들이 주축이 된 '노동자대투쟁'이 가능했던 업종도 대개 자동차나 조선, 중공업 등이었습니다. 난하이 혼다자동차 노동자들은 임금인상을 요구했을 뿐 아니라 지역 관변노조와의 몸싸움을 거치면서 노동자들의 자발적인 힘으로 조직된 민주노조의 결성을 요구했습니다.

그런데 이 파업이 외부에 알려지게 된 이유 중 하나는 중국 당국에서 일시적으로 언론보도를 허용했기 때문입니다. 그 배경에는 정부의 경제전략 전환이라는 배경이 있었습니다. 2008년 글로벌 금융위기 이후 서구 수요시장이 크게 위축되면서 중국의 수출주도 성장전략은 한계에 직면하였고, 설령 세계 경기가 회복되더라도 전체적으로 인구가 감소하여 예전처럼의 수출시장을 확보하는 것은 불가능한 상황이 되었습니다. 따라서 중국으로서는 예전처럼 수출주도형 성장이 아니라 내수확대를 통해 좀 더 안정적인 시장을 확보하는 것이 필요했습니다. 이러한 전략에 따라 2011~2015년 기간 동안 임금을 두 배로 올린다는 정책을 마련했고, 기업들에게 노동자 임금을 올리도록 정책적 권유를 했습니다. 그 결과 혼다자동차 파업 이후 임금이 30% 가량 인상되었고, 다른 연해지역의 공장에서도 잇달아 임금이 인상되었습니다. 그러나 인상된 임금보다 더 빠른 속도로 물가가 상승합니다. 특히 날마다 치솟는 도시의 주거비는 농민공들로서는 감당하기 매우 어려운 비용입니다.

일반적으로 중국에서 파업은 체제 불안정과 관련된 민감한 문제 중 하나이기 때문에 주류 매체에서는 잘 보도하지 않습니다. 그러나 '중국노동통신(China Labour Bulletin)'이라는 사이트에서는 중국의 파업 상황을 한눈에 알 수 있는 파업지도 서비스를 제공합니다. 이 사이트는 1989년 천안문 운동 당시 베이징 노동자자치조직을 만든 노동자 한둥팡(韓東方)이 홍콩에서 노동자 인권 개선을 위해 만든 사이트입니다. 이 사이트를 보면 최근 5년간 파업이 급증했고 2015년에는 2014년에 비해 두 배로 증가했음을 알 수 있습니다. 지역적으로는 자본과 공장이 몰려 있는 광둥과 쓰촨, 허난에서 많이 발생합니다. 우리나라 기업들이 많이 진출해 있는 산둥 지역과 연해 지역에서도 파업이 증가하고 있습니다. 자본이 가는 곳에 노동저항도 따라가는 것이겠죠. 중국 정부도 문제의 심각성을 인지하고 강압적인 방법으로 노동활동가에 대한 탄압을 가하면서도 다른 한편으로는 노동 상황 개선을 위한 방안을 지속적으로 모색하고 있습니다.

2015년 노동자 파업이 전년도에 비해 두 배 증가된 것은 광둥성을 중심으로 한 연해지역 기업들이 내륙지역으로 공장을 이전하려는 문제와 관련됩니다. 연해지역은 2010년 이후 노동자 임금이 많이 상승했고, 해당 지방정부들도 산업구조의 고도화를 위한 각종 정책을 내놓고 있어 기존에 있던 노동집약적 산업은 이미 경쟁력을 잃었습니다. 이러한 노동집약형 공장이 내륙으로 이전되는 과정에서 노동자에 대한 보상 문제를 둘러싸고 갈등을 빚고 있습니다.

이와 함께 농민공들의 사회보험 문제도 이슈화되었습니다. 1980, 90년대에 연해지역으로 건너와 돈을 벌었던 농민공들도 어느덧 4, 50대가 되었습니다. 부자가 되기도 전에 벌써 늙어버린 것(未富先老)이죠. 1세대 농민공들의 은퇴가 얼마 남지 않은 상황에서, 많은 기업들이 이들의 노후 연금을 위한 사회보험을 제대로 납부하지 않은 사실이 밝혀지게 됩니다. 게다가 15년 납부해서 받을 수 있는 금액도 고작 매달 4~5백 위안 정도에 불과합니다. 최근 치솟고 있는 물가 상승을 고려할 때 이 금액으로 생활하기에는 턱없이 부족한 실정이죠. 사측의 사회보험비 미납에 대해 분노한 노동자들은 "사회보험비와 주택공적금을 돌려 달라!"며 집단항의를 벌였습니다. 2014년 광둥성 둥관시(東莞市) 위위안(裕元) 신발공장 노동자들의 파업이 대표적입니다. 농민공에 대한 사회보험제도의 도입은 2003~2005년 사이에 이루어졌기 때문에, 이제 십년이 조금 넘었을 뿐입니다. 그마저도 가입률이 낮아, 연금(양로금)의 경우 농민공의 가입률은 15% 수준에 불과합니다. 향후 10년간 농민공들의 대거 퇴직을 앞두고 있는데, 이러한 퇴직자들의 삶을 어떻게 안정시키느냐가 중국이 안고 있는 큰 문제입니다.

파견노동자 문제도 심각합니다. 중국은 2008년 〈노동계약법〉 실시 이후 파견노동자가 급증합니다. 전체 노동자의 약 20%에 해당하는 6천만 명 규모라는 발표도 있습니다. 특히 정규직 규모를 편제(編制) 형태로 미리 정해 놓은 국유기업과 같은 공공부문에서 파견노동자를 많이 고용하고 있습니다. 중국 국가전력회사의 경우 누구나 들어가고 싶어 하는 좋은 직장이지만, 일선 노동자 80만 명을 파견의 형태로 고용하고 있습니다. 임금, 복지, 상여금, 승진, 작업환경 등에서 모두 차별적인 대우를 합니다. 이에 따라 최근 "동일노동, 동일임금"과 "노동법을 집행하라"고 외치며 정규직으로의 전환을 요구하는 파견노동자들의 시위가 급증하고 있습니다. 비정규직이라는 차별적 고용형태를 두어 기업의 비용을 절감하고 노동에 대한 통제를 강화하려는 경향은 중국이나 한국이나 모두 똑같습니다. 중국이 사회주의 국가라는 점에서 더욱 아이러니한 상황이죠. 우리나라의 경우 대기업 정규직의 임금 수준을 100으로 놓으면, 대기업 비정규직은 62, 중소기업 정규직은 6~70, 중소기업 비정규직은 35의 수준이라고 합니다. 중국은 지역과 업종에 따라 차이가 크지만, 정규직과 파견직의 임금 격차가 6~8배 수준까지 벌어진 지역도 있습니다.

농민공의 조직화: 노동NGO와 공동체 마을

중국에서 노동자 파업은 어떻게 일어날까요? 중국에서 노조는 노동자들에 의해 자발적으로 조직되는 것이 아니라 행정 위계적으로 구성된 관변노조로, 완전히 노동자 편에 선 노동자 조직이라 할 수 없습니다. 이에 따라 광둥 지역을 중심으로 한 연해지역에서는 노동자들이 어려움에 처했을 때 도움을 주는 노동자지원센터가 2005년 이후 많이 생겨났습니다. 광둥성에만 약 100여 개가 있다고 알려져 있습니다. 노동자지원센터에서는 단체협약이나 임금체불 문제, 사회보험 등과 관련된 법률 상담을 해 주거나 산재나 직업병 문제를 해결하는 과정에 도움을 주기도 합니다. 노동자들을 대상으로 정기적으로 노동법 관련 강좌를 개설하여 노동자의 법적인 권리에 대해 알려줍니다. 이 과정에서 자연스럽게 노동자 파업에 대해 자문을 하거나 파업과정에 개입하기도 합니다.

이러한 흐름 속에서 노동자 파업이 급증하고 점차 조직화된 모습을 보이기 시작하자, 중국 당국에서는 파업의 배후세력이라고 지목하며 노동활동가들에 대한 대대적인 탄압을 시작했습니다. 한 민간 노동단체에서 조사한 2015년 10대 노동사건 중 하나가 바로 노동활동가들에 대한 체포였습니다. 2016년 중국 당국은 사회단체나 민간 NGO 등이 해외 지원을 받는 것을 엄격하게 제한하는 법을 통과시켰습니다. 2015년 체포된 노동활동가들의 경우 그 죄목을 대부분 해외세력과의 불순한 연계를 빌미로 삼은 것입니다.

2천 년대 초반만 하더라도 전직 관료나 지식인들이 노동자들에게 도움을 주기 위한 지원센터를 만들었지만, 최근에는 노동자 스스로 파업 과정을 거치면서 자발적인 활동가가 된 경우가 많습니다. 이들은 미국이나 한국 등 다른 나라의 노동역사를 함께 공부하면서 관련 자료나 영화를 보기도 합니다. 한국 노동운동의 사례도 참고하는데, 조영래 변호사가 쓴 『전태일 평전』과 구해근 교수가 쓴 『한국 노동계급의 형성』이 중국어로 번역되어 있습니다. 〈아름다운 청년, 전태일〉과 〈변호인〉과 같은 영화도 좋아합니다. 노동 분야에도 한류가 있는 셈이죠.

농민공들은 돈을 벌기 위해 고향을 떠나온 사람들로 도시에서의 생활은 굉장히 힘들고 외롭습니다. 그래서 농민공이 삼삼오오 모여 살기 시작한 마을에서 스스로 자치적인 조직을 만든 경우가 있습니다. 대표적인 곳이 베이징 차오양구(朝陽區) 피촌(皮村)에 있는 '노동자의 집(工友之家)'입니다. 베이징시가 급속히 외연을 확장하면서 이 지역이 도시로 편입되었지만 여전히 촌이라는 행정 명칭을 사용하는 '도시 안의 농촌(城中村)'이라 할 수 있습니다. 원래 주민은 천여 명에 불과하지만 15,000여 명 정도의 농민공이 낮은 임대료 때문에 이곳에 모여 살고 있습니다.

음악교사였다가 베이징으로 돈을 벌러 온 쑨헝(孫恒)이라는 사람이 바로 이곳에 농민공들을 위한 '노동자의 집'을 만듭니다. 센터에는 공연과 모임을 위한 소극장도 있고 도서관도 있으며 농민공의 역사를 기록하고 보관한 노동자 박물관도 있습니다. 농민공들의 정서와 마음을 담은 노래를 직접 만들어 부르는 밴드도 만들었습니다. "우리의 문화가 없으면 우리의 역사도 없다"는 도서관에 걸려 있는 플래카드에서 엿볼 수 있듯이 스스로의 존엄과 삶의 의미를 찾기 위한 여러 가지 공동 작업을 진행하고 있습니다. 최근에는 자립을 위한 협동농장을 운영하고 있고 노동자 대학을 만들어 청년들을 위한 강좌와 세미나도 활발하게 운영하고 있습니다. 중고물품을 거래하는 사회적 기업이나 창업센터를 만들어 지속가능한 경제, 대안의 경제, 지역공동체에 대한 고민도 함께 하고 있습니다.

피촌 농민공 밴드가 부른 노래 중의 한 곡인 '노동자 찬가'는 우리나라 '임을 위한 행진곡'의 곡에 가사를 만들어 붙인 곡입니다. 임을 위한 행진곡은 이미 중국 뿐 아니라 동남아, 대만, 홍콩 등 아시아 곳곳의 시민사회에서 불리는 노래입니다. 물론 가사는 현지 상황에 맞게 바꾸었기 때문에 우리와는 다르죠. '노동자 찬가'에는 중국의 도시 건설에는 농민공의 피와 땀이 서려 있고, 노동자 권리는 스스로 쟁취해야 한다는 내용이 담겨 있습니다.

이곳 피촌에는 농민공 아이들을 위해 설립한 농민공자녀학교도 있습니다. 여기에서 7백여 명의 학생들이 함께 공부를 하고 있습니다. 사실 농민공들은 경제적인 차별 뿐 아니라 사회적인 기본 권리에 있어서도 차별적 대우를 받습니다. 대표적인 것이 교육 문제입니다. 농민공 자녀들은 호구가 농촌에 있기 때문에, 부모를 따라 도시로 이주했다 하더라도 도시의 공립학교에는 갈 수가 없습니다. 도시 공립학교에 가려면 상당한 돈이 필요합니다. 이 때문에 대부분의 농민공 자녀들은 조부모와 함께 농촌에 남겨진 경우가 많습니다. 이들을 '남겨진 아이들(留守兒童)'이라고 부릅니다. 성장과정에서 부모의 사랑을 제대로 받지 못하고 자란 아이들인데, 중국 전역에 약 6천만 명 가량 됩니다. 부모를 그리워하며 혼자 남겨진 아이들이 민감한 사춘기 시절 잘못된 마음을 먹고 비행을 저지르기도 합니다. 부모는 아이들을 위해 돈을 벌러 도시로 떠났지만 정작 가족은 뿔뿔이 흩어지고 가정은 해체된 것이죠. 따라서 농민공이 거주하는 지역에 스스로 설립한 농민공자녀학교는 그 의미가 매우 큽니다. 최근에는 중국의 각 시정부에서 이들 농민공 자녀에 대한 입학 차별을 없애는 정책을 확대하고 있지만, 교육환경이 좋은 학교의 경우 학비가 너무 비싸 현실적으로 갈 수 없는 경우가 많습니다.

이러한 농민공 자치 마을에 대한 지방정부의 입장은 기본적으로 '묵인'의 태도를 보입니다. 크게 일을 만들지 않으면 관여하지 않습니다. 이미 농민공은 엄청난 규모이고 기존 도시 안에서 각종 혜택을 제공받지 못하는 상황에서 스스로 알아서 살아간다면 해당 정부로서도 나쁠 게 없습니다. 이들이 서로 돌보고 서로 의지하며 도시에 부담을 주거나 공산당을 부인하지 않는 이상은 '암묵적으로' 허용합니다. 피촌의 노동자 집도 차오양구 정부의 묵인 하에 마을 공동체를 만든 것이죠. 그러나 도시 전체의 개발계획이 달라지면 이들 마을도 언제든지 철거될 수 있기 때문에 이들의 생활은 항상 불안합니다.

자본주의체제에서의 노동

지금까지 사회주의 시기의 노동자와 개혁 이후 형성된 신노동자를 구분하여 이들이 처한 상황과 주요 노동이슈와 쟁점에 관해 이야기했습니다. 열악하고 힘든 상황에서도 스스로의 존엄과 삶의 가치와 의미를 잃지 않고 살아가려는 노동자들의 마음이 느껴집니다. 그런데 이렇게 힘든 중국 노동자들의 이야기가 남의 나라 이야기로만 들리나요? 2014년 국제노동조합총연맹(ITUC)이 세계 139개국을 대상으로 조사한 세계노동권리지수(GRI)에 따르면 한국은 최하위인 5등급으로 분류되었고, 중국도 한국과 같은 5등급을 받았습니다. 5등급은 노동자 권리가 전혀 보장받지 못하는 사회를 말합니다. 우리나라는 민주주의 체제이고 노동3권이 법으로 보장되어 있습니다. 상식적으로 민주주의 사회라고 하면 법에 따라 노동자 권리가 보장받을 수 있을 것이라 생각하지만, 우리의 노동 상황이 권위주의 체제인 중국과 별반 다르지 않습니다.

그런 점에서 지금 우리가 사는 세계자본주의시스템에서 '노동'은 자본의 힘이 강한 어느 곳에서나 정치체제를 초월해 나타나는 민감한 이슈이며, 동시에 한 국가 내에서의 정치적인 세력관계와 사회적 힘에 따라 달라질 수 있는 정치적 문제라 할 수 있습니다. 쌍용자동차, 유성기업, 창조컨설팅 사태 등의 사건을 거치면서 노동에 대한 사회적 관심을 기울여야 우리 스스로 행복한 삶을 누릴 수 있다는 사실을 직시해야 할 것 같습니다.

노동 없는 민주주의는 불가능합니다. 특히 지금 세계는 '4차 산업혁명'이나 인공지능 시대를 말하고 있고, 제조공정과정에서도 산업로봇이 빠르게 인간을 대체하고 있습니다. 중국 제조업의 경우 이미 일본을 추월하여 산업로봇으로의 대체 비율이 30%를 넘습니다. 임금이 오르고 노동자들의 시위가 많아질수록 자본의 속성상 로봇으로 인력을 더 빠르게 대체하고 싶어 하겠죠. 이러한 시대 과연 인간으로서의 존엄이 무엇인지, 의미 있게 살아간다는 것이 무엇인지에 관한 사회적 고민이 필요해 보이고, 인간다운 삶을 영위할 수 있는 가장 기본적인 먹고 사는 문제를 해결할 수 있는 방안에 대해서도 생각해 봐야 할 것 같습니다. 최근 유럽과 한국사회에서 논의되고 있는 '기본 소득제' 역시 그 중 하나라고 할 수 있습니다.

중국 앞에 놓인 많은 사회문제들

중국의 사회문제로는 노동 이외에도 환경, 토지보상, 계층갈등, 권리운동 등의 이슈가 있습니다. 최근 10년간 중국인들의 권리의식이 매우 높아졌습니다. 중국 정부가 강조해온 '의법치국'의 방침과 함께

'의법투쟁'도 증가된 것이죠. 대표적으로 환경문제를 꼽을 수 있습니다. 2015년 전인대가 개최될 즈음 전직 CCTV 아나운서 출신인 차이징(柴靜)이 만든 환경 관련 다큐프로그램 〈돔 천장 아래(穹頂之下)〉가 화제가 되었습니다. 차이징은 임신 중에 뱃속의 아이가 종양이 있다는 말을 의사에게 전해 듣고, 그것이 베이징의 대기오염 때문이라고 확신합니다. 이를 계기로 중국의 대기오염과 환경문제의 원인과 실태를 규명하는 환경 보고서를 만든 것이죠. 2004년 이후 십여 년 간 환경이나 안전 등 주로 사회문제 고발 프로그램을 취재해 왔던 자료와 기록을 종합하여 만듭니다. 이때가 중국이 무섭게 성장하던 시기였죠. 단순히 중국 환경문제의 위험성을 고발한 것이 아니라, 이 다큐에는 전문가들의 분석과 함께 대기오염과 관련된 과학적 수치, 그리고 환경을 보호하고 오염을 감시해야 하는 당국이 왜 그러한 역할을 제대로 하지 못했는가라는 중국 관료집단의 구조적 문제까지도 담아냈습니다. 아울러 환경보호의 중요성을 의식하고 온 국민이 적극적인 관심을 가져줄 것을 요청하고 있습니다.

처음 이 다큐는 환경문제에 대한 경각심을 불러일으켜준다는 점에서 중국 정부가 지지를 했고 방송을 허용했습니다. 그러나 이 다큐는 곧바로 방영 금지됩니다. 언뜻 생각해서 환경은 비정치적 문제 같지만 현재 중국 도시인들이 가장 불만을 느끼는 이슈일 뿐 아니라 결국 이러한 상황에 이르도록 방조한 중국 정부의 잘못과 체제의 문제까지도 관련되기 때문이죠. 다큐에서 보여주듯이 환경보호국이 있지만 중국 시스템에서는 아무런 역할도 하지 못합니다. 석유와 석탄 자원에 대한 독점적 이익구조와 이로 인한 소수 관료의 부패 문제까지도 이어집니다. 이러한 이유들 때문에 중국 당국에서는 서둘러 이 환경 다규를 금지시켰지만, 중국인들은 인터넷을 통해 다큐를 보면서 환경문제의 심각성을 절실히 깨닫게 되었습니다.

또 다른 심각한 사회문제로는 빈부격차와 사회적 불평등의 문제가 있습니다. 중국의 지니계수는 이미 자유경쟁 시장자본주의 국가인 미국하고 비슷한 수준입니다. 지역, 도농, 세대 그리고 계층 간의 빈부격차가 매우 심각합니다. 농민공의 1년 소득이 누군가의 한 끼 식사 값인 경우도 있습니다. 우리나라도 비슷하겠지만 특히 청년층의 취업과 빈곤 문제가 심각합니다. 최근에 등장한 신조어로 문제의 심각성을 알 수 있죠. 도시에서의 높은 주거비 때문에 등장한 '개미족(蟻族)'과 잠만 자고 나오는 '캡슐집(膠囊公寓)'이나 '달팽이집(蝸居)', 독립할 나이가 되었지만 여전히 부모에게 의지해서 사는 '캥거루족(啃老族)', 결혼을 두려워하는 '쿵훈족(恐婚族)' 등이 있습니다. 결혼을 할 수 있는 조건 자체가 되지 않는, 벌거벗은 결혼을 뜻하는 「뤄훈(裸婚)시대」라는 드라마도 화제가 되었습니다. 취업, 연애, 결혼, 출산, 집 등을 포기한 우리나라의 'N포 세대'와 비슷한 의미입니다. 특히 베이징이나 상하이와 같은 대도시에서의 경쟁이 치열하며 이 지역의 호구를 얻기란 하늘의 별따기와 같습니다.

호구제도는 2014년에 공식적으로 폐지되고 거주민 호구로 통합되었으며 대학을 가면 도시 호구를 얻을 수 있지만, 베이징이나 상하이와 같이 인구 천만 명이 넘는 특대도시의 경우는 원하는 사람이 많아 경쟁이 치열합니다. 상하이시의 경우 유동인구를 대상으로 A, B, C 세 종류의 거주증 제도를 실시합니다. A와 B는 학사 이상의 학력을 가진 인재를 대상으로, C는 농민공을 대상으로 하며, 각 기준 항목에 따라 일정 수준 이상의 점수를 얻은 사람에게만 호구를 발급해 주는 호적제도를 만들었습니다. 기본지표는 연령, 전문기술, 교육수준, 사회보험료 납부기한 등으로 구성되는데, 상하이시가 추구하는 도시경쟁력 강화를 위한 목적에 부합하는 사람들에게 더 많은 포인트를 부여합니다. 예컨대 전문대졸은 50점, 박사 학위자에게는 110점을 부여하는 식이죠. 당연히 고학력자에 젊을수록, 자산이 많을수록 호구를 얻기가 유리합니다. 학력, 기술수준, 재산, 주택 소유여부, 연령 등에 따라 차등적 점수를 매기고 또한 이를 당연한 것으로 받아들이는 사회적 인식은 매우 중국적입니다. 한국 같으면 당장 위헌 소송으로 이어질 사안입니다.

부모의 지위가 대물림되는 현상 또한 심각합니다. '관료2세대(官二代)', '혁명2세대(紅二代)', '가난2세대(窮二代)' 등의 신조어가 이를 대변합니다. 2010년 허베이대학(河北大學) 교내에서 운전하다 교통사고를 내고 도주하다 잡힌 청년이 차에서 내리면서 "우리 아빠가 리강이다(我爸是李剛)"라고 말한 사건이 있었습니다. 지역의 공안국장이었던 아버지의 든든한 배경을 믿고 사람을 치어 죽였는데도 뻔뻔한 태도로 나온 것이죠. 이후 여론의 뭇매를 맞고 이들 부자가 사과했지만, 그해 중국 세태를 반영하는 최대 유행어가 됩니다. 리강 사건을 풍자하는 지역의 도로 표지판에는 "천천히 운전하시오. 당신 아버지가 리강은 아닙니다(朋友, 開慢點! 你爸不是李剛)"라는 문구가 등장하기도 했습니다.

정치권력과 자본과의 결탁 현상도 심각합니다. 일각에서는 중국을 '관료 자본주의' 혹은 '홍색 자본주의'라고 부릅니다. 정치권력과 경제권력이 중국 사회의 부와 권력을 독점하며 일종의 공고한 카르텔을 형성한 것이죠. 2016년 탐사보도에 의해 알려진 파나마의 페이퍼 컴퍼

니(조세피난처)에서도 중국 전현직 권력자들의 친인척 이름이 다수 등장했습니다. 관료 부패에 대한 민심의 분노는 매우 심각합니다. 그러나 최고위급에 대한 정보 공개는 전략적으로 강력하게 통제했고, 대부분은 지방 권력자들과 관련된 것입니다. 그래서 그런지 민심의 분노는 대개 지방을 향하고 있습니다. 대다수의 중국인들은 중앙정부는 신뢰하지만 지방정부에 대해서는 비판적입니다. 부패한 신하에게는 반대하지만 황제에게는 반대하지 않는 것이죠. 그래서 중국에는 "중앙은 은인(恩人), 성(省)은 친근한 사람(親人), 시(市)는 좋은 놈, 현(縣)은 나쁜 놈, 향(鄕)은 악인, 촌(村)은 불구대천의 원수"라는 말이 있습니다. 자신의 일상생활에서 쉽게 만날 수 있는 관료들에 대해 훨씬 불신하는 태도를 보입니다.

최근 중국 인민들의 아래로부터의 분노가 갈수록 커지고 있습니다. 이를 어떻게 해결할 것인가가 중국 지도부가 직면한 시급한 과제라고 할 수 있습니다. 역시 전통적인 통치술인 '당근과 채찍'의 방식을 활용하겠죠. 문제의 심각성을 알기 때문에 양보할 것은 양보하되, 사회를 통제만 할 것이 아니라 사회를 관리, 혁신하는 시스템을 만들어야 한다는 생각입니다. 이에 따라 전국 각 지역에서는 사회 관리시스템에 대한 혁신이 실험되고 있습니다. 또 다른 한편으로는 이데올로기 통제가 심합니다. 최근 중국사회과학원의 경우에는 자산계급 부르주아 이데올로기를 유포하는 논문은 쓰지 않도록 지도하라는 공문이 내려오기도 했습니다. 중국이 향후 어떠한 성격의 사회로 나아갈 지를 전망하기 위해서는 위에서 아래로 가해지는 압력과 동시에 아래에서 위로 향하는 힘을 종합적으로 이해해야 합니다.

■ 더 읽어봐야 할 책

백승욱, 『중국의 노동자와 노동정책: '단위 체제'의 해체』 문학과지성사, 2001
얀샤핑 저, 백계문 역, 『중국의 도시화와 농민공: 1억 3000만 인구의 대이동』 한울아카데미, 2014
양효석 저, 이성권 역, 『중국사회 각 계층 분석』 행복에너지, 2015
알렉산드라 하니 저, 이경식 역, 『차이나 프라이스(The China Price)』 황소자리, 2008
이창휘, 박민희 저, 『중국을 인터뷰하다: 새로운 중국을 만들어가는 사람들』 창비, 2013
잉싱 저, 장영석 역, 『중국사회』 사회평론아카데미, 2017

퉁강사건(通鋼事件)

2009년 7월 24일 지린(吉林) 통화(通化)시에 위치한 국유기업 통화철강(通鋼)그룹 만여 명의 노동자들이 회사의 민영화 방침에 반대하며 시위를 벌이다가 이 회사를 인수·합병하려던 사영기업 젠룽(建龍)철강의 임원 천궈쥔(陳國軍)을 구타해 숨지게 한 사건을 가리킨다. '퉁강 7·24사건'이라 불린다. 사건이 발생하기 전인 2005년 퉁강그룹은 구조조정을 통해 16,000명의 직원들을 해고한 바 있고, 이로 인한 노동자 상방(上訪)이 잇달아 발생했었다. 2008년 겨울에는 20여 일간 난방 공급이 중단되며 노동자들의 엄청난 불만을 가져오기도 했다. 퉁강사건의 원인에 대해 대부분의 중국 언론에서는 '성사성자(姓社姓資)'나 '국진민퇴(國進民退)'라는 이념적 이유보다는 합법적인 절차를 무시하고 무리하게 회사합병을 진행한 점과 사회 불공정에 대한 문제제기가 폭력적 충돌로 이어진 사건이라고 진단했다. 퉁강사건 이후 국유자산관리제도나 합법적인 국유기업 경영권 인수문제에 대한 사회적 관심이 증가했다. 그러나 국유기업 소유제와 개혁의 구체적인 방법을 둘러싼 논쟁은 아직까지도 진행 중이다.

혼다자동차 노동자 파업

2010년 5월 17일 광둥 푸산(佛山)시 난하이(南海) 혼다자동차 2천여 명의 노동자들이 6월 4일까지 19일 간 파업을 벌였다. 난하이 혼다는 혼다그룹의 부품 공급업체로 자동차 변속기를 생산하는 공장이다. 2천여 명의 일선 노동자 중 약 80%가 인턴노동자들로 오랫동안 저임금과 엄격한 관리에 시달리다 임금인상을 요구하며 파업을 벌인 것이다. 대다수를 차지하는 1급 노동자의 경우 평균임금이 1,510위안이고 보험 등을 공제한 뒤 받는 실질임금은 1,211위안 수준으로, 월세와 기본 생활비를 제외하고 실제로 남는 돈은 매우 적었다. 파업 과정에서 지역 노동조합 간부들이 파업참가자들을 구타하는 사건이 발생하면서 노동자들은 노조 재편을 요구하기도 했다. 결국 학계와 노동계의 중재로 6월 4일 노사 양측이 34%의 임금인상에 합의한다. 2008년 세계금융위기 이후 중국 노동자 파업이 급증해오다, 2010년 혼다자동차 파업을 계기로 연해지역의 수많은 공장에서 노동자 파업 물결이 이어진다. 혼다파업은 임금인상이라는 경제적 문제 뿐 아니라 노동자 권리나 노조 재편 등 정치적인 이슈를 제기하며 중국 노동투쟁의 새로운 전기를 마련했다는 평가를 받는다.

10강. 중국의 개혁과 경제발전

언론매체가 보도하는 중국 관련 기사 중 가장 많은 부분을 차지하는 분야는 역시 경제입니다. 지난 30년이 넘는 기간 동안 중국이 왜, 어떻게 경제성장을 지속할 수 있었는지, 그리고 앞으로도 이러한 성장이 지속가능한지 등의 문제가 많은 사람들의 관심거리이기 때문이죠. 중국 경제성장의 원인과 과정에 관한 내용은 비즈니스 업계 뿐 아니라 사회과학분야의 관심 주제이기도 합니다. 그런데 중국 지도부에게 경제적인 문제란 곧 정치적인 과제입니다. 구체적인 경제전략 수립과 추진에는 정치적 과정이 필요하며, 거꾸로 정치적 난제도 경제적 방식으로 풀어갈 수 있습니다. 사실 정치와 경제, 외교를 분리해서 생각하는 것 자체가 기능적이고 편의적이긴 하지만 현실 정치에서 이러한 영역을 나누기는 어렵습니다. 특히 중국이나 미국과 같은 대국의 경우, '종합적 사고와 전략'이라는 문제는 매우 중요합니다. 경제적 문제가 곧 정치적인 문제이고, 외교 역시 경제적인 측면에서 전략적 고려가 이루어집니다. 안보외교 만큼 경제외교도 매우 중요하며, 이들은 서로 따로 떼어놓을 수 없습니다.

그래서 여기서 살펴보는 중국의 경제 문제 역시 국가전략이나 대외관계의 측면으로 확장하여 살펴보려 합니다. 지난 3,40년간 중국 경제가 어떠한 과정을 겪어 왔고 새롭게 직면한 위기는 무엇이며, 이를 어떻게 타개해 나가려고 하는지에 대해 알아보겠습니다. 이는 중국의 대외전략과도 관련됩니다. 대외적으로 새로운 플랫폼을 만들어 내부적인 경제적 난국을 해결하려하기 때문이죠. 경제의 새로운 판을 짠다는 것은 기존 국제질서를 수용하되 부분적이든, 점진적이든 바꿔나가려는 전략이 들어 있습니다. 따라서 중국경제를 얘기하면서 대외전략 재편과 이에 따른 외교적 전략의 측면을 관련지어 얘기해 보겠습니다.

중국의 경제성장을 바라보는 다양한 시각들

중국은 개혁정책을 시행한 이후 2008년까지 약 30년의 기간 동안 평균 9.8%의 성장률을 달성했습니다. 인류역사상 유례가 없는 기록이죠. 비록 최근에는 성장률이 많이 낮아졌지만 이렇게 오랫동안 고속성장을 지속할 수 있었던 비결은 무엇일까요? '중국 경제성장의 원인은 무엇인가'라는 문제는 많은 경제학자들의 주요 관심사였습니다. 여기에는 다양한 의견과 해석이 있습니다. 유튜브에 올라와 있는 경제학자 장하준의 「경제학 강의」 동영상을 보시기 바랍니다. 한 국가나 지역의 성장 원인을 설명할 때 어느 해석이 맞고 틀리고가 아니라 경제를 보는 다양한 설명방식과 시각이 존재한다는 것을 알려주는 동영상입니다.

마찬가지로 중국 경제성장의 원인을 두고 시장주의자와 국가주의자 간의 논쟁, 제도적 관점과 문화적 해석 등 여러 가지 시각이 있습니다. 사실 자본주의라는 거대한 틀 속에서 우리가 더 세밀하게 살펴봐야하는 문제는, 어떤 정세에서 혹은 어떤 조건에서 어떤 정책이 더 효과를 발휘할 수 있을지, 그리고 좋은 정책이 현실에서 어떻게 집행되어 구체화되는지 등과 같은 정치적 과정일 것입니다. 사실 중국이 사회주의인지 자본주의 체제인지 헷갈릴 때가 많지만, 중국 지도부가 늘 생각해 왔던 것은 '국가이익'입니다. 이런 우스갯소리가 있습니다. "1949년에는 사회주의가 중국을 구했고, 1978년 개혁개방 당시에는 자본주의가 중국을 구했으며, 1989년에는 중국이 사회주의를 구했고, 2008년 금융위기에는 중국이 자본주의를 구했다"는 것입니다. 다양한 해석을 가능케 하는 말이지만, 중국이 이념에 구애받지 않고 오로지 현실 변화에 따라 스스로 유연하게 변신해 왔다는 점을 말해 주는 것이겠지요.

그렇다면 개혁 이후 30여 년 간의 중국 경제성장의 원인은 무엇이었을까요? 우선 신고전학파의 설명으로는 중국이 시장을 개방하고 자유무역 원칙에 따라 세계화를 추진했고 정부가 탈규제 조치를 단행했기 때문이라고 설명합니다. 실제로 중국이 어떻게 대외개방을 했고, 국내외 시장을 확대했는지 등을 분석하는 것이죠. 또 다른 시각은 제도주의적 관점에서 중국경제의 성장은 시장 도입 자체가 아니라 정부가 경제발전을 위해 적절한 제도와 지원정책을 마련했기 때문에 가능했다고 설명합니다. 예컨대 특정 산업을 육성하기 위해 재정이나 세제 지원정책을 실시한 정부의 역할을 강조하는 시각이죠. 특히 시장이라는 경쟁메커니즘 속에서 경제성장을 위해 주도적 역할을 발휘한 중국 지방정부의 역할을 강조합니다.

이러한 해석 외에도 '중국모델론'이나 '문명론적 시각'이 있습니다. 앞의 두 가지 해석이 '시장이냐 정부냐'라는 정치경제학계의 오래된 쟁점이며 그러한 틀 안에서 중국 경제를 해석한 것이라면, 중국모델론이나 문명론은 이와는 다른 시각에서 접근합니다. 좀 더 장기적인 관점에서 중국만의 발전 특징을 찾아내거나 중국 고유의 문명적 특징을 강조하는 것이죠. 중국모델론은 관방의 해석이긴 하지만 개혁의 드라이브를 쥐고 있던 강력한 공산당 리더십을 강조합니다. 문명론적 시각은 중국의 경제부상을 좀 더 긴 시간대에서 역사적으로 해석하는 것입니다. 중국은 단순히 근대이후 탄생된 민족국가가 아니라 오래된 국가의 전통도 있고 매우 발달한 시장과 무역네트워크를 갖고 있던 국가입니다. 이러한 역사적 사실을 감안하여, 특히 경제사가들이나 세계체제론자들은 중국경제의 추이를 역사적으로 추적하면서 지난 몇십 년 동안의 고속성장이나 중국의 부상이 역사적으로 처음 있었던 현상은 아니라고 말합니다.

대표적으로 영국의 경제사학자인 앵거스 매디슨(Angus Maddison)은 세계경제에서 각 지역이 차지하는 비중을 역사적으로 살펴보았습니다. 아편전쟁 이전 중국경제가 세계경제에서 차지하는 비중은 줄곧 30%대를 유지했고 인도도 상당 부분을 차지했습니다. 중국과 인도를 포함한 아시아 지역이 세계경제에서 차지하는 비중은 오랫동안 60%대를 유지해 왔습니다. 지금의 유럽 중심의 경제 질서와는 다릅니다. 유럽은 계속 낮았다가 근대 역사로 접어들면서 비약적으로 상승하고 1870년경에 이르러 중국을 추월합니다. 이러한 측면에서 보면 최근 역사에서의 중국 부상은 '재부상' 혹은 '귀환'이라고 부를 수 있겠지요.

중국이 오랫동안 세계경제에서 차지하는 비중이 높았던 이유는 무엇일까요? 그 많은 인구를 어떻게 먹여 살렸을까요? 중국은 명청 시기에 인구가 급증합니다. 생산성이 증가했기 때문에 늘어난 인구를 먹여 살릴 수 있었겠죠. 경작지는 제한되어 있었기 때문에 단위면적당 투입되는 노동력을 계속 늘리는 방식으로 생산량을 증가시킵니다. 그래도 남는 노동력은 양잠업(養蠶業)에 종사합니다. 양잠업은 단위면적당 투입되는 노동력이 많습니다. 예컨대 벼농사가 일정한 면적을 재배하는데 필요한 노동력이 1이라면 양잠업의 경우 같은 면적을 재배하는데 필요한 노동력은 2,30입니다. 벼농사에서 남는 노동력을 투입하여 양잠업을 발전시키고 이를 토대로 양질의 비단을 만들어 유럽으로 수출했죠. 이에 따라 농업을 기반으로 한 가내 수공업도 발전합니다. 이러한 방식은 농업에 대자본이 투입되는 대량생산방식이 아니라, 일정한 면적 안에서 가족 단위의 노동력을 집약적으로 활용하는 '소농경제'적 특징을 갖습니다.

경제학자 아리기(Giovanni Arrighi)는 시장경제가 반드시 자본주의는 아니고, 자본주의가 있기 전부터 시장이 발달했었다는 점에 주목합니다. 중앙아시아의 '실크로드(Silk Road)'로 상징되는 것처럼 중국은 이미 아시아와 유럽을 잇는 시장교역 네트워크를 갖고 있었던 것이죠. 시장 네트워크는 발달했지만 지금과 같은 자본주의 사회는 아니었습니다. 즉 시장이 자원 배분의 주요 기능을 담당하고 있었던 것이 아니라, 권력이 시장의 독자적 활동을 지배하고 계속 억누르는 방식의 비자본주의적 성격을 띱니다. 요컨대 중국은 오랫동안 '비자본주의적 시장경제'라는 형태를 유지해 왔다는 것이죠.

중국경제를 얘기하면서 왜 학계에서는 이러한 역사적이고 문명적인 특징에 관심을 갖는 것일까요? 직접적인 이유는 최근 수십 년 간 중국의 부상으로 세계경제에서 차지하는 위상과 비중이 커졌다는 점에 있겠지만, 만약 이러한 변화가 단순히 기존 패권국의 지위를 대체하는 것이라면 아마 문명적인 특징에 관심이 없었을 것입니다. 그러나 '중국 부상'의 배경에 중국적 특징이 있고 이것이 발현되어 어떻게든 현실에서 작동되고 있으며 또한 그것이 기존 질서를 바꿔놓는데 영향을 미치게 된다면 얘기는 다르겠지요. 당연히 관심은 중국의 문명적 특징은 무엇이고 기존의 질서를 어떻게 바꿀 것인가, 중국의 부상으로 세상이 더 좋아질 수 있을까, 또한 이러한 상황에서 중국에게 무엇을 기대할 것인가 등의 문제로 모아지게 될 것입니다.

오늘날 자본주의체제의 위기 중 하나가 성장했지만 한쪽에서는 부의 혜택을 엄청나게 누리고, 다른 한쪽에서는 굶어죽는 분배정치의 실패, 즉 빈부격차의 문제입니다. 중국이 더 많은 영향을 미치게 될 세계경제는 과연 이전보다 좀 더 평등한 분배가 이루어질까요? 중국경제와 문명을 돌아보는 시선에는 당연히 이런 기대와 희망이 섞여 있습니다. 식민지라는 외부 착취를 기반으로 부를 쌓아올린 서구와는 다른 중국적인 발전의 특징이란 무엇일까? 소농경제는 중국에서 오랫동안 자본을 억제하고 지역 공동체를 유지해온 물적 토대였는데, 과연 이러한 특징이 향후 중국 경제에 일정한 형태로 지속될 수 있을까? 사회과학에서는 어떤 시간대와 연구 범위에 관심을 갖느냐에 따라 설명할 대상과 방법이 달라집니다. 경제학도 마찬가지입니다. 계량경제학이나 제도경제학이 대상으로 삼는 관심의 시간대가 상대적으로 짧은 반면, 경제사가들은 수백 년, 수천 년에 이르는 훨씬 더 긴 역사적 시간에 걸쳐 장기적으로 지속되어온 현상에 관심을 가집니다. 더구나 중국과 같이 과거 문명국가의 형태가 오늘날까지 지속되어온 경우에는 더욱 호기심을 자극할만한 대상이겠죠.

중국경제성장의 비밀

중국경제의 성장은 종종 다른 국가의 경험과 비교되어 설명되기도 합니다. 그중 하나가 같은 사회주의체제였다가 시장경제로 전환한 구소련과 동유럽의 사례입니다. 물론 비교 대상의 기간은 사회주의 체제의 개혁과 이행기입니다. 주로 러시아가 1998년 모라토리엄(moratorium)을 선언하며 체제전환과 경제성장에 실패한 반면, 왜 중국은 개혁에 성공적이었나 라는 문제에 관심을 갖습니다. 양국이 갖고 있던 개혁의 초기 조건이나 탈사회주의 이행 과정, 개혁의 범위와 속도, 순서, 방식 등의 차이를 비교하는 것입니다. 주로 러시아는 급진적인 사유화와 시장화 등의 '빅뱅식 쇼크요법'으로 개혁을 진행하여 많은 사람들이 할당받은 쿠폰을 팔아 빈민층으로 전락한 반면, 중국은 개혁에 대한 광범위한 지지를 형성해가며 진행된 점진적, 부분적인 개혁이었기 때문에 성공적이었다고 설명합니다. 질문 자체가 '왜 러시아는 실패했고, 중국은 성공했나'라는 것으로, 이미 중국을 성공한 대상으로 전제하고 그 요인을 찾는 것에 집중되어 있습니다. 그러한 요인을 가능하게 했던 국내외적 환경을 고려하거나 설명대상의 시기를 좀 더 확대하면 또 다른 설명이 가능해집니다.

그렇다면 실제로 중국의 경제성장은 어떻게 가능했을까요? 중국의 경제성장에 기여한 요인은 시기마다 다른데, 대체적으로 다음 세 가지 측면에서 설명됩니다. 첫째, 개방입니다. 흔히 '개혁개방'이라고 말하지만, 개방이 없었다면 개혁도 불가능했을 것입니다. 물론 일부 연해지역을 중심으로 한 부분적 개방이었고, 외부의 개방 압력에 의해서가 아니라 필요한 부분만 개방하는 '자기 주도적 개방'이었습니다. 개방 초기 중국에 투자한 자본은 대부분 화교자본이었고 이후 개방의 폭을 조금씩 확대하여 중국경제는 세계경제와 다시 연결되며 통합의 과정을 걷게 됩니다. 개방된 지역은 '특구'로서 자본주의 제도를 실험해 보는 하나의 실험장으로 활용되었고, '경쟁'의 원리를 우선적으로 적용하고 확대함으로써 중국 경제 발전의 견인차 역할을 했다고 볼 수 있습니다.

두 번째는 개혁을 뒷받침한 중국 농촌의 역할입니다. 개혁과 더불어 중국에 시장이 부분적으로 도입되는데, 처음에 시장의 원리가 적용되고 확대된 영역은 기존 체제의 핵심인 도시가 아니라 농촌이었습니다. 안후이나 쓰촨성의 일부 농촌 지역에서 먼저 공동경작방식에서 가족농 체제로 바꾸었고, 생산의 일정량을 상납하고 나머지는 보유하는 인센티브 생산방식이 부활합니다. 이에 따라 농업 생산량이 급증합니다. 집단농업에서 가정농업으로의 생산조직 방식 전환에 따른 '조직혁명'의 결과라 할 수 있죠. 농업 생산량의 급증에 따라 늘어난 농촌의 잉여 노동력은 농업 외의 다른 산업부문에 종사하게 됩니다. 기존 사회주의 체제에 있었던 사대기업(社隊企業)을 이어받은 향진기업(鄕鎭企業)에서 농촌 잉여 노동력을 흡수하여 노동집약적인 산업을 발전시킵니다. 향진기업은 농촌에 기반을 두고 향진 정부에서 운영하는 집체소유제 기업으로 1980년대 중국 고속성장의 주역이 됩니다.

세 번째는 정부의 역할입니다. 중앙 정부에서는 시장도입을 위한 제도 개선과 개혁의 목표 등 거시적 방향을 정해 주고, 구체적인 정책 지원이나 행정개입은 분권화를 통해 일정한 재량권을 갖게 된 지방정부의 주도로 이루어집니다. 이렇게 보면 중국 성장의 배경에는 시장과 정부의 역할이 모두 중요하게 작용했고, 대외 개방이나 외부 환경 등 복합적 요인에 의해 가능했다고 볼 수 있습니다. 성장의 견인차 역할을 한 것은 시기적으로 다른데, 1980년대는 주로 향진기업의 역할이 컸고, 1990년대는 외국투자기업과 국유기업이 성장률을 높이는데 기여했으며, 2천 년대 이후에는 동아시아 분업시스템에서 중국이 부품의 조립가공을 맡아 '세계 공장'으로 부상하게 되면서 지속적인 성장을 유지하게 됩니다.

'워싱턴 컨센서스(Washington Consensus)' VS '베이징 컨센서스(Beijing Consensus)'

중국 경제성장의 과정을 설명하기 위해 '중국경험'이나 '중국의 길' 등 다양한 개념이 등장하고, 최근에는 '중국모델론'까지 등장하게 됩니다. 경제성장 방식에 중국적인 특징이 있다는 것을 강조하는 용어들입니다. 최근 논의되었던 중국모델론을 살펴보기 전에 우선 '워싱턴 컨센서스'라는 것부터 알아볼까요.

1970년대 이후 자본주의 진영에서는 자본수익의 한계라는 위기를 타개하기 위한 방법으로 금융자유화와 더 넓은 지역으로의 시장 통합을 추진하게 됩니다. 이에 따라 1980년대부터는 본격적인 신자유주의적 구조조정을 진행하게 되지요. 그러나 국제금융기관으로부터 차관을 빌렸던 동유럽이나 중남미 등 많은 개도국들은 갑자기 급등한 금리에 상환부담이 늘어나면서 금융위기를 맞게 됩니다. 이에 후발개도국들에 대한 개혁 처방을 결정한 것이 바로 워싱턴 컨센서스입니다. 1990년대 미국 행정부와 국제통화기금(IMF), 세계은행(World Bank)이 모여 있는 워싱턴에서 정책결정자들 사이에 개도국 경제의 구조조정과 발전을 위한 제안이 발의됩니다. 그 내용은 경제위기 극복을 위한 긴축재정, 사회 인프라에 대한 공공지출 삭감, 외환시장 개방, 시장 자율 금리, 변동환율제, 무역자유화, 외국인 직접투자 자유화, 탈규제, 국가 기간산업의 민영화, 재산권 보호 등을 골자로 합니다.

이러한 구조조정 프로그램은 남미 뿐 아니라 1990년대 초 구소련 및 동유럽 지역, 그리고 1997년 동아시아 금융위기 당시에도 위기를 극복하기 위한 처방전으로 제시됩니다. 국제금융기관을 통해 외화를 지원해 주는 대신 일련의 프로그램에 따라 구조 조정을 강요한 것이죠. 이론적 기반은 바로 신자유주의입니다. 워싱턴 컨센서스는 이러한 신자유주의 이론에 기반을 두고 만든 정책패키지라 할 수 있죠. 한국 역시 1997년 당시 IMF로부터 차관을 가져오는 조건으로 그들의 조언에 따라 대대적인 구조조정을 진행하게 됩니다. 이후 한국 경제는 신자유주의 정책이 본격화되었고, 이에 따라 우리 사회의 성격도 근본적으로 달라지지요.

그런데 2004년 조슈아 쿠퍼 라모(Joshua Cooper Ramo)라는 학자가 IMF나 세계은행과 같은 신자유주의 정책을 주도하는 국제기구의 권고대로 경제구조를 조정한 지역에서 과연 성장률이 좋아지고 경제가 개선되었는가라는 질문을 던지며 그렇지 않다고 얘기합니다. 워싱턴 컨센서스에 따랐던 국가들은 경제개혁에 실패한 반면, 오히려 이러한 구조개혁 방안에 따르지 않았던 중국과 인도가 급속한 성장을 했다는 것이죠. 라모는 특히 중국의 30년간 지속된 10% 성장률에 주목하며 그 비결이 무엇인지 분석합니다. 그러면서 워싱턴 컨센서스에 빗대어 제기한 개념이 바로 '베이징 컨센서스'입니다. '중국 스타일'의 발전 방식이 있었다는 것이죠.

그가 말하는 첫 번째 중국식 발전의 특징은 끊임없는 '혁신'입니다. 중국은 개방을 할 때도 특구에서 먼저 실험해 보고 이것이 잘되면 확대하는 방식으로 진행했고, 향진기업이라는 형식도 기존 자본주의 기업의 형태가 아닌 지방정부 소유의 공적기업입니다. 기존의 서구 제도와는 다른 일종의 제도적 혁신이 있었다는 것이죠. 두 번째 특징으로 그는 지속가능성과 평등을 우선 고려했다는 점을 제시합니다. 그러나 이것은 중국의 경제성장 과정에서 보여준 실제 특징과는 매우 다릅니다. 중국의 경제성장 과정에서는 난개발로 인한 환경오염이나 개발지상주의, 상상을 초월하는 빈부격차나 사회적 불평등, 자본주의 발전과정에서 나타날 수 있는 모든 문제가 압축적으로 나타납니다. 세 번째 특징은 개혁을 자기 주도적(self-determination)으로 진행했다는 것입니다. 내부 개혁이든 외교 전략이든 자기의 속도에 맞게 스스로의 프로그램에 따라 자기 주도적으로 진행했다는 것이죠. 이는 일정 부분 사실이지만 중국과 같은 규모이니까 가능한 것이기도 합니다.

베이징 컨센서스에 대한 내용이 논의된 후에 이를 토대로 중국 발전방식의 독특성을 규명하고자 제기된 정치경제학적 개념이 바로 '중국모델'입니다. 주로 학계를 중심으로 논의되고 있으며 중국 지도부에서는 중국모델이라는 용어를 공식적으로 쓰지 않습니다. 이른바 '모델'이라는 것은 일정한 규칙성과 함께 타 지역에 적용 가능한 보편적 특징을 지니고 있어야 하는데, 중국의 발전경험 자체가 이례적이고 무엇보다 중국과 같은 규모와 특성 자체는 다른 국가에서 모방 불가능한 것이기 때문입니다.

신창타이(新常態): 중속 성장의 시대

중국의 지속적인 경제발전에도 불구하고 2008년 세계금융위기 이후 중국의 성장률이 점차 하락하면서 이제 고속성장은 가능하지 않게 되었습니다. 기존 경제방식이 한계에 직면하면서 세계경제도 어려움을 겪고 있습니다. 그렇다면 기존 성장노선이 직면한 위기는 무엇일까요? 이를 해결하기 위해 새롭게 추구해야 하는 발전전략은 무엇일까요? 개혁초기와 다른 분명한 사실은 중국경제가 세계경제에 미치는 영향이 갈수록 커지고 있고 세계경제가 성장하려면 중국경제에 의존할 수밖에 없다는 사실입니다. 세계경제와의 상호관계 속에서 중국경제를 생각해야 합니다.

위기를 돌파하기 위한 중국경제의 새로운 전략은 무엇일까요? 경제구조의 측면에서 보면, 지난 30년간 중국의 성장방식은 수출주도형, 도시중심 발전, 소비억제 모델이라는 특징을 보입니다. 2천 년 대로 접어들면서 본격적으로 동아시아 생산 분업체계가 형성됩니다. 동아시아 내에서의 국제 분업네트워크란 핵심적 기술은 일본이 제공하고, 중간재(반도체, 핵심 부품)는 한국과 대만에서, 최종소비재(가공, 조립)는 중국에서 만들어 이를 서구시장에 수출하는 것이지요. 2천 년대 동아시아 지역의 성장은 이러한 분업구조 안에서 이루어진 것입니다. 이에 따라 한국경제의 대중 의존도가 점차 증가합니다. 급기야 2015년 한국의 대중 수출액은 대미 수출액에 비해 2배가량 증대됩니다. 또한 과거 사회주의 시기 모든 인력과 자원이 농촌으로 집중되었다면 이러한 흐름의 역전이 바로 도시중심의 개혁이고, 개혁개방 이후 이러한 흐름은 지속되어 왔습니다. 또한 투자와 기업이윤은 상승하는 추세인 반면 임금과 민간소비가 GDP에서 차지하는 비중은 지속적으로 하락하여 30%대에 머무르고 있습니다. 거의 70%에 가까운 미국의 소비 비중과 비교하면 확연히 다른 경제 구조를 확인할 수 있습니다.

중국에서 성장률은 매우 중요합니다. 중국과 같은 거대한 규모의 국가에서는 지속적인 성장이 있어야 일자리 창출이 가능하고, 일자리가 있어야 사회 안정의 토대를 구축할 수 있기 때문이죠. 사회 안정이 바로 공산당 집권을 가능하게 해 주는 기본 조건입니다. 그래서 역대 지도자들은 성장률을 중요시하고 전인대의 정부공작보고에서 이를 발표했습니다. 그러나 이제는 더 이상 고성장이 불가능해졌습니다. 과거와 같은 양적 성장의 시대는 끝났고, 앞으로는 중저속 성장이 정상적인 상황으로 인식되는 '뉴노멀(New-normal)'의 시대, '신창타이(新常態)'의 시대입니다. 지금까지 우리가 경험했던 성장은 더 이상 가능하지 않으며, 성장이 멈춰질 것이고 느려질 것이라는 생각이 새로운 상식이 되었습니다.

이에 따라 중국 지도부 내에서도 경제에 관한 일정한 합의가 있습니다. 하나는 향후 5~6% 정도의 중속성장이 지속될 것이라는 점과 다른 하나는 성장과 동시에 경제 구조에 대한 개혁이 이루어져야 한다는 것입니다. 한마디로 과거 30년간 지속되어 왔던 성장의 패턴을 바꾸고 중국경제의 구조적 균형을 맞춰야 한다는 것입니다. 수출을 줄이고 내수를 확대하며, 도시와 농촌의 균형을 맞추고, 정부투자를 줄이고 민간소비를 늘리자는 것이지요. 지역 간 균형, 수출과 내수 간의 균형, 투자와 소비와의 균형, 노동과 자본 간의 균형 등 한마디로 '재균형(rebalancing)'이 필요합니다.

구조 개혁의 로드맵 : '신형 도시화' 전략

수출주도성장을 내수확대전략으로 바꾸기 위해서는 중국이 미국과 같은 소비대국이 되어야 하고, 그래야만 세계경제도 어느 정도 회복될 수 있습니다. 그렇다면 어떻게 내수시장을 확대할 수 있을까요? 중국이 말하는 '발전방식 전환'의 목표에 맞춰져 있는 구체적인 실행계획은 무엇일까요? 바로 도시화입니다. '신형 도시화', 과거의 도시화와는 다른 새로운 도시화를 말합니다. 중국은 발전 수준에 비해 도시화 비중이 낮습니다. 거주인구 기준으로는 도시화율이 이미 50%를 넘었지만, 호적인구를 기준으로 하면 여전히 30%대에 머물러 있습니다. 도시에서 일하고 거주하지만 도시민으로 인정받지 못하는 이주노동자들, 즉 2억 8천만 명의 농민공들이 있기 때문입니다.

새로운 도시화란 도시에 거주하는 사람들부터 순차적으로 시민으로 만들어서 소비 잠재계층을 확대한다는 것입니다. 예전의 도시화가 도시 공간과 인프라를 만들고 확대하는 '공간의 도시화', '양적 도시화'였다면, 새로운 도시화란 농민을 시민으로 만드는 '사람의 도시화', '질적 도시화'라는 것이지요. 지난 30여 년 간 지속되어 왔던 도시 만들기 과정은 도시 공공재에 접근할 수 있는 권리를 호구제도의 장벽으로 차단하여 제한함으로써 비용을 절감했다고 볼 수 있지만, 동시에 도시에서 소비가능한 계층을 확대하지 않음으로써 지속가능한 경제성장의 잠재력도 사장시켰다고 볼 수 있습니다. 이에 따라 신형 도시화에는 농민공을 비롯한 농민과 서민의 소득수준을 올리고, 이들에게 기초적인 사회보장제도를 제공한다는 사회개혁의 방침도 포함되어 있습니다. 일례로 12차 5개년규획 기간(2011~2015년) 동안 임금 수준을 2배로 올린다는 임금배증계획도 들어 있었죠.

또한 공간발전의 측면에서 기존의 도시화는 대도시 중심의 발전계획이었던 반면, 신형 도시화는 도시군(都市群), 메갈로폴리스(Megalopolis) 중심입니다. 메갈로폴리스는 거대 도시와 거대 도시를 잇는 대도시권의 도시화 지역을 일컫는 말입니다. 이에 따라 전체 중국을 3종(서부, 중부, 동부) 2횡(황하, 장강)으로 나누고 이러한 선이 교차하는 주요 지점에 도시군을 만들어 산업이나 소비의 파급효과를 보겠다는 것입니다. 중국과 같은 대국만이 가능한 '규모의 경제' 효과겠지요. 예컨대 베이징과 톈진(天津)을 연결하는 징진지(京津冀) 지역 일대에 있는 주변 중급도시를 지역 내로 포괄하여 산업, 물류, 소비 등을 하나로 묶는다는 것입니다. 이것이 가능해진 이유는 바로 지난 5년 동안 놀라운 속도로 발전한 중국의 철도 시스템 덕분입니다.

2016년 KBS에서 제작 방영한 〈슈퍼 아시아〉 4부에서는 중국을 다뤘는데, 중국이 철도를 어마어마한 규모로 건설하여 드넓은 중국 대륙이 빠르게 연결되고 있다는 사실을 알 수 있습니다. 흔히 중국의 서부대개발을 미국의 서부개척사와 비교하기도 하는데, 가히 중국의 '철도혁명'이라고 할 수 있습니다. 철도는 상품과 사람, 문화와 문명

그리고 서비스를 연결해 주는 혈관과도 같습니다. 서로 빠르게 연결된다는 것은 지속적인 경제발전을 위한 중요한 토대라고 할 수 있는데, 중국 정부의 계획에 따르면 2025년까지 지금의 2배 규모인 3만8천km의 철도를 건설한다는 것입니다. 또한 중국경제는 기존의 값싼 중국산의 이미지에서 벗어나 최근에는 드론, 고속철, 산업로봇, 사물인터넷 등 최첨단 산업에서 앞서가는 모습을 보여주고 있습니다.

일대일로(一帶一路)와 중국의 꿈

철도는 중국 내륙 뿐 아니라 세계지역으로 이어집니다. 중국의 '서진(西進)' 정책이라고도 불리는 '일대일로(一帶一路, One Belt, One Road)'는 최근의 경제위기를 타개하기 위한 하나의 방법으로 제안된 것이지만, 향후 그 의미가 변화되고 확장될 발전 가능성은 무궁무진합니다. 일대일로는 육로와 해상 실크로드를 의미하는 것인데, 그 용어부터 과거 최고의 전성기를 누리던 당(唐) 제국의 시대로 거슬러 올라갑니다. 당시 동서간의 거대한 무역 교역로를 실크로드라고 불렀는데, 21세기 현재 중국의 국가 비전을 제시하기 위한 용어로 1,500년 전 실제로 있었던 교역로의 이름을 다시 소환한 것입니다. 육상의 벨트는 철도로 연결하고, 해상의 길은 뱃길로 연결하는, 그야말로 지리와 공간에 대한 재인식을 통해 경제적 공간을 창출하고 극대화하는 거대하고 장기적인 프로젝트라 할 수 있습니다.

전통적으로 중국은 스스로를 대륙 국가라고 인식해 왔지만, 최근 10년 동안 '해양대국'으로서의 정체성을 강조하고 있습니다. 남중국해 문제도 미국의 동아시아 지역에 대한 전략적 조정과 중국의 해양 전략이 충돌하는 지점에서 발생한 것이라 할 수 있겠죠. 예전에는 내륙에 집중했지만, 현재 중국 지도부는 바깥으로 나가지 않으면(走出去) 안에서의 위기를 해소할 수 없다는 인식을 갖고 있습니다. 2013년 시진핑 주석 역시 미국의 앞마당이라 인식되어오던 태평양을 두고 "태평양은 미국과 중국을 둘 다 품을 수 있을 만큼 충분히 넓다"는 발언을 합니다. 예전과는 확연하게 달라진 행보를 보여주는 발언입니다. 해양대국을 지향하며 과거 300척이 넘는 중화제국의 원양 보선을 이끌고 아프리카 동북부까지 갔었던 명 제국의 정허(鄭和)를 재조명하기도 합니다.

일대일로는 앞으로 중국 지도부가 집중적으로 추진하게 될 경제적 전략이자 국제질서의 새로운 판을 짜려고 하는 돌파구라 할 수 있습니다. 도매물품의 집산지인 저장성(浙江省) 이우(義烏)에서 스페인까지 연결되는 화물열차에는 안경, 장신구 등 다양한 메이드 인 차이나의 물건들이 실려 운반되는데, 이렇게 철도를 통해 유럽으로 직접 가게 되면 배로 돌아서 가는 것보다 물류비용과 시간이 훨씬 절감됩니다. 또한 기차 경로 중간에는 프랑스, 독일, 러시아, 카자흐스탄 등 유럽 뿐 아니라 중앙아시아의 다양한 국가들을 지나가게 되는데, 특히 아직 개발되지 않은 중앙아시아 국가들의 경우 중국과 직접 연결됨으로써 얻게 되는 경제적 특수를 누리고자 합니다.

경제학자들은 중국의 과잉생산과 과잉자본을 해외로 수출하고자 하는 것이 일대일로의 목적이라고 설명하지만, 일대일로를 단순히 경제적 측면에서만 파악할 수는 없습니다. 왜냐하면 일대일로에 맞춰 아시아인프라투자은행(AIIB) 등 금융지원제도를 새롭게 만들고 있고,

새로운 경제 플랫폼에 맞는 여러 가지 제도를 중국이 주도적으로 만들고 싶어 하기 때문입니다. 이는 기존의 미국 중심적 세계경제질서뿐 아니라 국제관계까지도 바꿔놓을 수 있는 새로운 구상이라 할 수 있습니다. 따라서 미국은 아시아인프라투자은행 회원으로 참여하지 않았고 일대일로에 대해서도 의구심 어린 눈빛으로 바라보고 있지요. 중국에서의 정책결정 전략은 항상 안과 바깥이 연결되어 있고, 정치와 경제가, 경제와 외교가 분리되지 않습니다. 국내 발전전략 역시 세계질서 재편과 연결되어 있습니다. 이를 구체화시키고 가능하게 만드는 것이 바로 철도입니다. 철도혁명으로 인한 경제적 효과와 변화는 아마 우리의 상상을 초월할지도 모릅니다.

■ 더 읽어봐야 할 책

베리 노턴 저, 이정구 역, 『중국경제: 시장으로의 이행과 성장』 서울경제경영, 2010.
스테판 할퍼 저, 권영근 역, 『베이징 컨센서스: 중국의 경제모델은 21세기 세계를 어떻게 지배할 것인가?』 21세기북스, 2011.
왕이웨이 저, 한민화 역, 『중국, 그래도 중국』 서울문화사, 2016.
전병서, 『중국 100년의 꿈, 한국 10년의 부』 참돌, 2016.
전성흥, 『중국모델론: 개혁과 발전의 비교 역사적 탐구』 부키, 2008.
황핑, 조슈아 쿠퍼 레이모 외 저, 김진공 외 역, 『베이징 컨센서스』 소명출판, 2016.

11강. 중국의 대외관계와 국가전략

중국경제 위상의 변화

강연전문 사이트인 TED에는 마틴 자크의 "Understanding the Rise of China(떠오르는 중국을 이해하기)"라는 제목의 20여분 가량의 강연이 올라와 있습니다. 강연 시점은 2010년으로 당시의 정세판단은 중국의 고속성장을 전제로 이루어졌기 때문에, 지금과 같은 경제조정기인 뉴노멀(New Normal) 시대와 동일선상에 두고 판단할 수는 없지만, 이 강연에는 유럽인들의 중국에 대한 오만함과 무지에 대한 성찰과 함께, 중국에 거는 낙관적인 기대를 잘 엿볼 수 있습니다. 강연 내용에 모두 동의할 수 있는 것은 아니지만, 우리가 지금까지 발전의 보편적 기준으로 삼아왔던 것이 실은 '유럽적 근대'이자 '유럽적 보편주의'였고, 우리가 서구에 대해 아는 것만큼 서양은 다른 세계에 대해 잘 알지 못한다는 것을 일깨워줍니다. 비서구이자 문명국가의 속성을 지닌 중국이 앞으로 더 큰 영향력을 가질 텐데, 부상하는 중국이 지역강대국을 넘어 세계패권국으로 부상하게 되면 이 세계는 어떻게 변할 것인가? 이러한 질문은 많은 사람들이 관심을 갖는 문제입니다. 이러한 문제에 대해 기존에는 중국위협론, 중국붕괴론, 중국기회론, 중국편승론 등 다양한 반응과 분석이 있어 왔습니다. 각자가 처해 있는 지역과 위치에 따라 중국의 부상을 둘러싼 다양한 시각들이 존재하는 것이죠.

중국의 경제 부상을 시대별로 살펴보면 1980년대에는 개혁이 시작되었고 두 자리 수의 성장률을 달성합니다. 동아시아 분업체계는 1990년대부터 형성되기 시작했고, 2천 년대 들어 중국은 제조업 강국, 세계의 공장으로 부상하게 됩니다. 이렇게 쌓은 부로 중국은 3조 달러 이상의 세계 최대 외환보유고를 갖고 있으며, 이제 세계에서 가장 큰 투자자로 나서고 있습니다. 중국은 수출로 벌어들인 달러를 가지고 다시 미국의 채권을 대량 구입하는데 사용하면서 이로 인해 2천 년대 이후 미국과 중국의 경제는 서로 맞물리게 되었습니다. 중국은 미국에 대해 무역흑자를 보지만 미국의 빚을 떠안고 있는 셈이 되어, 만약 달러가치가 하락하게 되면 중국이 보유한 채권의 가치도 떨어지게 됩니다. 서로가 서로를 필요로 하고, 상대가 있어야 유지되는 상황인 것이죠. 이처럼 미국과 중국 간의 상호관련성이 증대했습니다.

또한 중국은 그동안 축적해온 자본으로 국부펀드를 발행하여 세계 자원을 사들이고 투자국으로 나서고 있습니다. 내수확대전략으로 기존의 '세계 공장'에서 이제 소비 중심의 '세계시장'으로 탈바꿈하고 있는 과정에 있습니다. 지속적인 성장을 전제로 한 전망이지만, 소비의 주축 세력인 중국의 중산층이 향후 10년 이후 5억 명에 달할 것이라는 예측도 있습니다. 이러한 측면에서 볼 때, 앞으로 세계경제의 미래는 중국이 얼마나 내수 중심의 경제구조로 잘 전환되는지, 얼마나 중산층을 두텁게 안정시키는지에 달려 있다고도 볼 수 있습니다.

2020년부터는 중국이 '세계시장'으로서의 역할 뿐 아니라 미국으로부터 상대적으로 자유로운 세계경제질서의 규범을 만들려 한다는 예측이 많습니다. 시진핑이 제기한 '중국의 길(中國道路)'이라는 것도 바로 이러한 점을 염두에 두고 있습니다. 지금은 달러가 기축통화이지만, '인민폐의 국제화' 문제도 지속적으로 논의되고 있죠. 미국이 패권국의 지위를 유지할 수 있는 중요한 이유는 달러를 무제한적으로 발행할 수 있는 달러 특권이 있기 때문인데, 이러한 구조에서는 중국이 아무리 애써 봐도 기존 질서와 구조를 바꾸기 힘듭니다. 역내 지역에서부터 무역에서의 인민폐 결제 비중을 조금씩 확대하면서 인민폐의 국제적 신용을 증가시켜 나간다는 방침입니다. 런던을 중심으로 한 유럽이나 동남아시아와의 국제무역에서 인민폐의 통화결제 비중을 증가시키고 있습니다. 동시에 중국의 자본시장 구조를 개선하면서 조금씩 개방의 폭을 확대하고 있습니다. 이러한 계획이 잘 이루어질까요?

이는 중국의 노력도 중요하겠지만, 보다 주의해서 봐야하는 문제는 달러를 중심으로 하는 기존의 금융체제가 얼마나 더 지속될 수 있느냐에 달려 있다고 할 수 있습니다. 2008년 금융위기 이후에도 달러패권체제는 지속되고 있지만 사실 굉장히 불안한 형태로 유지되고 있고, 그 과정에서 각 국가의 정부 부채가 계속 늘어나고 있습니다. 기존 달러체제가 확실한 해결책을 제시하지 못한다면 언제까지 달러 중심질서가 유지될 수 있을지 모릅니다. 아무튼 금융질서를 어떻게 조정할 것인가를 둘러싼 강대국 간의 협의나 힘겨루기가 굉장히 중요해질 것입니다. 그중 중요한 하나의 축이 인민폐가 될 것입니다.

지난 40년간 국제질서에서의 중국의 위상을 보면, 과거 1980, 90년대에는 주로 기존 질서에 대한 '규칙 추종자(rule follower)'에 머물러 있었습니다. 서구가 만들어놓은 경제 질서에 편승하며 고속성장을 한 것이죠. 그러나 2천 년대 이후 스스로 대량의 자본을 보유한 이후로는 기존 경제 질서에 도전하는 '규칙 도전자(rule challenger)'로 떠오르게 됩니다. 그리고 최근에는 점차 세계시장으로서의 역할을 넓혀가면서 중국 시장에 진입하려는 기업이나 자본에게 중국시장 진출의 대가로 일정한 조건을 제시합니다. 특히 거대한 중국시장을 바라보고 진출한 다국적기업에게는 정치적 금기나 일정한 기준을 요구합니다. 이러한 측면에서 중국은 이미 하나의 '규칙 제정자(rule maker)'로서의 역할을 하고 있다고 봐야 합니다. 단순히 기존 질서를 따르는 것이 아니라 새로운 규칙을 만들어나가는 주체자 중의 하나인 것이죠. 앞으로는 어떻게 될까요? 중단기적으로 미국을 대체하는 패권을 갖긴 어렵겠지만 상당히 중요한 규칙 제정자 중의 하나로 부상될 것입니다. 앞으로 상당기간 동안은 다극질서체제가 유지되겠지요. 이러한 질서가 불안정하다면, 중국 부상의 성격이나 역할에 대한 변화 요구도 이어질 것으로 전망됩니다.

'근대화 수렴론' vs. '중국식 근대화'

중국 부상을 바라보는 대표적인 상반된 시각으로 다음 두 가지를 들 수 있습니다. 하나는 『중국이 세계를 지배하면』이란 책을 쓴 앞에서 얘기했던 마틴 자크의 관점이고, 또 다른 하나는 『왜 중국은 서구를 위협할 수 없나』의 저자인 에드워드 스타인펠드(Edward S. Steinfeld)의 관점입니다.

마틴 자크는 중국의 영향력이 커진 세계는 서구가 지배하던 기존 질서와는 다를 것이라고 전망하는 반면, 스타인펠트는 중국이 경제성장을 했지만 미국을 대체하긴 힘들다고 전망합니다. 물론 두 사람이 강조하고 있는 측면이나 시기, 범위가 다릅니다. 마틴 자크는 중국이 오래된 문명국가라는 점을 강조하면서 이러한 문명적 특징이 지금까지도 유지되고 있고 향후 중국의 행위에도 영향을 미칠 것이라고 봅니다. 역사적 시각을 가지고 좀 더 장기적인 시간대에 주목한 것이죠. 반면 스타인펠트는 중국의 부상은 기존의 세계화 질서 속에서 이루어진 것으로 중국이 서구가 만들어놓은 제도의 제약을 받는 한 기존 규범에서 벗어나서 행동하긴 어렵다고 봅니다. 주로 제도적인 관점에서 최근 40년간의 시간대를 관심 범주에 넣고 있습니다.

당연히 이 두 사람이 '근대'를 바라보는 시각도 다르죠. 스타인펠트에게 '근대화'란 개방을 통한 세계화로 주로 서구가 만들어놓은 근대화, 다시 말해 '서구화'를 의미하지만, 마틴 자크는 각 지역의 역사와 속성에 따라 다양한 방식의 근대로 가는 길이 있고 따라서 근대화란 하나가 아닌 다양한 방식, 즉 '복수의 근대화'가 가능하다는 것입니다. 정치체제에 대해서도 스타인펠트는 경제성장에도 불구하고 결국 당 독재라는 구조적 제약으로 인해 개혁이 지체될 수밖에 없다고 봅니다. 반면 마틴 자크는 중국은 서구식 민주에는 관심이 없으며 문명국가로서 오랫동안 유지해 왔던 안정된 통치시스템과 통치전략이 중요하다고 강조합니다. 중국 부상에 대한 이러한 상이한 평가와 전망은 지금까지도 계속 이어지고 있습니다.

스타인펠트의 시각은 2008년 세계금융위기를 계기로 드러난 기존 자본주의 체제의 한계와 최근 각 지역에서 나타나고 있는 민주주의 위기라는 흐름을 읽지 못하는 한계가 있습니다. 한편 중국 부상이 문명 전환의 속성을 지니려면 기존 자본주의 문명에 대한 대안적인 길을 제시할 수 있어야 하는데, 이러한 측면에서 마틴 자크는 중국에 대해 지나치게 낙관적인 전망을 갖고 있다고 할 수 있습니다. 중국의 경제성장이라는 것이 서구가 주도해온 기존 세계경제질서의 틀 안에서 이루어졌는데, 과연 중국이 기존의 불평등한 구조를 깨고 성장의 혜택을 각 지역과 다른 국가들과 나눌 수 있는 보다 더 공정한 구조로 바꿀 수 있을까요? 만약 가능하다면 어떤 방식으로 실현할 수 있을까요? 중국은 최근 제기한 일대일로 구상이 '함께 논의하고(共商), 함께 발전하며(共同發展), 발전의 결과를 함께 누리는 것(共享)'임을 강조합니다. 과연 중국이 제시한 목표처럼 일대일로 구상은 관련 지역과 국가들에게 모두 혜택을 가져다주는 동반성장을 가능하게 하는 전략일까요? 이로써 세계 지역 간 불평등 구조는 보다 더 균형적으로 바뀔 수 있을까요?

사실 스스로 선한 패권국가란 없습니다. 우리가 주의 깊게 봐야 하는 것은 현재 빠르게 진행되고 있는 힘의 변화가 어떤 관계 속에서, 어떤 조건 속에서 진행되고 있느냐는 것이겠죠. 그 속에서 우리는 무엇을 할 수 있고, 또 해야 하는가를 모색해 나가야 합니다.

헤게모니 국가의 조건: 소프트파워(soft power)

이러한 변화와 맞물려 많은 학자들은 이미 미국과 중국 간의 패권 전쟁이 시작되었다고 봅니다. 그렇다면 중국이 구상하는 국가전략 혹은 세계전략은 무엇일까요? 우선 중국의 부상으로 인한 세계질서의 변화를 설명하는 현실주의 이론 두 가지를 소개하겠습니다. 하나는 '세력균형(Balance of Power)' 이론입니다. 세력 간 힘의 균형을 이루면 안정적인 질서를 유지할 수 있고, 힘의 균형이 깨지면 불안해집니다. 즉 세력 간의 균형을 이루어야 안정적인데, 지금 세계질서가 불안한 것은 중국 부상으로 인해 힘의 균형이 깨졌기 때문이라는 것이죠. 따라서 이 이론에 따르면 중국을 계속 견제해야 힘의 균형이 이루어진다는 것입니다. 중국의 부상하는 힘을 눌러야 안정을 유지할 수 있고 세력 균형을 이룬다는 것이죠.

한반도 사드 배치도 미국 입장에서 보면 북한을 핑계 삼아 중국을 견제하기 위한 것이고, 중국의 부상을 억제하기 위해 한국과 일본과의 동맹 체제를 강화하여 미국의 미사일방어체계(MD)에 편입시키려는 의도를 가지고 있는 것입니다. 과거 냉전시기에 상대적인 안정을 유지할 수 있었던 이유는 바로 미소 간 힘의 균형을 이루었기 때문입니다. 힘의 균형이 깨지고 난 뒤 다시 새로운 균형점을 찾으면 질서가 안정되겠죠. 그러나 이러한 과정은 오랜 시간이 필요하고 그 과정에서 불확실성이 증대된다는 데 불안감이 있습니다.

다른 하나는 '세력전이이론(Power Transition Theory)'입니다. 패권은 이동한다는 것으로 파워라는 것은 지리를 바꿔가면서 계속 변화되어 왔습니다. 기존의 질서가 제2차 세계대전 이후 강력한 국력을 바탕으로 세계적 패권국가가 된 미국 주도의 '팍스 아메리카나(Pax Americana)' 시대였다면, 최근 수십 년간 힘의 중심이 점차 동아시아로 이동해 왔습니다. 이에 따라 중국 주도의 질서인 '팍스 시니카(Pax Sinica)' 시대를 전망하기도 합니다. 미국 이전에는 영국, 영국 이전에는 네덜란드가 파워의 중심이었습니다.

세계체제론자들은 자본주의 확산 과정에서 나타나는 헤게모니 교체를 얘기합니다. 헤게모니는 '주도권', '지도력' 혹은 '패권' 등으로 번역되는데, 상대방을 움직이게 만드는 물리적 힘 뿐 아니라 자발적인 동의를 이끌어내는 힘까지를 포함하는 개념입니다. 즉 강자의 논리에 따르는 이유가 강자에게 복종하지 않았을 때 받게 되는 폭력적 보복이 두려워서가 아니라, 자발적으로 동의하고 복종하게 만드는 힘, 즉 도덕적 힘이 있기 때문입니다. 다른 나라들이 본받을 만한 혹은 따르고 싶게 만드는 어떤 문화적 힘이 있어야 합니다. 예컨대 20세기 역사를 미국이 헤게모니를 장악한 시대라고 본다면, 이는 단순히 경제력이나 군사력과 같은 하드파워(hard power) 때문만은 아닌, 미국이 내세우는 보편적 가치, 즉 민주, 인권, 자유 등 소프트파워의 '매력(attraction)' 때문에 가능했던 것이죠.

그렇다면 향후 세력전이가 이루어지면서 중국이 헤게모니 국가로 부상할 것이냐? 경제력 측면에서 보면 중국은 이미 미국을 추월했고, 군사력은 여전히 미국이 압도적 우위를 차지하고 있지만 중국도 빠르게 추격하고 있습니다. 그렇다면 중국에게 세계를 이끌만한 매력적인 소프트파워가 있는가? 다른 국가들을 자발적으로 따르게 만드는 문화적, 도덕적 힘이 무엇인가? 일당 지배체제이고 권위주의체제인데 어떤 매력이 있는가? 이런 측면에서 많은 학자들은 중국에게는 아직 보편적으로 인정할 만한 가치나 문화적 힘이 부족하다고 지적하며, 중국을 여전히 '불완전한 강대국(partial power)'으로 평가합니다.

미·중간 '갈등적 협조체제': 신형대국관계(新型大國關係)의 정립 과정

그럼에도 불구하고 미국의 헤게모니가 약화되고 중국이 부상하면서 세계질서는 이미 다극화의 질서로 변화되고 있고, 이러한 과정에서 미국과 중국 간의 힘겨루기가 상당 기간 지속될 것으로 보입니다. 이러한 변화를 반영하듯 미국은 중국을 '책임있는 이익상관자(stakeholder)' 관계로 규정한 바 있지만, 이는 중국을 미국과 동등한 파트너로 인정하는 것이 아니라 한 수 아래로 보면서 중국이 국제적 사안에 책임을 가져야 한다는 의미를 담고 있습니다.

반면 중국이 미국에게 요구하는 이른바 '신형대국관계(新型大國關係)'라는 것은 상호존중과 상호이익을 바탕으로 서로 대화하고 소통하고 협력하여 상생(Win-Win)하는 관계를 만들어 나가자는 것이죠. 즉 미국의 기존 지위에 도전하지 않을 테니, 미국도 자신들을 인정해 달라는 것입니다. 여기에는 우리는 너희를 존중하는데 왜 너희는 우리를 무시하느냐는 불만이 깔려 있죠. 어쨌든 상대방에 대한 인식과 자신에 대한 규정이 다소 불일치하지만, 기본적으로 중국은 기존 질서를 부정하는 것은 아니며 기존 질서를 크게 변화시키지 않으면서 자신에게 불리한 것을 조금씩 바꿔나가는 전략을 취합니다. 그렇다면 이러한 미국과 중국의 관계를 어떻게 규정할 수 있을까요?

현재 중국의 최대 국가목표는 '국가 현대화'의 완성입니다. 이러한 목표를 위해서는 무엇보다 대내외적으로 안정적인 환경 조성이 가장 중요하며, 힘을 더 길러야 하는 중국으로서는 미국의 협조가 무엇보다 중요하겠죠. 따라서 중국은 기존 미국 주도의 세계질서 속에서 최대한의 이익을 취한다는 입장이며, 미국과의 대화를 통해 여러 사안에 대해 협조합니다. 대표적으로 미국과 중국의 주요 인사와 관료들이 만나 주요 현안들을 논의하는 '미중경제전략대화'를 들 수 있습니다. 1년에 한 번 개최되고 2009년부터 정례화 되었습니다. 경제뿐만 아니라 안보, 정치 현안에 대해서도 포괄적으로 논의하며, 관료 뿐 아니라 학자나 민간인도 포함하는 투 트랙(two-track)으로 이루어집니다. 미국에 대해 잘 아는 중국학자와 중국을 잘 아는 미국학자가 서로 만나서 글로벌 거버넌스의 문제를 상의하는 것이죠. 예컨대 국제 테러리즘에 대한 공조와 협력을 논의합니다. 특히 중앙아시아나 중동 지역에서의 협력이 비교적 잘 이루어지는 편인데, 미국 입장에서는 중국에게 그동안 편승했으니 이제 지역안정을 위한 비용을 부담하라는 것이죠. 이밖에 환경 문제나 에너지 이슈 등에 대해서도 많은 논의가 진행되고 있으며, 미중 간의 군사교류도 부분적으로 이루어지고 있습니다.

반면 미중 간에 갈등을 보이는 사안도 적지 않습니다. 대표적으로 2010년 미국이 '아시아로의 회귀(Pivot to Asia)' 전략을 채택했고, 이러한 전략이 결국 중국을 포위하고 봉쇄하기 위한 것이라고 해석한 중국이 반발하면서 미국과 충돌하기 시작했습니다. 물론 미국 입장에서 보면 2001년 9·11 테러사건 이후 미국이 중동 지역에 힘을 집중하고 다른 지역에 소홀한 틈을 타 중국이 동아시아의 지역강대국으로 급부상했고, 더 이상 이를 그대로 두고 볼 수 없어서 다시 지역 간 균형을 잡는다는 이른바 '재균형 정책'이라 할 수 있습니다.

중국 입장에서 보면 최근 동아시아 지역에서 중국 중심의 분업체계가 형성되면서 중국에 대한 각 아시아 국가의 경제 의존도가 커졌기 때문에, 동아시아 지역은 기본적으로 자신의 힘이 미치는 지역이라고 생각합니다. 게다가 전통적으로 동아시아는 중국의 영향권 아래 있던 지역이었죠. 그래서 중국은 미국의 아시아로의 회귀 전략에 맞서 '반접근전략(A2AD · Anti-Access Area Denial)'을 강화하고 있습니다. 외부세력이 일정한 선을 넘는 것을 좌시하지 않겠다는 것이죠. 그러니까 중국의 부상으로 인해 미국의 전략이 수정되었고, 수정된 미국의 전략으로 인해 다시 중국의 대응전략이 나오게 된 것입니다. 이러한 미중 간의 갈등이 구체적으로 부딪치게 된 사안이 바로 동남아지역에서의 남중국해 문제이고, 한반도에서의 사드배치 문제입니다.

사드 배치 문제와 관련해서 한반도 상황을 잠시 살펴볼까요? 사드와 관련해서는 많은 논쟁이 있었지만, 쟁점은 기술적으로 유용한가, 그리고 전략적으로 유용한가, 이 두 가지로 정리해 볼 수 있습니다. 우선 사드 그 자체로는 미국에서조차 불안전한 무기체계라고 인정합니다. 적중률이 완전하지 않고 특히 기만탄에 취약하여 실패율이 높아 기술적으로 완벽한 방어체계가 아니지요. 대신 사드는 동아시아 지역에서 미국 주도의 미사일방어체계 능력을 강화할 수 있고 이로써 핵을 둘러싼 미중 간의 전략적 균형이 깨지게 됩니다. 때문에 중국이 한국 내 사드 배치에 대해 그토록 민감하고 강경하게 반응하는 것이지요. 요컨대 사드는 미국의 MD능력을 강화시켜주지만, 북한의 핵이나 미사일 위험에 맞서 한국 자체를 방어할 수 있는 기술적 유용성은 없다고 봐야 합니다. 사드를 배치해서 우리의 안전을 완벽하게 지킬 수 있다면 그 어떤 희생, 예컨대 중국과의 어느 정도의 관계 손상도 감수할 수 있다고 봅니다. 그러나 사드 배치로 인해 한반도는 더 불안해졌고, 우리의 의지와 상관없이 강대국 게임에 휘말리고 전쟁의 가능성이 더욱 높아졌습니다. 이런 측면에서 보면 사드 배치는 기술적 측면 뿐 아니라 정치적, 안보 측면에서도 실패한 전략이라고 할 수 있습니다. 사드배치로 인해 중국은 지정학적으로 북한을 더욱 끌어안을 수밖에 없을 것이고, 북한의 핵무장을 용인하게 되면 일본은 자국의 군사적 무장을 합리화할 수 있게 됩니다.

미국의 전략에서 보면 사드는 동아시아 지역에서의 패권 유지를 위한 일환으로 이어져 있습니다. 미국의 전략은 중국의 부상으로 세력균형이 깨진 동아시아 지역에서 다시 힘의 우위를 점하는 것인데, 중국 견제를 위해서는 한미일 공조체제를 이루는 것이 무엇보다 필요합니다. 문제는 한일 간에 여전히 존재하는 역사적, 영토적 문제가 이러한 공조체제를 구축하는데 걸림돌로 작용한다는 것인데, 이에 따라 미국은 한일 간의 현안 해결을 희망해 왔습니다. 이러한 차원에서 2014년 12월 이루어진 한일 간 위안부 합의는 미국의 종용 혹은 압박에 의해 이루어진 것이라 볼 수 있고, 2016년 한일 간 군사정보협정 체결도 동일한 맥락에서 이해할 수 있습니다. 수순은 한국과 일본이 합의하고 미국이 사드를 배치하는 것이죠.

한국은 사드를 배치함으로써 우리의 의사와는 상관없이 동아시아 MD체제에 속하게 되었고, 미일동맹의 하부 파트너로 편입하게 됩니다. 사드 배치로 인해 한반도의 전쟁 가능성은 높아졌고 일본 방위는 더욱 튼튼해졌으며 북한은 다시 중국을 끌어당길 수 있게 되었죠. 중국 역시 사드를 빌미로 기존의 핵무기 전략을 바꾸고 2차 핵 보복능력을 강화하고자 핵무기의 양적, 질적 증강에 나서게 될 것입니다.

현재 한반도 사드 배치 문제를 둘러싸고 미중 강대국 간의 힘겨루기가 진행되고 있지만, 분명한 사실은 이 과정에서 강대국들은 철저히 자신의 국익을 내세우며 절대 손해 보지 않는다는 것입니다. 강대국 간의 충돌과 갈등으로 인해 희생당하는 것은 언제나 약소국이죠.

경제 질서 재편을 놓고도 미국과 중국이 부딪치고 있으며, 트럼프 대통령의 '미국 우선주의' 선언으로 인해 이러한 상황 변화가 빨라졌습니다. 2017년 1월 트럼프 대통령은 미국 자신이 주도해서 만든 환태평양경제동반자협정(TPP)에서 탈퇴했고, 미국의 일자리 창출과 제조업 부활을 위해 무역보호주의 방침을 정했습니다. 향후 관세나 보호무역의 장벽이 더 높아지고 무역적자 구조를 개선하기 위한 제재수단을 가한다면, 앞으로 미중 간 무역마찰에 있어서 커다란 갈등이 있을 것으로 예상됩니다.

아무튼 현재 미국과 중국은 협력도 하고 갈등도 있습니다. 이러한 현 상황을 어떻게 규정할 것인가에 대한 합의는 없지만, 잠정적으로 '갈등적 협조체제' 혹은 '미중간 담합체제'라 부를 수 있습니다. 협력이 중요하다는 공통된 인식은 있지만 앞으로 상당히 많은 이슈와 쟁점에서 부딪칠 것으로 예상됩니다.

2022년까지는 현대화를 위한 '전략적 기회'의 시기

중국은 국가전략의 측면에서 시진핑 집권 10년의 시간, 즉 2022년까지를 '전략적 기회'의 시기로 봅니다. 중국에게는 국가 현대화를 달성할 수 있느냐의 여부를 결정하는 가장 중요한 시기로, 이 기간 동안의 외교적 과제의 목표는 세계적 강대국으로 부상하기 위한 대외적 여건을 조성하겠다는 것입니다. 책임감을 갖고 국제사회 문제에 대해 협력하겠지만 할 말은 하겠다는 입장의 변화를 보이며, 이로 인해 중국의 외교 전략이 훨씬 공세적으로 변했다는 평가를 받기도 합니다. 스스로에 대한 정체성 규정 역시 예전에는 제3세계 국가였다가, 지금은 '세계 최대 개발도상국'으로 규정합니다. 개도국의 리더로서 책임과 역할을 다하는 동시에 개도국의 이익을 최대한 반영하겠다는 것이죠. 구체적인 경로는 우선 경제 분야에서 상당한 영향력을 보유하고 있기 때문에, 이러한 경제력을 바탕으로 중국을 중심으로 한 새로운 규범이 담긴 경제 질서를 만든다는 것입니다.

예컨대 미국 주도의 경제 질서와 중국 주도의 경제 질서 중에 누가 더 믿을 만한가, 누가 더 큰 이익을 가져다 줄 것인가의 경쟁 구도를 만드는 것이죠. 중국 주도로 형성해 나가는 새로운 경제 질서가 다른 개도국들에게 더 많은 이익을 가져다준다면, 이미 새로운 규범으로의 전이가 진행되고 있다고 볼 수 있습니다. 이미 냉전시기부터 중국은 오랫동안 제3세계에 대한 원조를 지속해오며 신뢰를 쌓아왔습니다. 현재 아프리카 대륙의 모든 국가를 한 자리에 불러 모을 수 있는 국가는 중국밖에 없는데, 이것이 가능한 이유는 경제적 지원과 투자 요인뿐 아니라 오랫동안의 신뢰가 쌓여서 만들어진 것이라 할 수 있습니다. 중국 사회주의시기를 고립적이고 폐쇄적인 '죽의 장막'이라고 부른 것은 어디까지나 서구적 관점에서 본 것이고, 중국은 냉전시기부터 이미 제3세계 국가들과 활발한 교류를 이어 왔습니다.

개혁 초기 중국은 자유무역질서를 적극적으로 받아들이면서 성장했고 규칙을 따르는 규칙 추종자였지만, 2천 년대 이후로 기존 질서가 갖고 있는 국가 간의 비민주성, 불평등성에 대해 꾸준히 문제제기를 합니다. 서구 자본주의 국가들은 스스로를 민주주의 국가라고 하지만 국가와 국가 간의 관계는 대단히 비민주적이라고 지적하면서, 세계금융위기 이후로는 적극적으로 자기 목소리를 내기 시작했습니다. 일대일로나 AIIB 등을 통해 새로운 경제 질서를 만들어나가면서 군사안보에서도 자국의 핵심이익과 관련된 것은 지켜나가겠다는 것이죠. 문제는 이러한 중국의 변화를 다른 국가들이 어떻게 받아들이느냐는 것입니다. 다른 국가들이 이를 수용하지 않고 인정하지 않으면 중국이 아무리 떠들어도 소용없는 일입니다. 결국 타자의 동의와 암묵적 지지를 이끌어내는 힘, 헤게모니의 획득이 중요합니다. 특히 문화적 매력과 도덕적 힘이 있어야 합니다. 중국도 이러한 문제를 잘 인식하고 있기 때문에 2007년부터 소프트파워를 강조하기 시작했습니다. '사회주의 문화강국'으로 부상한다는 계획도 세웠죠.

중국식 정치 수립과 전통문화의 소환

이와 관련하여 시진핑 체제 출범 이후 중국 지도부 내에서 보이는 공통된 인식 혹은 정치적 원칙을 우선 살펴봅시다. 후진타오체제 때부터 정례화된 '집체학습'을 통해 중국 지도부는 더 나은 공산당의 집정(執政) 방식을 모색하고 있습니다. 관련 분야 전문가를 초청해서 강의를 듣고 내부 토론을 진행하면서 외부 사례와 과거 역사 속에서 끊임없이 무언가를 배우고 얻고자 합니다. 변해가는 국제정세 속에서 중국공산당 역시 집단학습을 통해 배워야 살 수 있다는 것이죠.

첫 번째는 서구 민주주의와 자본주의 역사에서 얻은 교훈입니다. 중국의 정책결정엘리트들에게 영향을 미친 두 가지 사건을 꼽으라고 하면 하나는 구소련의 해체이고 다른 하나는 세계금융위기입니다. 중국 지도부는 우선 소련이 자기 것을 버리고 시장경제와 자유민주선거제도를 일거에 수용하는 쇼크요법식의 개혁을 진행했기 때문에 결국 붕괴되었다고 생각합니다. 그 사회의 역사적 과정과 조건 및 맥락을 고려하지 않은 채 외부로부터 이식한 제도는 그것이 아무리 좋은 제도라 할지라도 결코 성공할 수 없으며, 오히려 체제 자체를 흔들어놓을 수 있다고 생각합니다. 이것이 중국이 소련 해체에서 얻은 교훈으로 중국은 절대 소련의 전철을 밟지 말아야 한다는 것입니다.

또 하나는 세계금융위기 사태를 보면서, 신자유주의가 갖고 있는 자본 팽창성은 한계에 다다를 수밖에 없다고 생각합니다. 결국 금융이나 자본에 대한 적절한 통제가 필요하다는 교훈을 얻죠. 2006년 11월, 중국 CCTV에서 〈대국굴기(大國崛起)〉라는 다큐 프로그램을 방영한 적이 있습니다. 중국 내부에서 커다란 화제를 불러일으켰고, 그 이듬해 한국의 EBS에서도 방영하였습니다. 강대국으로 우뚝서게 된 주요 선진국들의 역사를 되짚어보면서, 이들이 어떻게 해서 강대국으로 부상했고 어떻게 해서 망하게 되었는가라는 흥망성쇠의 교훈을 짚어보는 프로그램입니다. 세계사를 공부하기에도 좋은 다큐멘터리죠. 주요 선진국들이 남긴 역사적 교훈을 살펴보면서, 미국의 시대가 저문 이후 차기 세계 패권국으로 부상할 중국이 앞으로 가야하는 길이 어떤 길인가를 모색합니다. 자신의 상황에 맞는, 중국 현실에 부합하는 것을 수용해야지, 제도의 무조건적인 외부 이식은 옳지 않다는 것이 바로 중국 지도부 내에서 공유하는 집단의식입니다.

둘째, 중국에 맞는 근대화의 길을 모색해야 한다는 지도부 내 합의입니다. 근대화가 반드시 서구가 걸었던 길을 의미하지 않는다면 중국은 어떤 근대화의 길을 가야하는가? 근대화가 단순히 경제적인 측면이 아니라 자신의 사회에 걸맞은 제도와 규범을 확립하고 문화적·사회적 통합을 이루어야 하는데, 그러기 위해서는 어떠한 길을 가야하는가? '중국적 근대화'란 무엇인가? 이러한 질문들에 대한 지속적인 고민을 2013년 11월에 개최된 18기 3중전회의 문건에 담아냅니다. 바로 '세 가지 자신감(三個自信)'이죠. 스스로 걸어온 길(道路)이나 스스로 만들어 내는 제도(制度)와 이론(理論)에 대해 자신감을 가질 필요가 있다는 것입니다. 물론 '중국특색 사회주의'가 무엇이냐에 대한 논란이 아직 있지만, 중국이 근대적 국가로 가기 위한 자신의 길과 이론과 제도가 있다는 것이죠. 중국의 길을 가기 위한 지침서의 역할을 해 주는 이론이 있고, 이러한 이론을 구체화한 제도가 있으며, 이러한 제도에 따라 실행하고 집행하는 길이 있다는 세 가지 자신감입니다. 최근에는 여기에 '문화자신'도 추가하여 '네 가지 자신감'을 말하고 있습니다.

셋째, 시진핑 체제 들어 '인민'을 다시 소환하고 있습니다. 이는 인터넷 검색어 빈도수로 확연히 드러납니다. 장쩌민, 후진타오 시기에는 잘 등장하지 않았던 '인민', '대중노선'이라는 말이 최근 몇 년 동안 인터넷의 주요 검색어로 떠올랐습니다. 왜 다시 인민을 소환하고 대중노선을 강조하는 것일까요? 1990년대로 접어들면서 중국 정치의 주요 과제는 안정과 질서유지였고 이에 따라 사회통제를 위한 여러 제도들이 진화되어 왔지만, 89년 천안문 민주운동이 일어날 때까지만 해도 중국 체제에서 인민대중운동은 중국체제의 변화를 추동하는 중요한 동력이었습니다. 90년대 이후로는 '시장'이라는 제도 자체가 대중운동 대신 개혁의 드라이브 역할을 하게 되죠. 그러나 2천 년대 이후 시장체제의 최대 수혜자 기득권층이 형성되고 이들의 이익구조가 공고화되면서 시장은 더 이상 사회혁신의 동력으로서 그 역할을 발휘하지 못하게 됩니다.

2012년 칭화대학(清華大學) 연구팀은 '체제전환의 함정(transition trap)'이란 개념을 제시하면서, 개혁과정에서 형성된 기득권의 이익구조가 오히려 개혁을 저지하고 현상유지를 요구한다는 점을 지적한 바 있습니다. 연구팀 책임자인 쑨리핑(孫立平) 교수는 2012년 1월 한 언론을 통해 현재 중국체제가 안고 있는 '전환의 함정' 위기를 "돌 더듬는 것만 습관이 되어 강 건너는 것조차 바라지 않는다(石頭摸上了癮, 連河也不想過了)"고 비꼬았습니다. 이는 중국의 점진적 개혁을 함축적으로 묘사한 "돌다리를 두드리며 강을 건넌다(摸着石頭過河)"는 표현을 비틀어 개혁을 가로막는 기득권층의 행태를 비판한 것입니다. 리커창(李克强) 총리도 지적한 바와 같이 개혁은 기존의 이익구조를 건드려야 하는데, "이익을 건드리는 것이 영혼을 건드리는 것보다도 어렵다(觸動利益比觸動靈魂還難)"는 것이죠.

시진핑 체제는 이러한 기득권 이익구조를 깨고 개혁을 지속적으로 추진하기 위한 동력으로 다시 '인민'을 소환했습니다. 예전의 대중운동 방식은 아니지만 '인민의 이름으로', '인민을 위한 정치'를 강조하면서 개혁의 답보상태를 돌파하려고 합니다. 즉 개혁을 추진하는 동력을 얻고자 다시 인민을 소환하고 있으며, 대중노선을 강조하며 정치적인 반부패운동에 활용하기도 합니다. 또한 여기서 그치지 않고 중국 자체의 혁명 역사를 이어받는 '인민정치'의 논리를 수립하고 중국

정치 이론을 체계화하려 합니다.

넷째, 후진타오 시기부터 시작하여 전통문화를 다시 불러내기 시작합니다. 특히 유교가 그렇습니다. 유교 경전의 90% 이상은 통치와 관련된 내용입니다. 개혁 이후 사회주의 이데올로기와 공산당 지배의 합법성이 약화되고 빈부격차가 심해짐에 따라 새로운 보완적 이데올로기가 필요하게 되고 전통문화가 이를 채우게 됩니다. 중국공산당은 스스로에게 중화민족의 문화적 자산을 이어받은 정통성이 있다는 것을 강조하면서 유교를 강조하기 시작합니다. 대표적인 사례가 2008년 베이징 올림픽 당시 개막식입니다. 공자의 가르침인 인(仁), 화(和) 등의 글자가 개막식에 펼쳐졌습니다. 당시 외부에서는 중국위협론이 다시 제기되고 티베트 시위에 대한 공산당의 탄압으로 인해 해외에서 반중국 시위가 전개되던 때이지만, 중국인들은 올림픽 의식을 자신의 전통적 문화 코드로 채우면서 대단한 민족적 자부심을 느꼈습니다.

2011년에는 거대한 공자상이 천안문 광장에 등장합니다. 그러나 곧 큰 논란에 휩싸입니다. 사회주의자들로부터 지금이 봉건시대냐는 공격을 받습니다. 현재 중국은 사회주의 이념에 따라 건립된 현대 국가인데, 천안문이라는 상징적 공간에 공자상을 두다니 말도 안 된다는 것이죠. 논쟁이 석 달간 지속되다가 결국 공자상은 국가박물관 안으로 옮겨지게 됩니다. 일상생활 속의 대중적 정서에는 유교 담론이 스며들었지만, 정치적 담론으로서의 유교 부활은 아직 시기상조라는 것을 반증하는 사건이었습니다.

20세기 유교는 굴곡의 역사를 겪습니다. 신문화운동과 5·4운동 당시에는 유교가 서구에 뒤처지게 된 주요 원인으로 지목되어 완전히 부정당합니다. 1960년대 문혁 시기에도 유교는 낡고 봉건적인 것의 상징으로 비판받습니다. 혁명이라는 것이 전통과 구습 그리고 낡은 문화와의 연결고리를 끊는 것이라는 점에서 어찌 보면 당연한 현상이라 할 수 있죠. 전통문화가 다시 부활된 것은 개혁 이후입니다. 지금은 1980, 90년대와 달리 유교가 대안적인 통치이념으로서의 가능성도 논의되고 있지요. 이것이 가능하려면 과연 유교가 현대적 가치를 내포하고 있는지, 혹은 현대적인 가치로 복원될만한 자원을 갖고 있는지가 중요합니다. 바로 '유교의 현대성' 문제입니다. '기소불욕 물시어인(己所不欲 勿施於人)'이라는 말로 상징되듯이 유교는 '사람'을 중시하는 보편적 가치를 담고 있습니다.

그러나 현실 사회에서는 신분에 따른 위계적 질서와 각자의 위치와 역할에 최선을 다하라는 전체의 조화를 강조하죠. 평등을 중시하고 능력에 기반을 둔 현대 사회에서 이러한 위계적 질서는 매력적이지 않습니다. 당장 동아시아 문명권이었던 우리만 해도 유교하면 고리타분한 것으로 생각합니다. 물론 '위계'와 '차별'은 다릅니다. 서로 다른 능력에 따라 혹은 돈의 많고 적음에 따라 차별적인 또 다른 위계 구조가 현대사회에도 존재하니까요. 어쨌든 유교가 보다 좋은 사회를 구성하기 위한 매력적이고 대안적인 가치로 활용되기 위해서는 분명 현대적 가치에 기반을 둔 새로운 비전과 전망을 제시해 줄 수 있어야 합니다. 이에 따라 현재 중국 학계에서는 유교의 현대적 가치를 발견하기 위한 다양한 논의가 진행되고 있습니다.

중국의 공공외교(public diplomacy)

현대 학문체계에서의 학문적 수준은 논외로 하고 확실히 중국학자들은 한국의 학자들과는 다릅니다. 한국인은 외국으로 유학을 가면 선진국의 것을 가져오는 것이 좋은 것이라고 생각하는 경향이 있지만, 중국은 아무리 선진적인 것이라 할지라도 자신의 조건 속에서 선택적으로 받아들이고 자기화하는 것이 중요하다고 생각합니다. 많은 것이 중국에서 발원했고 중국 스스로 문명을 만들었다는 자부심이 강하며, 항상 서구와의 대비 속에서 자신을 인식합니다. 문명적으로 뿌리 깊게 박혀 있는 의식이라고 할 수도 있고, 지정학적으로 정해진 것일 수도 있겠죠. 근대로의 전환 시기에 서구의 문물을 받아들이는 과정에서 조선에서는 '동도서기(東道西器)' 논쟁이 있었지만, 중국에서 이것은 '중체서용(中體西用)'으로 표현됩니다. 조선은 동아시아 문명 속에서의 자신의 위치를 객관적으로 인식하며 '동'과 '서'의 구도로 보았지만, 중국은 자신을 서구와의 대립 구도 속에서 인식합니다. 즉 중국이 동아시아 문명의 발원지이자 중심이며 대표라는 자아인식이 뿌리 박혀 있습니다. 이러한 스스로의 문명에 대한 주체적 인식은 지금까지도 마찬가지이며, 계속 이어나가야 한다는 믿음을 갖고 있습니다.

이러한 흐름 속에서 중국이 강조하는 것이 바로 '공공외교'입니다. 공공외교를 하려면 '소프트파워'가 있어야 하는데, 이는 물리적 힘이나 군사력과 같은 무력으로 상대방을 굴복시키는 것이 아니라 매력을 통해 자기가 원하는 결과를 얻는 것입니다. 소프트파워를 강화시키기 위해 공공외교나 문화외교가 강조되고 있습니다. 공공외교의 대상은 상대국의 정부가 아니라 민간입니다. 대중 외교라 할 수 있죠. 중국 정부가 한국 국민의 마음을 얻는 것, 한국 정부가 중국 국민의 마음을 얻는 것을 말합니다. 정부와 정부와의 관계가 아니라 정부가 민간을 대상으로 하는 활동입니다.

대표적인 사례가 전 세계 130여 개 국가와 지역에 건립된 '공자학원(孔子學院 , Confucius Institute)'입니다. 중국의 대표적인 문화적 상징인 공자를 내세워 중국의 문화를 알리고 중국어를 보급하기 위해 세계 주요 대학에 공자학원 설립을 지원하고 있습니다. 최초의 공자학원은 2004년 한국에 만들어졌고, 이후 10여 년 간 급증하여 세계 주요 대학 대부분에 공자학원이 설립되어 있습니다. 중국 정부에서 막대한 돈을 지원하며 인력을 파견하고 있죠. 그런데 왜 '공자'인가? 우리도 세계 주요 대학에 한글을 교육하는 '세종학당'이 세워져 있고, 독일의 경우는 '괴테 문화원'이 있습니다. 각 국가마다 자국의 대표적인 문화인의 이름을 내세워 문화원의 이름을 짓고 이를 공공외교의 산실이자 수단으로 삼기 때문에, 중국 공자학원의 성격 역시 기본적으로 크게 다를 바 없습니다.

그러나 서구에서는 중국이 막대한 경제력을 바탕으로 문화적으로 힘을 과시하며 학문의 자유를 제한한다는 의심을 끊임없이 제기하고 있습니다. 2014년 시카고대가 미국 대학 최초로 공자학원을 퇴출하였고, 이어 캐나다 토론토 교육청도 공자학원과의 협력관계를 단절하였습니다. 북유럽인 스웨덴의 대학에서도 공자학원을 취소하는 사례가 나오기도 했습니다. 중국 정부가 공자학원을 통해 해당국의 교육에 개입하고 자유로운 학술 토론을 제약한다는 것이 그 이유입니다.

'중국모델'이라는 발전방식 역시 공공외교의 자원이라 할 수 있습니다. 중국의 발전방식이 이미 발전한 선진국에게는 매력이 없겠지만, 아직 발전을 이루지 못한 많은 개도국에게는 매력적으로 받아들여집니다. 특히 아프리카는 과거 서구 선진국들의 많은 투자가 이루어졌음에도 불구하고 여전히 가난에서 벗어나지 못했습니다. 기본적으로 자원 수탈형 투자였기 때문이죠. 그러나 중국의 지원은 특정한 조건을 내세우지 않는 방식으로 이루어지고, 특히 각 국가의 내정에는 간섭하지 않습니다. 따라서 대다수의 아프리카 독재정권은 자신의 권위주의 체제를 문제 삼지 않는 중국을 환영할 수밖에 없습니다. 또한 강력한 일당 주도의 리더십으로 경제발전을 이룬 중국을 본받고 싶어 하지요.

공공이슈의 통제와 인터넷 정치

이러한 중국의 공공외교 노력에도 불구하고 중국이 과연 매력국가인가에 대해서는 여전히 부정적입니다. 이러한 현실을 가장 잘 보여주는 것이 바로 인터넷 통제입니다. 중국은 민감한 주제에 대한 검열이 심하며 서구의 영향력을 차단하기 위해 비슷한 기능을 가진 중국판 플랫폼을 만들어 대체하고 있습니다. 페이스북 대신 런런왕(人人網), 구글 대신 바이두(百度), 트위터 대신 신화왕(新華網), 유튜브 대신 요쿠(優酷)를 만들었죠. 사실 중국은 그 자체로 하나의 세계입니다. 세계와의 교류를 차단하더라도 내부적으로 충분한 수요가 가능한 규모를 갖고 있습니다. 그렇지만 세계의 주요 무대에서, 그리고 지역에서 영향력을 확대하려고 한다면 인터넷에서의 자유로운 소통은 필수적인 요건이라 할 수 있습니다. 중국은 인터넷 통제와 검열이 심한 대표적 국가이며 자유주의 세계에서 볼 때 이러한 사실은 참으로 매력이 없습니다.

그럼에도 불구하고 국내 차원에서 볼 때 중국의 인터넷 역시 양면성을 가지고 있습니다. 인터넷 공간은 정부가 강제력을 가지고 통제할 수 있는 수단으로 활용하기도 하지만, 또한 중국의 민의를 반영하는 장(場)이기도 합니다. 정부가 모든 것을 통제한다는 것은 사실상 불가능합니다. 중국에서도 비판과 폭로가 허용되는 분야가 있고, 역사적으로도 지속적인 저항이 있어 왔습니다. 어떤 영역이 허용되고 혹은 허용되지 않는지를 구분해서 보면 중국이 어떤 문제에 대해 민감하게 생각하는지 알 수 있습니다.

실제로 사람들의 인식을 변화시키고 잘못된 법과 관행을 개선하는 데 기여한 여러 사례가 인터넷이라는 공간을 통해 공감을 확산해 왔습니다. 예컨대 지방정부 간부의 부정부패 폭로나 여성, 농민공 등의 약자 보호 이슈, 민족주의적 성격을 띠는 시위 등입니다. 물론 민족주의 이슈와 관련된 공론은 양면적입니다. 국내 민심을 외교에 활용할 수 있는 측면이 있지만, 동시에 적절한 수위 내로 통제하지 않으면 대중들은 집회를 이용해 쌓여있던 정치적, 경제적 불만을 터트리기도 합니다. 대표적으로 2005년 반일시위 당시 대중들은 반일이라는 민족적 감정을 분출했을 뿐 아니라 동시에 빈부격차나 실업 등의 국내 이슈에 대해서도 불만을 토로했습니다.

철저한 검열을 통해 인터넷에서의 자유로운 논의를 금지하는 이슈는 주로 일당체제에 도전하는 사안과 공식 정치이념을 비판하는 것,

그리고 중국 과거사와 관련된 이슈입니다. 관료부패의 경우 지방간부의 비리는 폭로할 수 있지만 최고 지도층은 금기입니다. 또한 중국에게 무엇보다 중요한 금기 사항은 '하나의 중국' 원칙에 도전하는 것입니다. 이는 중국이 절대적으로 반대하는 사안으로, 대만, 홍콩 지역이 분리될 수 있다는 가능성 자체보다 그것이 가져오는 파장을 우려합니다. 어느 한 지역에서 분리나 독립의 가능성을 보이면 타 지역까지 도미노처럼 무너질 것이라는 두려움이 있죠. 요컨대 중국에서 인터넷 통제가 심한 영역은 일당지배체제와 하나의 중국, 그리고 정치적 이념에 도전하는 이슈들입니다. 반면 불평등이나 불공정 등 사회 문제의 개선이나 민생, 민족주의와 관련된 이슈에 대한 공론은 허용하는 태도를 보입니다.

'하나의 중국'과 국가 통합

거대한 중국을 유지하기 위해서는 무엇보다 통합의 원리가 중요하며, '중국인'이라는 공유된 정체성이 그 밑바탕이 되겠죠. 그러나 최근 대만이나 홍콩에서는 '중국인'이라는 정체성은 점점 희미해지고 '대만인', 혹은 '홍콩인'이라는 정체성이 강화되고 있습니다. 2017년 6월 홍콩대의 조사에 따르면, 제시된 16개 국가·지역 중에서 홍콩인들은 대만, 싱가포르, 캐나다, 일본 순서로 호감을 느끼는 반면에 중국에 대한 호감도는 26%로 꼴찌였고, 중국 정부에 대한 비호감은 31%로 가장 높았습니다. 또한 자신을 중국인이라고 답한 홍콩인은 35%로, 1997년 조사 때의 46.6%에 비해 크게 감소했습니다.

중국은 대만이나 홍콩 지역을 통합하는 원리로 '일국양제(一國兩制)', 즉 '하나의 국가와 두 가지 제도'를 유지한다는 방침을 제시한 바 있지만, 최근 대만이나 홍콩 내에서의 정치적 변화로 이러한 일국양제 원칙이 흔들리고 있습니다. 2014년 홍콩 선거인단을 선출하는 과정에 중국 정부가 개입하면서 홍콩인들은 직접선거를 요구하는 이른바 '우산 혁명'을 일으켰습니다. 이 과정에서 "나는 국민이 아니라 시민으로 살겠다", "나는 홍콩인이다"라는 구호가 많은 공감을 불러 왔습니다. 중국에서는 민족 담론을 강조할수록 내부에 존재하는 다양한 민족성을 억누를 가능성이 많아집니다.

과연 어디까지가 중화민족인가? 소수민족과 같은 종족 민족주의, '홍콩인'이라는 지역 민족주의 등 중국 내부에 존재하는 다양한 민족 형태로 인해, 중국은 '중화민족'이란 이름으로 국가를 하나로 통합하긴 매우 어렵습니다. 중국이 세계적인 영향력을 행사하려면 우선 내부적인 사회적 통합을 이루어야 하지만, 중국에는 '민족(nation)'으로 설명되지 않는 다양한 민족들이 있고, 여기에는 전통적인 소수민족뿐 아니라 홍콩이나 대만처럼 근대 역사과정에서 형성된 지역 민족도 존재합니다. 특히 자체의 고유한 문화와 종교를 갖고 있는 티베트나 이슬람권 지역 등에 대해서는 어떤 원리로 통합할 것인가가 중국 통치자에게는 늘 고민거리였습니다. 진정한 '통합'이란 어찌 보면 동질적인 하나의 원리로 묶어내는 것이라기보다는, 서로의 다름과 차이를 인정하며 상호 공존할 수 있는 '화이부동(和而不同)'의 원리라 할 수 있습니다. 역사적으로도 보면 다양성을 인정하면서 포용적이고 개방적인 태도를 보일 때 가장 화려한 중화제국의 형태를 유지할 수 있었습니다.

■ 더 읽어봐야 할 책

데이비드 샴보, 박영준 외 역, 『중국, 세계로 가다: 불완전한 강대국』 아산정책연구원, 2014.

문정인, 『중국의 내일을 묻다』 삼성경제연구소, 2010.

에드워드 스타인펠드 저, 구계원 역, 『왜 중국은 서구를 위협할 수 없나: 미국 MIT 최고 전문가 집단이 분석한 중국 경제의 실체』 에쎄, 2011.

옌쉐퉁 저, 고상희 역, 『2023년: 세계사 불변의 법칙』 글항아리, 2014.

홍석률, 『분단의 히스테리: 공개문서로 보는 미중관계와 한반도』 창비, 2012.

미중전략경제대화
(U.S.- China Strategic Economic Dialogue, 中美戰略經濟對話)

미중 양국이 경제영역에서의 대화와 협력을 강화하기 위해 만든 기제로, 20여 개의 미중 간 협상기제 중 가장 높은 수준의 협상 창구이다. 2006년 9월 20일 〈미중 양국 전략경제대화기제에 관한 공동성명〉을 공식 확립하였고 2009년 이후부터는 미중전략경제대화로 바뀌었다. 대개 2~3일 간의 일정으로 개최되며, 전략 분야와 경제 분야로 나뉘어 진행된다. 전략 분야의 경우, 미국은 국무장관, 중국은 외교담당 국무위원 주도로 진행되며, 경제 분야는 미국은 재무장관, 중국은 부총리가 맡는다. 미중전략경제대화는 양국의 전략적, 경제적 관심사는 물론이고 지역과 국제 정세, 환경과 인권, 무역 등의 현안도 폭넓게 논의한다. 매년 중요하게 다뤄지는 의제는 상황에 따라 달라진다. 매년 2차례, 미국과 중국에서 각각 개최되며, 세계 최대 개발도상국과 최강 선진국 간의 전략적 대화라 할 수 있다.

홍콩 우산혁명과 위기의 일국양제(一國兩制)

2007년 12월 29일, 중국 전국인민대표대회(전국인대) 상무위원회는 홍콩의 정치제도 발전문제에 관한 결정을 내리면서 2017년에 홍콩 행정장관에 대한 직선을 실시할 것이고, 2020년에는 입법회(의회)의 입법의원도 보통선거로 선출할 것을 명확히 하였다. 그러나 이러한 약속은 지켜지지 않았고, 홍콩인의 분노는 2014년 9월에 대규모 시위로 폭발하는데, 이를 '우산혁명(Umbrella Revolution)'이라 부른다. 2016년 춘절(春節)에는 어묵 등을 파는 노점상 단속에 불만을 품은 시위가 방화와 무력 충돌로 이어졌고, 급기야는 경찰이 시민들에게 총까지 겨누는 충격적인 일까지 발생했다. 또한 같은 해 11월 7일에는 홍콩의 독립을 주장한 입법회 의원에 대한 자격을 박탈하려는 전국인대 상무위원회의 결정에 대해 홍콩의 사법독립권을 침해하고 일국양제를 위반한 결정이라고 반발하며 1만 여명의 홍콩 시민과 지식인들이 반중(反中) 시위를 벌이기도 했다.

홍콩 반환 20주년을 즈음하여 중국과 홍콩의 관계, 홍콩 사회와 홍콩인의 정체성에 큰 혼란과 변화가 발생하고 있는 듯하다. 홍콩인으로서의 정체성을 회복하려는 '본토주의(本土主義, Localism)'움직임과 고도의 자치 그리고 민주화 운동, 나아가 홍콩의 독립을 요구하는 주장들은 중국의 통일 정책인 일국양제의 명확한 한계를 보여주고 있다. 홍콩과 마카오에 대한 일국양제의 성과를 동력으로 타이완과의 통합을 이루어 최종적이고 실질적인 대일통을 실현하려는 중국의 국가목표가 커다란 난관에 직면한 것이다.

일국양제를 바라보는 중국과 홍콩의 입장은 상반된다. 중국은 대일통의 대전제인 '일국'을 강조한다. 일국양제는 '한 국가, 두 제도'를 실시하는 것으로 분권과 자치의 의미를 구현하지만, 그 본질적인 의미는 일국양제를 통한 국가 통일의 유지 및 강화에 있다. 중국이 구상하는 일국양제의 조건은 '일국'하의 '양제'이지 그 반대인 '양제'를 통한 '일국'의 구성이라는 연방적 요소의 의미는 결코 아니다. 반면, 홍콩은 자치와 자율의 '양제'를 중시하여 일국양제가 '일국일제(一國一制)'로 회귀하지 않고 '실질적인' 양제가 실현되기를 바라고 있다. 오늘날 홍콩인들은 일국양제를 포용적·관용적 통합 질서가 아닌 제국주의적 팽창의 도구로 인식하고 있으며, 홍콩이 후식민지 통합모델의 대상으로 전락했다고 생각한다. 홍콩 시민들이 점점 더 일국양제를 신뢰하지 않게 되면서, 중국의 일국양제 정책은 점점 더 위기에 직면할 가능성도 커졌다.

12강. 한중관계의 현안과 미래

중국이 중요한 관심과 연구의 대상인 것은 무엇보다도 우리와의 관련성 때문일 것입니다. 우리나라를 다른 지역으로 옮기지 않는 한 우리는 운명적으로 가까운 이웃 중국과의 상호관계 속에서 우리의 미래를 준비해야 합니다. 연구 대상 자체에 대한 흥미도 중요하지만, 중국에 대한 이해가 내가 속해 있는 이 사회에서 어떠한 의미를 지니고 있는지 돌아볼 필요가 있습니다. 중국의 어떤 쟁점이 한국과 관련되고, 이 시대 중국 공부가 우리에게 던져주는 시사점과 의미는 무엇일까요?

한국의 대중국 인식과 한중간 갈등 요인

한국과 중국은 역사적으로 긴밀한 관계를 유지해 왔고 오랫동안 같은 문명권 안에 있었습니다. 냉전 시기 관계가 잠시 단절되었고, 탈냉전의 흐름 속에서 1992년 8월 24일 한중수교를 맺게 됩니다. 한중수교 25주년을 즈음하여 오늘날 양국의 교역은 전례를 찾아볼 수 없을 만큼 급격한 속도로 확대됩니다. 경제나 무역 뿐 아니라 민간단체와 유학생 교류를 포함한 사회문화적·인적 교류 역시 급증하죠. 그런데 이러한 양적 확대에 비례하는 질적인 신뢰의 관계가 이루어졌을까요? 한·중 간에 불거지는 여러 사안들을 보면 '신뢰'와 '가치'에 기반하지 않고 공감대를 형성하지 못하는 교류가 얼마나 취약한 것인지, 근본적 한계가 있었다는 것을 절실하게 느끼게 됩니다. 한반도 사드배치를 둘러싼 갈등이 대표적이죠. 아무리 경제적, 문화적 측면에서 교류가 확대된다하더라도 정치적, 안보적 차원에서의 신뢰의 결여는, 특히 냉전구조가 여전히 작동하는 한반도 상황에서는 그 관계의 한계가 뚜렷하게 나타납니다. 만약 우리가 중국과의 관계를 어떤 형태로든 유지해 나가려고 한다면, 또한 한반도의 운명에 지정학적으로 중국이 관련될 수밖에 없다면, 이번 기회를 계기로 하여 중국에 대한 인식을 다시 재정립할 필요가 있다고 생각합니다.

우선 중국에 대한 영역별 불균형성을 교정할 필요가 있습니다. 한국에서 생산·유통되는 중국 관련 정보는 대부분 경제 관련 뉴스입니다. 유럽이나 일본의 경우 경제 뿐 아니라 중국의 역사, 철학에 관심이 많고 자신의 사회에 기반을 둔 중국연구를 오랜 시간에 걸쳐 축적해 왔습니다. 경제뿐만 아니라 정치, 사회, 문화, 역사 등의 영역에서 중국이 한국에 어떠한 의미가 있는지, 그리고 중국연구를 통해 혹은 중국이라는 화두를 가지고 어떻게 한국사회에 개입할지에 대한 고민이 필요합니다.

둘째, 한국과 중국의 국제적 위상의 차이에서 오는 비대칭성을 인정해야 합니다. 힘의 압도적 우위에서 오는 절대적 격차를 인정하지 않고 중국을 우리의 경쟁국으로 본다거나, 가난했던 중국에 대한 기억만을 가지고 그들을 무시한다면, 정작 우리에게는 아무런 이득이 되지 않습니다. 양국 간의 지속적인 교류를 가능하게 하기 위해서는 신뢰가 중요하고, 신뢰를 쌓기 위해서는 무엇보다 양국 간의 차이를 객관적으로 인정하고 이해하는 것이 필요합니다. 상대방이 우리와 무엇이 어떻게 다른지, 특정한 사안에 대해 우리와 어떻게 다르게 인식하고 있는지 등을 이해하는 것이 필요합니다. 이러한 맥락에서 한국이 중국을 보는 인식과 한·중 간의 갈등 요인이 무엇인지 한번 살펴보겠습니다.

우선 규범이나 가치 측면에서 오는 갈등이 있습니다. 한중 양국은 정치체제나 법치, 민주, 인권 등 가치의 실제 적용에 대한 해석과 인식에 차이가 있습니다. 신뢰를 바탕으로 교류를 하려면 가치가 비슷하거나 공유하는 것이 많아야 유리합니다. 이것이 흔히 말하는 '가치외교'입니다. 정치체제가 같다면 서로 신뢰할 수 있는가? 반드시 그렇지는 않습니다. 한국과 일본은 민주주의체제에 대한 가치를 공유하지만, 역사적 이유로 양국 간의 감정과 정서는 좋을 수가 없습니다. 반면 우리와 중국은 정치체제는 다르지만 역사적으로 제국주의 세력에 의한 식민 상황이라는 유사한 경험을 갖고 있고, 대중적인 반일 감정도 비슷한 정서가 있습니다. 그렇다면 가치도 역사경험에서 오는 가치와 정치체제에서 오는 가치를 구분해서 볼 필요가 있겠지요.

또한 일반적으로 한국에서는 중국을 독재체제라고 인식합니다. 한국 대중들 대부분은 우리의 민주주의를 우월한 체제로 인식하며 권위주의 체제인 중국을 낮게 보는 인식을 갖고 있습니다. 그러나 이러한 체제 논리보다는 현실정치의 측면에서 자신이 속한 사회를 객관화하여 바라보는 시각이 필요합니다. 예컨대 민주법치 체제라면 당연히 지켜질 것이라고 여겨지는 상식들, 인권, 언론자유, 노동자 권리, 공정한 경쟁 등이 한국 사회에서 제대로 지켜지는가? 최근 시진핑 집권 이후 집행된 노동활동가나 인권변호사에 대한 체포 및 구속과 한국의 한

상균 민주노총 위원장에 대한 실형 선고는 어떤 차이가 있는가? 중국 공안에 의한 시위대 진압 및 구타와 한국 공권력에 의한 과잉진압으로 사망한 백남기 농민 사건은 어떠한 차이가 있는가?

사실 양국에서 일어난 사건 모두 해당 사회 안에서의 정치적 탄압이 분명하지만, 일반적으로 우리의 경우는 법을 어겼기 때문이고 중국의 경우는 독재정권이라 그렇다고 생각합니다. 자국에게 관대하죠. 한국의 현실이 그렇지 못함에도 불구하고 이상적인 민주체제의 원칙들을 기준으로 중국의 현실을 낮게 평가합니다. 물론 중국의 일반 대중들 역시 마찬가지로, 자국의 인권보호와 소수자 권리에 대해서는 별 관심을 두지 않습니다. 이렇게 자국의 체제를 이상화하여 타국의 정치 현실을 비판하는 준거로 삼는 일은 양국 모두에서 마찬가지로 보이는 현상입니다.

대중들 뿐 아니라 한국의 주류 엘리트들도 중국체제에 대한 불신이나 고정관념이 있습니다. 특히 2천 년대 들어 중국 중심으로 동아시아 질서를 재편하려는 움직임에 대해 매우 경계합니다. 중국의 행보가 전통적인 '중화사상'의 재현이 아닌가, 혹은 예전의 조공질서를 다시 구축하려는 의도가 아닌가 경계하며, '중화민족주의' 현상에 대한 우려를 나타내고 있습니다. 이는 보수, 진보를 가리지 않고 공통적으로 나타나는 현상입니다. 또한 중국의 현재 상황이 한국의 1970, 80년대 상황과 비슷하다는 식의 단계론적 사고를 합니다. 이러한 사고방식에는 중국을 계몽의 대상으로 보는 시각이 깔려 있고, 자연스레 우리는 뭔가 한 수 가르쳐줘야하는 우월한 위치에 놓이게 됩니다. 그러나 한국과 중국이 겪어 왔던 현대사의 경로는 매우 달랐고, 우리의 과거가 현재의 중국이 아니듯이, 우리의 현재가 중국의 미래가 될 수 없습니다.

역사문제나 문화종주권 논쟁 등 역사·문화적 측면에서의 갈등도 존재합니다. 10여 년 전 보도를 통해 알게 된 중국의 '동북공정(東北工程)'이나 문화 원조를 둘러싼 갈등 등으로 인해 한중수교 이후 한국인의 중국에 대한 막연한 호감은 일순간에 위협감과 반감으로 바뀌었습니다. 강대국이 자신의 힘을 투사하는 전형적인 사례라 인식하면서 이때부터 중국에 대한 경계심이 급속히 증가됩니다. 여기에는 중국과 한국의 규모와 국력의 비대칭성에서 오는 위기의식이 깔려 있으며, 배타적 중화민족주의 현상에 대한 경계도 있습니다. 중국인들은 민족주의가 강화되는 것은 동아시아 각국의 공통된 특징임에도 불구하고 유독 중국의 민족주의 현상만 문제 삼는 것에 대해 불만이 많습니다. 그러나 한국인들은 중국이 동북공정과 같은 사안에 대해서는 현재의 '영토'를 기준으로 그 지역이 자국의 역사에 속한다고 주장하고, 남중국해 문제에 대해서는 실제적인 '역사'를 기준으로 자국의 영유권을 주장하는 이중적 잣대에 대해 전형적인 강대국의 힘의 논리라고 생각합니다.

역사를 '기억하는 자의 것', '책임지는 자의 것'이라고 한다면, 역사에 대한 감도, 역사를 보는 관점에서도 한중간에 근본적인 차이가 있습니다. 예컨대 '동북공정'에 대해 한국인은 우리 모두와 관련된 역사적 문제이고 한국인의 정체성과 관련된 사안이라고 인식하지만, 중국인에게는 '나와는 상관없는' 그저 관방이 하는 일, 혹은 동북 사람들의 일일 뿐입니다. 20세기 초 한반도 식민의 역사는 한국인 모두의 뼈아픈 역사이지만, 중국인들은 '만주국'의 역사를 자국의 역사로 보지는 않습니다. 중국에서 지역의 역사는 국가의 역사와 분리되어 있지만, 국가의 역사는 필요한 경우 지역의 역사를 모두 집어삼킵니다. 또한 전국적으로 일어났던 국가적 차원의 역사 사건이라 할지라도, 예컨대 '문화대혁명' 같은 경우 각 지방이 기억하고 경험했던 역사는 모두 다릅니다. 중국에서 역사에 대한 중앙의 지침이 있고 각 성이 주도하는 지정교과서는 있어도 국정교과서가 존재할 수 없는 근본적인 이유입니다.

또한 세계 4대 문명발원지 중의 한 지역인 중국은 지금까지도 문명적 특성을 유지하고 있는 문명국가라는 정체성이 강하며 이에 따른 문화적 자부심도 강합니다. 따라서 '단오' 문화가 명백히 중국에 기원을 두고 있음에도 불구하고, 한국이 세계문화 무형유산에 등재하여 문화 소유권을 빼앗아갔다고 분노합니다. 한국인들 역시 명백히 우리 문화에 속하는 것을 중국이 자국의 문화로 둔갑시킨다고 생각하는 경우가 있습니다. 예컨대 농악의 경우 중국의 논리에서 보면 조선족은 중국의 소수민족 중 하나이고 따라서 조선족 문화는 중국의 문화에 속하는 것이라고 주장합니다. 그러나 한국의 정서에서 농악은 고된 노동에서 벗어나 삶의 활력소를 찾기 위한 집체활동으로 우리의 민족적 정체성과 관련이 있는 농경문화입니다. 유네스코도 이와 같은 기능과 의미를 중시하여 2014년 우리의 '농악'을 유네스코 세계인류무형문화유산으로 지정한 바 있습니다.

이처럼 한중간에는 체제·이념적 갈등 뿐 아니라 역사·문화적 사안에 있어서도 서로 다른 인식과 긴장관계를 갖고 있습니다. 사실 영토나 역사분쟁은 단기간에 해결되기 어렵습니다. 오랫동안 지역공동체의 정체성을 유지하며 생존해오다가 근대 국민국가가 탄생되면서 그 경계에 놓이게 된 지역의 경우는 언제나 국가 간 주도권 분쟁의 중심이 되었습니다. 독일과 폴란드의 경우도 영토분쟁이 2백년간 지속되어 왔습니다. 역사분쟁이든 영토분쟁이든 모두 현재적 관점에서 점유권을 주장하는 것인데, 뒤집어 말해 현재의 관계가 바뀐다면 또 다시 변화될 수 있는 문제겠지요. 따라서 이러한 문제에 대해서는 현재 관점에서 보려는 현실권력의 논리에서 벗어나 학술적 고증을 통해 함께 밝혀 나가자는 장기적 비전을 갖는 것이 중요하다고 생각합니다.

우리의 중국 동포인 조선족 문제 역시 힘이 작동하는 영토논리나 추상적인 역사논쟁이 아니라 그 땅에서 살아가는 사람이 가장 중요하다고 생각합니다. 장기적인 역사과정을 보았을 때 그 땅에 대해 누가 애착을 갖고 자신의 터전으로 생각하는지가 중요합니다. 국가는 짧지만 사람은 영원하니까요. 그래서 같은 민족인 중국 동포들이 자부심을 갖고 그 땅에서 잘 살 수 있도록 도와주는 것이 중요하다고 생각합니다. 그런데 현재 중국 동포들은 자신들의 터전을 떠나고 있습니다. 현재 190만 명 정도의 조선족 인구 중 1/3인 70만 명이 한국에 와 있습니다. 한족의 유입과 조선족의 거주 인구 감소로 중국에서 연변 자치주가 언제 없어질지 모른다는 얘기가 나옵니다. 특히 젊은 청년들은 기회를 찾아 대부분 중국 대도시나 일본, 한국으로 갑니다. 조선족은 중국 내에서 거의 유일하게 두 개의 모국을 갖고 있는 소수민족입니다. 조선족 문제를 어떻게 바라보아야 할까요? 우리가 조선민족 이민의 역사에 대해 얼마나 알고 있을까요? 해외 동포들을 소속 국가별로 차별적으로 바라보는 문제, 조선족에 대한 한국 내에서의 차별적인 시선 등 여기에도 한국인의 민낯이 그대로 드러납니다.

한중, 미래발전을 위한 노력

그렇다면 한중간의 서로 다른 인식의 차이를 어떻게 극복해야 할까요? 우선 체제·이념적 긴장관계를 해소하기 위해서는 상대방의 체제 특징과 현대사의 과정을 이해해야 합니다. 한국인들은 중국의 현대사의 맥락에서, 그리고 혁명의 역사적 과정에서 보여준 중국 인민들의 투쟁, 사회주의 민주 요구와 실천의 과정 등을 구체적으로 이해하려는 자세가 필요합니다. 반면 중국인들은 한국 국민들이 투쟁과 저항을 통해 쟁취한 민주화의 역사를 존중하고 인정해야 합니다. 중국이 강조하는 '구동존이(求同存異)'의 원칙은 미국과 같은 강대국들과의 관계만이 아니라 주변 약소국과의 관계에도 적용되어야 합니다. 중국이 진정한 지역강대국 혹은 슈퍼 파워로 거듭나기 위해서는 우선 주변국의 존경과 인정을 받아야 하는데, 그것은 상대국의 고유한 정치체제를 인정하고 존중해 주는 것에서부터 시작됩니다. 서로 다른 체제를 인정하는 토대 위에서 한국 정부는 스스로의 정치적, 역사적, 문화적 정체성과 관련된 사안에 대해서는 국제 사회에 일관된 원칙과 메시지를 내놓아야 합니다.

또한 한중 양국 국민들은 근대 이후 체제나 제도, 이념 등에서 서로 다른 길을 걸어 왔지만, "전쟁 반대, 평화 유지, 인간적 품위를 유지할 수 있는 환경과 복지, 행복감을 주는 공동체적 가치나 개인의 품격 있는 삶" 등은 모두가 바라는 공통의 가치라고 할 수 있습니다. 서로 체제는 다르지만 모두 '사람'이 살아가는 곳이고, 따라서 노동, 휴식, 환경, 주식(住食), 공동체 등 일상생활에서 서로 공유할 수 있는 가치의 범위를 넓혀나가야 합니다. 여기에는 모두가 문화를 향유할 수 있는 권리, 공동체 질서를 지키는 시민의식과 자치의식, 민주적인 의사결정 과정, 상대방의 의사 존중 등의 가치가 포함됩니다. 이를 위한 교육이나 사회봉사활동 등 민간 차원에서의 교류가 더 확대될 필요가 있습니다. 한중 양국의 정부가 자국의 현대사에 대해 취하는 입장과 평가에는 나름대로의 사정이 있겠지만, 인터넷이 발달하여 정보가 공유되고 해외로의 이동과 교류가 용이한 오늘날의 사회에서 과거를 미화하거나 왜곡하는 것이 더 이상 정권의 입맛대로 되지 않으며, 무엇보다 정확한 역사적 사실을 알도록 해 주는 것이 중요하다고 생각합니다. 그래야 체제 자체에서 오는 차이를 선진과 후진이라는 이분법으로 타자화하지 않고 또한 자국 체제를 선전하는 하나의 도구로 이데올로기화하지 않을 수 있습니다.

역사·문화적 갈등의 해소를 위해서는 긴 호흡이 필요한 것 같습니다. 우선 문화는 '소유하는 것'이 아니라 '향유하는 것'입니다. 문화귀속을 따지기보다는 한중 간 공동의 문화유산을 찾고, 이를 함께 즐기는 것으로 발전시켜야 합니다. 역사문제는 상대방의 입장이 자신의 관점과 어떻게 다른지를 아는 것에서부터 시작하고, 양국 모두 과거 역사를 현재 정치에 이용하지 말아야 합니다. 한국은 중국이 문명종주국이며 여전히 문명국가적 특징을 지니고 있다는 것을 인정하고, 중국의 국제적 지위가 한국과는 다르다는 것을 인정해야 합니다. 그러나 한국은 중간규모의 미들파워 국가로서 다른 국가들과의 협력을 통해 지역의 안정과 평화를 추구해야 합니다. 국가 내부적으로는 더욱 민주적이고 소통하는 사회를 만드는데 노력을 기울여야 합니다.

강압적인 방식으로는 강대국이 될 수는 있어도 이를 유지할 수는 없습니다. 역사의 교훈입니다. 상대국 국민의 마음을 얻는 것이 공공외교의 핵심이라고 한다면, 중국은 자국의 고유성이나 특수성을 강조함으로써 이해를 구할 것이 아니라 좀 더 개방적이고 관용적인 태도를 보여야 할 것입니다. 사람을 사귈 때도 처음에는 잘 몰라도 그 자체에서 오는 신선함으로 인해 상대방의 매력에 끌리게 되지만, 여러 차례의 사건과 시간을 공유하면서 실망과 증오가 커지고 급기야는 상대방을 원망하게 될 때가 있습니다. 그러나 이러한 과정 속에서 자신의 정체성을 더욱 분명하게 확립하면서 서로의 차이를 알아가고 인정하게 된다면, 더 좋은 관계로 나아갈 수 있을 것입니다. 국가 간의 관계도 마찬가지라고 생각합니다. 신뢰적 관계의 토대는 상대방의 특성을 알고 나와의 다름을 정확히 이해하며 이를 인정하는 것입니다. 이를 위한 전문가 양성 교육 뿐 아니라 대중적 차원의 교육도 중요하다고 생각합니다.

불확실성이 확대되는 오늘날의 국제정세 속에서 한국이 어떠한 선택을 할 것인가에 대해 얘기해 보려 합니다. 미국의 헤게모니가 쇠퇴하고 중국이 부상하면서 미중 간 슈퍼 파워의 충돌이란 이슈가 지속적으로 화제입니다. 이러한 현실 변화에 대응하여 "한국은 미국 편에 설 것인가, 중국 편에 설 것인가"라는 양자택일의 구도에서 한국의 운명을 선택해야 한다는 주장이 있었습니다. 이러한 주장의 근거는 한반도의 지정학적 위치 때문입니다. 한국은 반도 국가이고, 반도는 해양세력과 대륙세력이 확장하며 만나는 곳입니다. 기존 패권과 신흥 패권 사이에 끼여 있는 위치이기 때문에 언제나 선택을 강요받는다는 것입니다.

원·명 교체기, 명·청 교체기, 19세기 청일전쟁 당시 동아시아 세력 교체기 등 세력전이가 일어나는 시기마다 한반도는 원치 않는 전쟁에 휘말렸습니다. 대표적으로 17세기 명·청 교체기에 청이라는 새로운 세력이 중원을 차지하며 대륙의 판세가 바뀌는 현실에서도 조선은 명에게 '재조지은' 해야 한다며 무너져가는 명을 붙잡고 있었습니다. 청은 계속해서 조선을 굴복시키고자 하지만 조선은 명에 대한 의리와 사대를 고집합니다. 결국 조선에 참혹한 전쟁이 일어나고 남한산성에 갇혀 있던 인조가 청 황제 홍타이지 앞에 무릎을 꿇고 항복하는 삼전도(三田渡)의 굴욕을 당하게 됩니다. 잘못된 외교와 사대주의 관념으로 인해 살육당하고 가장 큰 피해를 본 것은 언제나 이 땅의 평범한 민초들이었습니다.

그러나 양자택일에만 길이 있는 것은 아닙니다. 베트남이나 핀란드, 그리고 단 한 번의 식민 지배를 당한 경험이 없는 태국과 스위스 등의 사례에서 찾아볼 수 있듯이 강자들 사이에 끼여 있는 위치를 활용해 얼마든지 능동적인 외교를 펼칠 수 있습니다. '약소국의 힘'을 발휘할 수 있는 것이죠. 또한 지금의 미국이 명이고 지금의 중국이 청도 아니며, 지금의 세계는 예전의 동아시아보다 훨씬 넓어졌습니다. 조선이 인식하던 세계는 동아시아가 전부였고 압도적 힘의 우위를 차지하고 있던 대륙 세력과의 관계가 운명을 결정할 수밖에 없었습니다. 그렇기 때문에 국내 보수정치세력은 언제나 중국 대륙을 국내 정치의 통치 명분으로 활용했던 것이죠. 지금 우리가 활동할 수 있는 공간은 훨씬 넓어졌는데 왜 우리는 한반도에 갇혀서 미국이냐 중국이냐는 양자택일의 구도에서 벗어나지 못하는 것일까요? 여전히 강대국에 의존하여 권력을 유지하고, 또한 한반도 분단 상황을 이용하여 기득권을 유지하려는 세력이 있기 때문입니다. 이러한 인식으로는 역사적으로 되풀이되어 왔던 한반도의 구조적 운명에서 벗어날 길이 없습니다.

이제는 다른 방법을 강구해야 합니다. 강대국만 바라볼 것이 아니라 우리와 비슷한 규모와 처지에 있는 국가들과의 연대와 신뢰가 필요합니다. 지정학적 위치를 활용해 운신의 폭을 넓힐 필요가 있습니다. 무엇보다도 남북 간의 교류와 협력을 통해 신뢰를 구축하고 평화통일을 위한 지속적인 노력이 매우 중요합니다. 또한 현대사회에서 국민은 단순히 피통치자가 아니라 국가의 주인입니다. 과거 피통치층은 통치자의 결정에 의해 운명이 좌지우지되었지만, 민주주의 국가에서 시민의 힘이 정책결정에 영향을 미칠 수 있습니다. 다른 국가의 시민사회와도 더 많은 교류와 연대가 필요합니다.

강의를 마치며 마지막으로 얘기하고 싶은 것은 사회과학은 문제를 제기하는 학문이라는 사실입니다. 사회에 대한 끊임없는 문제제기는 더 좋은 사회로 나아가기 위한 고민의 과정이라고 생각합니다. 특정 질문에 대한 답을 찾았다면 그것은 지금의 조건에서 내린 잠정적인 결론일 뿐, 또 다시 현실변화에 따른 새로운 문제가 제기될 수 있습니다. 우리에게 좀 더 가깝게 다가온, 그리고 세계적으로 더 커다란 영향력을 가지게 된 중국을 하나의 참조점이나 계기로 삼아서 세계를 보는 안목을 키우고 우리 사회를 더 좋은 사회로 나아가게 하기 위한 성찰과 노력을 게을리 하지 말아야 할 것입니다. 이상으로 강의를 마치겠습니다.

■ 더 읽어봐야 할 책

강주원, 『압록강은 다르게 흐른다』 눌민, 2016
계승범, 『조선시대 해외파병과 한중관계: 조선지배층의 중국 인식』 푸른역사, 2009
기시모토 미오 · 미야지마 히로시 저, 김현영 역, 『현재를 보는 역사, 조선과 명청』 너머북스, 2014

동북공정(東北工程)

2002년 시작하여 5년간 진행된 역사연구프로젝트로, 정식 명칭은 "동북변강 역사 및 현황에 관한 연속 연구공정"이다. 중국사회과학원 변강사지연구센터(邊疆史地研究中心)와 동북3성 정부가 공동 주관하였다. 동북공정 과제에는 연구와 번역, 고문서 자료 등 3가지 영역이 포괄되었고, 주로 고대 중국의 강역이론, 동북지방사와 민족사, 고조선과 고구려 및 발해국, 중조(中朝)관계사 등에 관한 연구가 진행되었다. 동북공정 연구 결과에서 고구려가 중국 고대 지방민족정권에 속한다고 발표하여 논란을 가져 왔고, 한국에서는 이를 '문화적 팽창주의'로 보며 중국에 대한 한국인들의 부정적 시각이 늘어났다. 중국이 북한 유사시 대응을 위한 사전 포석, 즉 북한 영토의 점령을 역사적으로 정당화하려는 정치적 목적을 갖고 이를 추진하고 있다고 본 것이다. 동북공정에 대한 한국인의 반발이 커지자 중국은 역사문제로 인해 한중우호협력관계가 손상되지 않도록 노력하고 이를 정치 문제로 삼지 말자는 등 5개 항에 관한 양해사항을 한국정부와 합의한다.

이종화(李鍾華)

충남대학교 중어중문학과를 졸업하고 한양대 국제학대학원 중국지역학석사를 거쳐 중국 베이징대학에서 중국정치를 연구하여 박사학위를 받았다. 서울대학교 외교학과 박사후, 서강대학교 동아연구소 상임연구원, 현대중국학회 사무총장 등을 역임했으며, 현재 목원대학교 중국학과 교수로 재직하고 있다.
주요 저서로는 『중국의 부상』(공편), 『국가의 죄수』(공역), 『중국모델론: 개혁과 발전의 비교 역사적 탐구』(공저), 『중국의 민주주의는 어떻게 가능한가』(공저) 이외에 "중국의 통일국가 정체성 형성과 의미", "중국의 대일통과 일국양제 홍콩 그리고 제국성에 관한 시론적 연구" 등 다수의 논문들이 있다.

장윤미(張允美)

연세대학교 중어중문학과를 졸업했으며 한양대 국제학대학원에서 지역학(중국) 석사학위를, 중국 베이징대학교 정부관리학원에서 정치학 박사학위를 받았다. 인천대 인문학연구소 HK연구교수와 성균관대 동아시아학술원 연구교수를 지냈으며, 지금은 서강대 중국연구소 연구교수로 재직하면서 연세대, 한양대 등에서 강의를 하고 있다.
저서로는 『중국의 민주주의는 어떻게 가능한가』(공저)와 『체제전환의 중국정치』(공저) 등이 있고, 옮긴 책으로는 『문화대혁명, 또 다른 기억: 어느 조반파 노동자 문혁 10년』, 『국가의 죄수』(공역), 『중국, 자본주의를 바꾸다』(공역) 등이 있다. 주요 논문으로는 "중국 국유기업 구조조정과 노동자 마음: 몫을 잃은 자들의 마음(2017)", "중국 노동정치의 변화와 임금단체협상제도: 쟁점과 한계(2014)", "중국 '안정유지(維穩)'의 정치와 딜레마(2013)", "중국모델에 관한 담론 연구(2011)" 등이 있다.

열린 중국학 강의

1판 1쇄 발행 _ 2017년 7월 30일
1판 2쇄 발행 _ 2018년 8월 20일

저 자 · 이종화 · 장윤미
발행인 · 정 현 걸
발 행 · 신 아 사
인 쇄 · 토탈프로세스
주 소 · 서울특별시 은평구 통일로 59길 4 2층(122-826)
전 화 · (02) 382-6411 팩스 · (02) 382-6401
홈페이지 · www. shinasa. co. kr
E-mail · shinasa@daum.net
출판등록 · 1956년 1월 5일(제9-52호)

ISBN: 978-89-8396-231-7 (93910)

정가 *14,000* **원**